普通高等教育智能制造系列教材

# 智能工厂技术基础

主　编　刘业峰　赵　元
副主编　穆德敏　田林琳　教传艳
参　编　钱凤来　鲍君善
主　审　李康举　公丕国

北京理工大学出版社
BEIJING INSTITUTE OF TECHNOLOGY PRESS

## 内 容 简 介

移动互联网、大数据、人工智能等新一代信息技术与制造业深度融合，孕育了智能制造的新理念。本书以智能制造理念为起点，讲述了新一代信息技术对传统制造企业的渗透、支持、冲击与融合，给制造业带来的挑战和机遇以及制造模式的变革和制造系统的发展；探讨了智能工厂的设计通则、智能工厂的总体架构、智能工厂的车间管控系统、智能工厂的车间仓储物流系统、智能工厂的车间柔性自动化系统、智能工厂的车间网络与通信系统以及智能工厂的实施。

本书可作为自动化、机械、计算机、管理工程相关专业高年级本科生和研究生的选修课教材，也可供相应领域的管理人员和技术人员参考。

**版权专有　侵权必究**

### 图书在版编目（CIP）数据

智能工厂技术基础/刘业峰，赵元主编. —北京：北京理工大学出版社，2020.4
（2022.7重印）

ISBN 978-7-5682-8392-2

Ⅰ.①智… Ⅱ.①刘… ②赵… Ⅲ.①智能制造系统–制造工业 Ⅳ.①F407.4

中国版本图书馆 CIP 数据核字（2020）第 065730 号

| | |
|---|---|
| 出版发行 / 北京理工大学出版社有限责任公司 | |
| 社　　址 / 北京市海淀区中关村南大街5号 | |
| 邮　　编 / 100081 | |
| 电　　话 /（010）68914775（总编室） | |
| 　　　　　（010）82562903（教材售后服务热线） | |
| 　　　　　（010）68948351（其他图书服务热线） | |
| 网　　址 / http://www.bitpress.com.cn | |
| 经　　销 / 全国各地新华书店 | |
| 印　　刷 / 涿州市新华印刷有限公司 | |
| 开　　本 / 787毫米×1092毫米　1/16 | |
| 印　　张 / 12.25 | 责任编辑 / 钟　博 |
| 字　　数 / 288千字 | 文案编辑 / 毛慧佳 |
| 版　　次 / 2020年4月第1版　2022年7月第2次印刷 | 责任校对 / 刘亚男 |
| 定　　价 / 40.00元 | 责任印制 / 李志强 |

图书出现印装质量问题，请拨打售后服务热线，本社负责调换

# 前　言

智能工厂技术已经在机械制造、医疗、汽车、家电等行业具有相应的示范点。随着"中国制造2025"的稳步推进，智能制造在各个方面取得了重大进展。作为普通高等学校理工科学生，了解和掌握智能工厂技术的基础知识是非常必要的。目前，很多高校设置了与智能工厂技术相关的专业基础课、专业选修课以及公共选修课，以扩展学生的知识面并提高技术基础。本书就是为上述课程的开设而编写的，参考学时为48学时。

本书作为智能工厂相关技术的入门教材，主要阅读对象是智能制造领域的初学者和希望快速了解智能工厂技术全貌的工程技术人员。本书可以使读者初步了解智能工厂的基本知识、关键技术和典型行业应用，帮助读者建立智能工厂技术的宏观概念和基本框架，进而对智能工厂技术产生兴趣；同时，为后续智能制造工程领域的学习、设计、开发和应用奠定前期基础。

本书共8章。第1章"智能制造的机遇与挑战"，简要介绍了中国制造业的现状、世界制造业的新模式、智能制造的未来发展趋势。第2章"智能工厂的设计通则"，介绍了智能工厂的定义，智能工厂设计的关键技术、总体设计流程、功能划分、建设的难点。第3章"智能工厂的总体架构"，简要介绍了智能制造的定义和特征、智能工厂的参考模型及总体架构。第4章"智能工厂的制造执行系统"，主要介绍了制造执行系统的基本知识、功能划分、设计原则以及制造执行系统的实现过程。第5章"智能工厂的仓储物流系统"，重点介绍了仓储物流系统的基本知识、功能划分、设计原则以及仓储物流系统的实现技术。第6章"智能工厂的柔性自动化系统"，重点介绍了柔性自动化系统的基本知识、功能划分、设计原则、实现技术以及柔性制造技术的发展趋势。第7章"智能工厂的网络与通信系统"，重点介绍了网络与通信系统的基本知识、功能划分、设计原则、实现技术，以及网络设计实例。第8章"智能工厂实施"，重点介绍了智能工厂实施的基本知识，智能工厂的实施方法、实施步骤，详细地介绍了智能工厂应用实例，以加强读者对智能工厂技术的掌握。

本书具有如下特色：

（1）便于初学者学习。

本书针对专业基础课、专业选修课以及公共选修课的教学特点，避开深奥的理论和技术，以通俗易懂的语言、生动有趣的图片和贴近工厂的实例讲述智能工厂的相关技术，易学易教。

（2）知识直观化。

图文结合是讲述知识的有效方式。本书采用大量的实物照片、近实物图片和三维造型图，有助于学生轻松理解和掌握相关知识和技术。本书还选用工厂的实际图片及加工案例，有效避免了学生专业知识的局限性，便于其对知识和技术进行学习和体会。

（3）对智能工厂技术进行浓缩。

本书基于沈阳工学院智能制造实验教学示范中心的三条柔性自动化生产线、智能仓储车间和柔性车间管控系统，将智能工厂的相关技术基础与理论结合具体实践形成完整的授课教材，实现理实一体化教学方式。

（4）案例为行业经典，内容翔实。

本书所采用的案例来源于各行业典型用户，它们是"中国制造2025"的示范企业，其案例属于智能工厂建设方面层次清晰、两化融合的经典，且图片资料丰富，对于未来从事智能制造领域工作的学生具有指导意义。

本书的编写分工如下：第1章、第6章、第7章由沈阳工学院刘业峰、沈阳新松机器人自动化股份有限公司鲍君善编写；第2章由沈阳工学院教传艳编写；第3章和第4章由沈阳工学院田林琳编写；第5章和第8章由沈阳工学院赵元、穆德敏、沈阳机床股份有限公司钱凤来编写。

本书承沈阳机床股份有限公司刘春时，东北大学付俊，沈阳特创机械设备科技有限公司王旭，沈阳工学院李康举、公丕国精心审阅，他们提出了许多宝贵意见，在此表示衷心感谢。

编者在本书的编写过程参考了国内外部分教材、手册、期刊以及网络上的相关内容，并得到编写单位很多教师和学生的热情帮助，在此表示诚挚的谢意！对于书中存在的缺点与不足，敬请读者批评指正。

编　者

# 目 录

## 第1章 智能制造的机遇与挑战 ··· 1
### 1.1 中国制造业的现状 ··· 1
- 1.1.1 什么是智能制造 ··· 2
- 1.1.2 "中国智造"背后的国家意志与现实需求 ··· 2
- 1.1.3 企业书写的变革故事 ··· 3
- 1.1.4 智能制造平台之争 ··· 4
- 1.1.5 海尔"智造":个性化定制的规模化生产 ··· 4
- 1.1.6 用户定制背后的"人单合一" ··· 5
- 1.1.7 互联工厂:不是工厂是生态 ··· 6
- 1.1.8 互联工厂的优势 ··· 6

### 1.2 21世纪制造业的新模式 ··· 8
- 1.2.1 21世纪制造业的新模式概述 ··· 8
- 1.2.2 德国"工业4.0" ··· 12
- 1.2.3 美国工业互联网 ··· 14
- 1.2.4 中国制造2025 ··· 16
- 1.2.5 机械加工行业现状 ··· 19

### 1.3 智能制造的未来发展趋势 ··· 22
- 1.3.1 强化"中国制造"的综合竞争力 ··· 23
- 1.3.2 智能化升级仍面临挑战 ··· 24
- 1.3.3 向全球价值链高端攀升 ··· 25

## 第2章 智能工厂的设计通则 ··· 26
### 2.1 智能工厂的定义 ··· 26
### 2.2 智能工厂的关键技术 ··· 27
- 2.2.1 机器人技术 ··· 27
- 2.2.2 在线刀具管理技术 ··· 29
- 2.2.3 专家系统开发技术 ··· 30
- 2.2.4 企业信息总线构建技术 ··· 33
- 2.2.5 制造云构建技术 ··· 34
- 2.2.6 大数据技术 ··· 37
- 2.2.7 工业信息安全技术 ··· 39

  2.2.8 虚拟制造技术 42
2.3 智能工厂的总体设计流程 44
2.4 智能工厂功能划分 50
2.5 智能工厂建设的难点 52
  2.5.1 智能工厂建设的问题与误区 52
  2.5.2 智能工厂建设完善的特征 54

## 第3章 智能工厂的总体架构 56
3.1 智能制造的定义和特征 56
  3.1.1 智能制造的定义 56
  3.1.2 智能制造的特征 58
3.2 智能工厂的参考模型 59
3.3 智能工厂的总体架构 63

## 第4章 智能工厂的制造执行系统 67
4.1 初识制造执行系统 67
  4.1.1 来源 67
  4.1.2 发展趋势 68
4.2 制造执行系统的功能划分 68
4.3 制造执行系统的设计原则 70
4.4 制造执行系统的实现 71
  4.4.1 西门子制造执行系统平台——SIMATIC IT 71
  4.4.2 酒钢选烧厂制造执行系统外委升级改造方案 82

## 第5章 智能工厂的仓储物流系统 86
5.1 初识仓储物流系统 86
  5.1.1 仓储物流概论 86
  5.1.2 仓储物流系统的基本构成 87
  5.1.3 通用仓储机械设备介绍 88
5.2 仓储物流系统的功能划分 92
  5.2.1 仓储物流的三要素 92
  5.2.2 仓储物流的七大功能 93
5.3 仓储物流系统的设计原则 94
  5.3.1 仓储物流系统设计概述 94
  5.3.2 仓储物流业存在的问题 95
  5.3.3 仓储物流系统的规划原则 95
  5.3.4 仓储物流系统的布局原则 96
  5.3.5 物联网对仓储物流信息化的影响 97
5.4 仓储物流系统的实现技术 97

|       | 5.4.1 自动仓储系统技术 | 98 |
| --- | --- | --- |
|       | 5.4.2 自动分拣系统技术 | 99 |
|       | 5.4.3 自动识别技术 | 100 |
|       | 5.4.4 仓库管理系统技术 | 102 |
|       | 5.4.5 机器人技术 | 103 |
|       | 5.4.6 机器视觉系统技术 | 104 |

## 第6章 智能工厂的柔性自动化系统 ......106
### 6.1 初识柔性自动化系统 ......106
### 6.2 柔性自动化系统的功能划分 ......108
### 6.3 柔性自动化系统的总体设计 ......110
    6.3.1 总体设计的步骤及内容 ......110
    6.3.2 零件族选择及工艺分析 ......112
    6.3.3 设备的选择与配置和总体布局 ......112
    6.3.4 总体平面布局 ......117
### 6.4 柔性自动化系统的实现技术 ......118
### 6.5 柔性制造技术的发展趋势 ......118

## 第7章 智能工厂的网络与通信系统 ......121
### 7.1 初识网络与通信系统 ......121
    7.1.1 通信系统 ......121
    7.1.2 工业控制网络的发展历程 ......122
### 7.2 网络与通信系统的功能划分 ......123
    7.2.1 通信系统的分类和原理 ......123
    7.2.2 现场总线的概念、现场总线控制系统的组成与体系结构 ......126
    7.2.3 现场总线控制系统的技术特点及优点 ......128
### 7.3 网络与通信系统的设计原则 ......131
### 7.4 网络与通信系统的实现技术 ......132
    7.4.1 现场总线国际与中国标准 ......132
    7.4.2 现场总线地区与国家标准及其他现场总线标准 ......134
### 7.5 网络设计实例 ......135
    7.5.1 网络整体架构 ......135
    7.5.2 网络管理软件 ......138
    7.5.3 主要硬件设备 ......140

## 第8章 智能工厂实施 ......151
### 8.1 初识智能工厂实施 ......151
    8.1.1 智能制造的时代背景 ......151
    8.1.2 智能制造的产生、对制造业的影响及其功能 ......151

  8.1.3 智能制造的实现——智能工厂 …………………………………… 152
  8.1.4 智能工厂实施的含义 …………………………………………… 153
 8.2 智能工厂实施的现状、政策与方法 ………………………………………… 154
  8.2.1 与智能工厂实施相关的国家政策及七大方向 …………………… 154
  8.2.2 智能工厂实施的方法 …………………………………………… 155
 8.3 智能工厂实施的具体步骤 ………………………………………………… 157
  8.3.1 推进智能制造的"三要""三不要"原则 ………………………… 157
  8.3.2 智能工厂实施的具体步骤 ……………………………………… 158
 8.4 智能工厂应用举例 ………………………………………………………… 161
  8.4.1 机床行业智能工厂应用实例 …………………………………… 161
  8.4.2 汽车行业智能工厂应用实例 …………………………………… 168
  8.4.3 医疗行业智能工厂应用实例 …………………………………… 171
  8.4.4 重工行业智能工厂应用实例 …………………………………… 174
  8.4.5 家电行业智能工厂应用实例 …………………………………… 177
  8.4.6 石化行业智能工厂应用实例 …………………………………… 181
  8.4.7 卷烟行业智能工厂应用实例 …………………………………… 185

**参考文献** ……………………………………………………………………………… 188

# 第1章　智能制造的机遇与挑战

## 1.1　中国制造业的现状

世界上下潜深度最大的作业型载人潜水器"蛟龙号"模型、中国自主研制的首台400马力[①]无级变速拖拉机、强军征程扬帆远航武器装备模型……一件件反映我国制造业成就的实物模型亮相"砥砺奋进的五年"大型成就展的展厅。

近年来，一件件"大国重器"横空出世，作为七大战略性新兴产业之一的高端装备制造业拿出了耀眼的成绩单：

"华龙一号"是我国拥有自主知识产权、采用国际最高安全标准研发的第三代核电技术。这一技术的成功研制，亮出了中国制造的一张"名片"；

国产航空发动机突破瓶颈，"运-20""歼-20"服役[②]，国产大飞机C919首飞成功，我国航空工业取得历史性突破；

世界最大的水泥运输船圆满交船，全球最大的集装箱船将在上海开建，第一艘国产航空母舰和新型万吨级驱逐舰相继下水，世界第一造船大国正向造船强国大踏步迈进……

党的"十八大"以来，众多高技术、高附加值、顺应转型升级趋势的新产业已成长为推动我国制造业发展的新引擎，有力拉动着经济增长。

2015年，我国出台了《中国制造2025》，明确提出分"三步走"建设制造强国的战略目标、主要任务和重大举措，为制造强国建设的第一个十年描绘了蓝图。

近年来，中国制造业规模全球领先，增加值和产品出口占全球的比重均居世界第一，目前已经建成了门类齐全、独立完整的体系。

信息化与工业化深度融合是"牛鼻子"。《中国制造2025》中明确提出："以加快新一代信息技术与制造业深度融合为主线"，在"两化"融合这一"主线"下，我国以智能制造为主攻方向，实施智能制造试点示范专项行动，建立了国家智能制造标准体系，打造了一批数字化车间，初步形成了若干可复制可推广模式。5年来，智能工厂在许多企业落地生根。

其中，在民用领域，颇具代表性的便是已建成8个互联工厂的海尔集团。目前，在海尔集团的一个智能工厂生产线上，每15秒就会诞生一台洗衣机。在互联工厂中，工人人数减半，而产能却增加2倍。在柔性生产线上，可以安排50多个型号的产品同时生产，是以前产量的5倍。互联工厂的生产效率提升60%，用户定制占比达10%以上，其中，中央空调互联工厂已实现100%的产品由用户远程定制并监控。

---

[①]　1马力（公制）≈735瓦特。
[②]　"运-20"是我国研究制造的新一代军用大型运输机；"歼-20"是我国研究制造的隐形制空战斗机。

### 1.1.1 什么是智能制造

目前学界的主流观点是：智能制造（Intelligent Manufacturing，IM）是一种由智能机器和人类专家共同组成的人机一体化智能系统，它在制造过程中能进行智能活动，诸如分析、推理、判断、构思和决策等。人与智能机器的合作共事可以扩大、延伸和部分取代人类专家在制造过程中的脑力劳动。

多位受访人士向《中国经济周刊》记者表示：将制造自动化的概念更新，扩展到柔性化、智能化和高度集成化，是智能制造区别于"流水线、机器化生产"的主要特征。

而在工业和信息化部部长苗圩看来，智能制造目的更明确、更直接，就是研发智能化的产品。比如现有的工业机器人只是由程序控制的装备，下一代工业机器人应该是具有一定"人工智能"的机器人。他举例说："比如说有一个人误操作了，那么他很可能被机器人伤到。如果将来在机器人身上实现人工智能，那么它发现附近安全距离内有人的话就不会去操作，这就是智能化产品的标志。"

西北大学经济管理学院院长任保平分析认为，作为《中国制造 2025》核心的智能制造主要包括三方面内容：一是研发智能化产品；二是将信息技术应用于制造业生产经营管理的全过程，使生产和管理过程实现智能化；三是在微观的企业层面实现信息的充分交流和共享，建立工业互联网或物联网。

### 1.1.2 "中国智造"背后的国家意志与现实需求

2015 年 5 月 8 日，国务院发布《中国制造 2025》，也正是从 2015 年开始，"中国制造 2025"连续 3 年出现在政府工作报告中。2015 年政府工作报告首次提出"中国制造 2025"，2016 年"中国制造 2025"则进入"启动实施"阶段，2017 年政府工作报告则提出"深入实施"方案。

原中国工程院院长周济认为，制造业数字化、网络化、智能化是新一轮工业革命的核心技术，应该作为"中国制造 2025"的制高点、突破口和主攻方向。工业和信息化部消费品工业司司长高延敏说："加快推进智能制造是贯彻落实《中国制造 2025》的主攻方向。"

《中国制造 2025》明确提出，着力发展智能装备和智能产品，推进生产过程智能化，培育新型生产方式，全面提升企业研发、生产、管理和服务的智能化水平。

国家意志下的"中国智造"前景广阔。《2016 中国制造业竞争力调研报告》预测，到 2025 年，我国智能制造能完成超过 50% 的进程；到 2035 年，能完成 70% 的进程；到 2045 年，能完成 90% 的进程。到 2049 年，我国智能制造水平与发达国家并驾齐驱，甚至在若干领域能引领发展。

苗圩表示，通过智能化或者信息化的生产过程，可以实现全流程的优化；各个环节被监控，可以大大降低不良产品率，顺应中国劳动力成本不断上升的趋势，大大提高效率和效益。

从"制造"到"智造"，中国的"并联式"发展道路使中国已成为名副其实的"制造大国"：220 多种工业品产量居世界第一位，制造业净出口额居世界第一位，制造业增加值在世界占比达到 20.8%。

然而数据显示，智能制造仍是现阶段我国制造业的短板之一。国务院发展研究中心携手德国著名工业企业博世集团，在 2019 年 3 月发布的一份研究报告中称：中国制造业整体尚处于由工业 2.0 向工业 3.0 过渡的阶段。

《2016—2020年中国智能制造行业深度调研及投资前景预测报告》称：中国大部分企业处于研发阶段，仅16%的企业进入智能制造应用阶段；从智能制造的经济效益来看，52%的企业智能制造收入贡献率低于10%，60%的企业智能制造利润贡献率低于10%。

《世界经理人》"2015中国制造业信息化现状调研"结果显示：我国近九成制造企业信息化处于初、中级水平，信息化覆盖业务较窄，而且各系统信息处于割裂状态，集成度低。2015年，我国制造业关键工序的数控化率仅为30%，大、中型制造企业的数控化率也刚超过50%。而美、德、日等国制造业的数控化率已达80%~90%。

此外，工业软件也是我国智能制造的制约条件之一。以智能制造的核心环节——嵌入式系统软件为例，2016年中国软件业务的收入为4.9万亿元，其中嵌入式系统软件的收入为7 997亿元，仅占六分之一。

从产业发展阶段的对比来看，德国"工业4.0"是在成功完成"工业1.0""工业2.0"，基本完成"工业3.0"之后提出的发展战略，是自然的"串联式"发展。

相比之下，中国制造业走的是"工业2.0"补课、"工业3.0"普及、"工业4.0"示范的"并联式"发展道路，"所以我国的任务就比德国实现'工业4.0'更加复杂、更加艰巨"。

在此背景下，完成从"制造"向"智造"的系统跨越，政商各界需要做的事还有很多。

政府层面需要创新和联动。苗圩表示，从制造业发展规律看，推进制造业由大变强需要政府在支持手段和社会化服务等方面开展深入持续的政策创新；《中国制造2025》的实施涉及多个部门，如何真正实现部门间政策资源的联动，仍需进行不懈的努力和探索。"这需要一个不断探索、试错的过程，难以一蹴而就，更不能急于求成。"

企业作为创新决策、研发投入、科研组织和成果应用的主体，需要在产业转型升级过程中对智能解决方案提出本土化需求。中央政策研究室经济局原巡视员兼副局长、中国经济研究院院长白津夫认为，在"中国制造2025"的指引下，企业转型需求迫切，但目前面临两个主要问题：一是转型方向和模式不清晰，"简单地进行自动化和机器换人"；二是标准不统一，"企业要面临各种领域、各种层次的解决方案，难以整合和集成"。

### 1.1.3 企业书写的变革故事

企业是实现"中国制造2025"蓝图的主角和市场主体。

工业和信息化部公布的智能制造试点示范项目数量或可佐证智能制造的"增量"，2015年示范项目有46个，其中第二产业39个、第三产业7个；2016年有63个，其中第一产业1个、第二产业61个、第三产业1个。

电动工具制造商宝时得科技（中国）有限公司（以下简称"宝时得"）作为智能制造试点，于2017年9月18日在苏州总部召开了一场"智能制造业务变革项目启动大会"。宝时得通过发展互联工厂，逐步实现线上下订单、线下制造定制化产品。目前，宝时得已建立从接单到计划再到生产运营的端到端智能化管理和实施系统。

帮助宝时得在更高水平实现智能制造的是美的集团旗下的云服务商——美云智数，美的空调南沙工厂的数字化转型成果吸引了宝时得：提升制造综合效率33%、改善产品品质10%、生产耗损减少68%、物流损失工时减半……

美云智数方面表示，将构建全价值链的计划协同、供应链管理、生产执行信息系统平台，帮助宝时得最终实现企业业务的互联互通和智能制造业务变革。

同样作为智能制造试点的青岛海尔集团（以下简称"海尔"），截至目前已经在全国建成 8 个互联工厂。在 2019 年 4 月的德国汉诺威国际工业博览会上,海尔实体冰箱互联工厂制造示范线吸引了德国"工业 4.0"鼻祖人物齐尔克教授驻足。汉诺威官网甚至评价说:"现在对'工业 4.0'最有'威胁'的,一个是机器人公司,一个是海尔!"

### 1.1.4 智能制造平台之争

从世界范围看,美国推出"工业互联网计划",德国推进"工业 4.0",日本发表《制造业白皮书》提出重振制造业战略,法国发布"新工业法国"战略,韩国实施"制造业创新 3.0 战略"等,智能制造无一例外成为这些工业强国制造业变革的核心内容。

业内认为,互联网工业平台是智能制造的核心之一,工业巨头也都在这一新的领域密谋布局,激烈竞争。当前全球工业平台领域有 3 家企业知名度较高,即德国"工业 4.0"的代表西门子股份公司(以下简称"西门子")、美国工业互联网的代表通用电气公司(以下简称"通用")、中国智能制造的代表海尔。

德国以工业化带动信息化,推出以西门子 MindSphere 为代表的工业平台,构建面向工厂管理与服务的工业生态系统,目的主要在于提高生产效率、能源管理效率等,希望以后通过精益"智造"掌握前端的信息化。

美国则以信息化带动工业化,推出以通用 Predix 为代表的工业平台,构建面向资产制造与管理的工业生态系统,目的主要在于垂直地开发从设备到设备数据的挖掘和云的应用,希望通过前端的信息化掌握后端的"智造"。

"中国需要有适合自己的工业互联网平台,构建自己的工业生态,把工业大数据沉淀在自己的平台上,自己运营和管理,避免受制于人。"海尔家电产业集团副总裁陈录城接受《中国经济周刊》记者采访时说。

陈录城所说的便是海尔首创的 COSMOPlat 平台,它构建社群经济下以用户为中心、面向大规模定制的新工业生态,它完全和用户连接在一起,以用户的体验和需求驱动内部智能制造的迭代升级。

与通用和西门子的 To B 平台相比,海尔 COSMOPlat 平台既可以 To B 也可以 To C,是用户全流程参与的智能制造物联网平台,也是全球唯一实现用户终身价值的大规模定制解决方案平台。

据陈录城介绍,COSMOPlat 通过在交互、定制、研发、采购、制造、物流、服务全流程节点的业务模式变革,输出七类可社会化复制的应用模块,实现产品生产高精度下的高效率。COSMOPlat 平台可以提供两类服务:一是可以提供软硬一体、虚实融合的智能制造解决方案,如新工厂建设、老工厂升级、企业管理等,二是通过平台上沉淀的数据,提供基于大数据的增值服务,如预测性维护、全产业链的协同优化、资源共享集约、信用和金融服务。

### 1.1.5 海尔"智造":个性化定制的规模化生产

海尔中央空调互联工厂位于青岛市西海岸新区中德生态园内,配置 8 条总装线,4 个模块化区域,具备 10 类中央空调产品生产能力,全球最大的磁悬浮中央空调便出自这里。

海尔中央空调互联工厂是目前全球中央空调行业最先进的制造基地:它始建于 2016 年 1 月,占地面积为 8.7 万平方米,投资金额为 5 亿元。当年 10 月一期工程完工后,这家工厂的工人数量缩减了近一半,而产能却增加了近两倍,2020 年年产能将达到 600 万~1 000 万台。

比这些数据更出彩的，是这家工厂的用户可以全流程参与产品的设计研发、生产制造、物流配送、迭代升级等环节，这在以前是不可想象的。

对于用户而言，他们以往只能在有限的产品中选择自己最喜欢、最适合的产品，但即使是最畅销的产品与用户的需求之间往往也存在着一定差距，如外观、性能、结构都非常受限。

对于制造企业而言，以规模、质量求效益是普遍追求，而个性化又是未来消费的主流，所以制造企业必须解决大规模生产与个性化定制间的矛盾。

二者能否共融？"企业需要以互联网思维为核心重建供需关系，制造业真正比拼的是洞察用户需求和满足用户个性化需求的能力。"海尔集团总裁周云杰如是说。

在这一语境下，COSMOPlat 平台适时而生。它是海尔在多年智能制造探索的基础上推出的中国首个独创的、拥有自主知识产权、把互联工厂模式产品化并可对外服务的工业互联网平台。依托 COSMOPlat 平台，海尔成功实现了个性化定制的规模化生产。

通过"线上定制平台—互联工厂—海尔日日顺物流"链条，海尔的意向用户快速定制符合自己个性化需求的家电产品成为可能。

《中国经济周刊》记者在海尔大规模定制平台"众创汇"上看到，消费者可以根据个人喜好和实际需求，选择产品的功能、材质、颜色、款式、图案、容积等，有定制需求的部件可以按照个人需求进行选择或自行设计，比如梯形的冰箱、圆形的洗衣机、没有噪声的空调，只要创意发起人能号召足够数量、有相同需求的买家，用户就能平价享受专属定制产品。记者看到一款用户投票的定制洗衣机产品，总共需要两万人众筹便可生产，现在投票人数已经超过 16 000，还需要号召 3 000 多人就可投入生产。

这些"个性化"订单直达工厂，工厂通过 COSMOPlat 平台中的智能系统自动安排生产，并将生产信息自动传递给各个工序生产线及所有模块商和物流商后投产。每台在生产线上"排队"等待组装的家电产品的外壳和颜色各异，前、后两台家电产品的型号、样式截然不同。

能够更加增强用户体验感和参与感的是海尔把互联工厂打造成"透明工厂"，用户通过手机终端能够实现整个订单的全流程生产情况的实时可视。

### 1.1.6 用户定制背后的"人单合一"

2017 年 8 月 25 日，在李克强总理主持召开的"推动制造强国建设、持续推进经济结构转型升级"座谈会上，海尔集团董事局主席、首席执行官张瑞敏介绍，海尔通过实行"人单合一"等"内部双创"模式实现了营收和利润的快速增长。

作为全球唯一一个用户可以参与的工业互联网平台，海尔 COSMOPlat 平台可以让每个用户自己"制造"家电，其关键就是"人单合一"模式。

"人单合一"始自 2005 年 10 月，是海尔提出并命名的一种商业模式。起初是为了顺应互联网时代"零距离""去中心化"和"去中介化"的特征，从企业、员工和用户三个维度对战略定位、组织结构、运营流程和资源配置进行持续动态变革。

在"人单合一"中，"人"就是员工，"单"就是用户价值。"人单合一"就是把员工和用户连在一起，使每个员工都成为自己的 CEO，并组成直面市场的自组织，让员工的价值创造体现在用户价值的增值上。

经过十余年的探索，"人单合一"已进入2.0时代，有了更新的内涵，即建立一个共创共赢的平台。海尔的管理层认为，互联网带来的"零距离"将把以企业为中心，转变为以用户为中心，使大规模制造变成大规模定制；互联网带来的"去中心化"则把员工的领导从过去的上级变成了用户，颠覆了企业内部管理的科层制；互联网带来的"分布式"意味着资源并不局限于企业内部，而是来自全球，颠覆了企业的内部职能。

"让用户能够参与到产品的设计、制造，甚至营销过程中去，真正实现以用户为中心的互联，才能与用户融为一体，这才是根本。"张瑞敏说。

对于"人单合一"模式所带来的革命性变革，张瑞敏还举了海尔金融兼并的上海永慈康复医院的例子。"这个医院是上海市政府的医院，经营不善快要破产。海尔金融将它兼并以后，并不是给它输入资金，而是把它变成'人单合一'模式——医患合一。"张瑞敏说，"过去是患者来了，要一个部门一个部门地跑，现在改成按照一个楼层划分，所有部门成为一个整体，都围着患者在转，患者非常满意。现在，它的床位供不应求。"

### 1.1.7 互联工厂：不是工厂是生态

"互联工厂不仅是机器换人和自动化，它已超越了工厂的概念。"在接受《中国经济周刊》记者专访时，海尔家电产业集团副总裁陈录城说，"互联工厂是对整个企业全系统、全流程都要进行颠覆，即以用户为中心，全流程资源并联形成共创共赢的生态系统。"

据陈录城介绍，支撑互联工厂生态系统，企业需要具备三方面能力：一是能够实现用户全流程的实时互联。也就是全球的用户随时随地都可以通过移动终端来定制所需要的个性化产品，全流程地参与设计、制造。二是要达到用户和工厂的零距离。用户的个性化订单可以直接下达到海尔全球的供应链工厂，这样就可以减少生产和订单处理的中间环节，把中间这部分价值让渡给用户。工厂的物料通过智能互联、柔性生产产出定制的产品，直接配送给用户。三是全流程透明可视。订单生产及配送情况可以实时推送给用户，用户也可以实时快速查询，通过产品的识别和跟踪实现从其定制的订单到工厂的生产，再到物流的任何一个环节的实时可视。

记者在海尔采访时了解到，以上这些能力得以实现的前提条件是企业组织的转型。"由传统企业变成平台型企业，包括用户交互定制平台、开放创新平台、智能制造平台等。"

具体来说，整个供应链（包括生产、制造、物流、采购等各环节）都已转型，由传统串联的节点组织变成共同面向用户的一个个小微企业。"这些小微企业和用户是并联的，如果小微企业不能为用户创造价值，那么这些小微企业也没有价值。"海尔互联工厂建设负责人告诉《中国经济周刊》记者。

此外，互联工厂对生产方式的变革还要求企业实现技术体系的颠覆。海尔围绕用户需求进一步探索了模块化、自动化、数字化和智能化的发展路径。其中，模块化是支撑普通消费者实现"私人定制"的关键要素。海尔从2008年开始进行对产品模块化的探索，经过对产品设计和制造体系实行模块化生产方式的改造，以模块配置完成迅速"智造"。

### 1.1.8 互联工厂的优势

对比传统工厂和互联工厂，不难发现传统工厂交付的是产品，得到的是用户；互联工厂是先和用户交互，以用户的体验驱动产品、工厂等全流程的迭代。基于此，传统工厂遇到的很多问题,如库存积压、产品同质化、成本高、利润低等,在互联工厂模式下迎刃而解。

陈录城副总裁具体分析说,"比如库存积压的问题,互联工厂的每一份订单都是有用户信息的,实现了零库存;比如产品同质化的问题,在互联工厂模式下用户参与到产品的交互、设计、生产过程中,而不再由企业设计产品;比如成本高、利润低的问题,传统工厂的中间环节多、运输费用高,导致利润下降,互联工厂的产品由工厂直发到用户,去掉了所有的中间环节。"

一组数据可以佐证"变革"的力量。目前海尔产品的生产效率提升了60%,不入库率达到68%,实现了产品不进仓库或少进仓库的突破,同时驱动全流程的运营效率提升,新产品研发周期缩短了50%以上,订单交付周期缩短了70%以上。

海尔的沈阳互联工厂目前可支持9个平台500个型号冰箱的柔性大规模定制,人员配置减少了57%,单线产能提升了80%,单位面积产出提升了100%,订单交付周期由15天缩短到7天,可快速满足用户的个性化体验;在海尔的佛山互联工厂,一台互联洗衣机从下单到下线,最快仅需两个小时。

从传统工厂到互联工厂有多远?在海尔高层看来,思维方式的转变是互联工厂建设过程中的核心挑战。

首先,是以用户为中心的思维方式。"流程上由串联到并联,在平台上用户信息可同时到各个节点、同时启动,必须以用户为中心才能做到这一点。"陈录城说。

其次,则是"开放"——开放平台,吸引一流的资源参与。周云杰表示:"海尔有设备商、模块商、整体解决方案、机器人公司等一流资源加入,才会最终实现互联工厂的落地。"

包括德国前总理施罗德、中国工程院院士倪光南在内的多位到访过海尔互联工厂的政要和专家都不约而同地认为,"互联工厂"这一创新模式正是全球制造企业未来变革的核心。图1.1所示为海尔的互联网平台COSMOPlat。

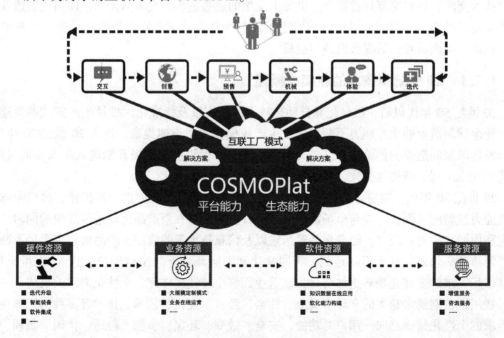

图1.1　海尔的互联网平台COSMOPlat

海尔的"布局"显示了其"抱负"不只在自身涅槃,而是向中国制造行业输出海尔式创新,为中国企业转型升级提供落地标准和指南。

为了做这件事,海尔已成立工业智能研究院和家电业创新战略联盟,并加入了工业和信息化部倡导的工业互联网产业联盟;打造输出智能制造解决方案的开放平台,指导行业智能互联工厂建设规划和评价;打造智能制造生态服务新产业。

在海尔看来,要用搭建COSMOPlat平台的经验助力中国制造,帮助中国企业"换道超车",最终实现继福特流水线、丰田精益管理之后的第三种模式。

在海尔总部青岛之外,COSMOPlat平台已经开始规模化地复制推广。在2019年8月3日,海尔的"产城创"生态圈模式继天津之后又进入下一城,作为"产城创"中"产"的关键部分,COSMOPlat平台正式落户上海松江。

"海尔的COSMOPlat平台和互联工厂为全球产业转型提供示范和借鉴,为不同发展阶段的企业提供标准化、定制化及整体解决方案,降低企业试错成本,缩短企业转型周期,提升企业运营绩效。"张瑞敏表示。

8家示范工厂样板只是海尔迈向智造时代的一小步。从2016年2月开始筹备COSMOPlat平台到2017年正式对外宣布提供其社会化服务,海尔有足够的底气:海尔互联工厂实现了高精度下的高效率,订单交付周期缩短了50%,产品生产效率提升了50%。

## 1.2　21世纪制造业的新模式

20世纪以来,信息技术、生物技术、新材料技术、能源与环境技术、航空航天技术和海洋开发技术六大科学技术的迅猛发展与广泛应用,引领了整个世界范围内传统制造业的大发展,引起了整个世界制造业的巨大变革。与此同时,经济全球化趋势正不断加强,各个领域的技术交流、经贸交流日益扩大。世界上发生的这些进步、变革与发展,使当代制造业的生态环境、产业结构与发展模式等都发生了深刻变化。科学发展观对制造业提出了新的要求,制造业正面临着新的发展机遇与挑战。

### 1.2.1　21世纪制造业的新模式概述

20世纪50年代以后,机械化和自动化技术的应用以及标准化大批量生产方式的急速发展,使全球制造业的生产能力不断扩大,生产规模和效率迅速提高。进入20世纪70年代,工业发达国家制造业的供给能力已经大于市场需求。世界主要市场开始进入需求导向时代。消费观念也出现了结构性变化,消费需求趋向多样化和个性化。

20世纪90年代,制造业的跨国活动迅速发展,全球制造能力进一步扩张,出现全球性制造能力过剩的局面,产能与市场需求的矛盾日益突出,在新产品更新速度加快的同时,市场饱和周期在缩短;同时,随着集装箱运输以及信息技术等的应用,产品的销售半径不断扩大,制造商必须面对处于不同地域、不同文化和不同环境下的全球用户。进入21世纪后,全球市场需求的多样化趋势更加明显,制造业面临全球性多样化、个性化需求的挑战。

在用户差别越来越大的全球市场上,社会、经济、文化、艺术、技术等多种因素都在影响需求的个性化选择趋向。用户对功能、安全、效率、环保、节能、舒适、休闲、新颖、个性、时尚、趣味、娱乐、价格等的个性化考虑,要求制造商利用不同的材料、不同的成型工艺手段、不同的造型设计、不同的结构、不同的操作系统和时空配置、不同的表面处理和装饰，实现工业设计和制造的个性化，并实现产品的多样化、性能或功能的多样化、款式的多样化、规格的多样化、包装的多样化、价格层次的多样化。

目前，我国制造业正面临个性化、多样化需求和标准产品大量需求并存的局面。一方面，国际市场和一部分国内市场需求已经呈现多样化、个性化的趋势，国内制造业还不能充分适应；另一方面，我国标准产品的大批量生产方式的发展还不充分。影响大规模生产效率和效益的决定性因素（如专业化分工、科学的生产管理、标准化、自动化等）还需要进一步完善。

**1. 须具有全球化的行销战略与发展战略**

全球化使企业能够利用全球的资金、技术、信息、管理和劳动力在它希望的任何地方进行生产，然后把产品销往任何有需求的地方，但也使企业面临更大的挑战，传统国内市场与国际市场的界限逐渐模糊，企业所面对的将是全球市场。这意味着，企业必须以全球视野考虑自身的生存和发展，制定全球化行销和发展战略。

随着国际市场需求的个性化和多样化，企业的行销理念已经将产品的"生产、销售"转变为"市场营销"，关注的重点由以产品为中心，转变为以客户为中心。20世纪90年代以来，制造业企业的全球化发展集中体现在两个相互关联的特征上：一是产业链（包括投资、生产、采购、销售、售后服务、研发等主要环节）日益实现全球化配置。将现在的各个功能活动和能力分配给全球合作伙伴，由此导致新的专业化分工模式的出现，整机企业的零部件全球采购、零部件产业的国际化，模糊了产品的国家特征，使其成为全球化产品。二是巨型企业的战略调整。为了快速进入目标行业和市场，应对日益缩短的产品寿命周期、日新月异的技术变革速度和高昂的研发成本，企业间的兼并、收购、整合已经成为企业实施全球化发展战略的主要方式。大规模的跨国重组实质性地改变了传统的资源配置方式、产业竞争模式和产业组织结构。

21世纪，我国企业的全球发展战略必须进行根本性的创新，已经在国际市场上取得成就的企业更应当尽快将全球化行销战略提升为全球化发展战略。企业参与国际竞争不再单纯依靠单个企业自己的内部资源，而是要"走出去"，通过利用全球生产基地、销售渠道、研发机构以及设计中心的资源，获取全球市场、技术、品牌、管理和技术人才，建立跨国生产体系，发展和壮大自己。

**2. 信息与网络技术引起了制造业的革命**

1958年，世界上第一块硅集成电路（IC）问世，揭开了人类社会进入"硅"时代的序幕。半个多世纪以来，集成电路技术迅猛发展，推动了信息与网络技术的发展，并对制造业产生了革命性影响。传统的产品结构、生产观念、生产组织、生产方式发生了根本变化。原来分工明确的、集中的、顺序的、以物质的生产存储为主的物质制造观转变为目前协同的、分散的、并行的、以信息的产生处理为主导的信息制造观。信息这一要素正迅速成为现代制造系统的主导因素，并对制造业产生根本性影响。从某种意义上说，现代制造业也是信息产业，它加工、处理信息，将制造信息录制、物化在原材料和毛坯上，使之转化为产品。现代制造业（尤其是高科技、深加工企业）的主要投入已不再是材料和能源，而是信息和知识，其所创造的社会财富实际上也是某种形式的信息，即产品信息和制造信息。未来的产品是基于机械电子一体化的信息和智能产品，未来的制造技术将向数字化、智能化、网络化发展，信息技术将贯穿整个制造业。

在以现代信息技术为核心的制造技术的基础上发展起来的敏捷制造、虚拟制造、精良生产及智能制造等现代制造系统，将进一步促进制造业未来的发展。

**3. 新材料与新工艺的不断涌现**

新材料的应用改变了传统的机械制造设计和工艺领域，纳米材料、智能材料、梯度材料、新型陶瓷材料、新型高分子聚合物、表面涂层及自修复材料等的应用对机械性能、功能以及设计方法、标准、数据等都将产生巨大影响，机械性能将进一步优化，机械寿命将大幅度提高。

激光的发明带动光通信产业及激光测量、激光加工和激光表面处理工艺的发展，激光技术、光刻技术的发明使大规模集成电路等微电子与精密制造成为可能，促进了计算机和信息技术的发展，进而使机械制造业进入数字化制造的新时代。

纳米技术扫描隧道显微镜的发明与应用使人们对世界的认识进入纳米尺度。纳米制造技术对传统制造方法、制造工艺与手段带来了巨大冲击，同时，纳米技术的发展带动了微型系统制造技术的发展。从1959年科学家提出微型机械的设想到第一个硅微型压力传感器问世，以及微型齿轮、微型齿轮泵、微型气动涡轮及连接件、硅微型静电电机、微型加速度计的成功制造，直至2000年，重仅200多克的微卫星上天，微型系统的应用领域不断扩大。

表面工程新技术不仅能使材料表面获得理想的功能（如防腐、耐磨、耐高温、抗氧化等），甚至还能获得微晶、非晶等性能。表面成膜、表面合金化及其他表面改质法不但用材少，而且可以使机件质量成倍提高，并且能够成功地对机件进行修复。

生物制造技术的发明使人们能够利用细菌对金属等进行侵蚀加工，其中生物去除成形加工和生物约束成形加工在研制微型产品和纳米产品领域有着不可限量的应用潜力。另外，生物技术的应用还能将一些化工制造过程转变为生物过程，向生物过程的常温、常压转变。生物脱硫技术在常温、常压下利用适宜的细菌代谢过程使石油脱硫，既有利于降低加工成本，又有利于改善生态环境。

**4. 传统的制造模式被改变**

传统制造业建立在规模经济的基础之上，靠企业规模、生产批量、产品结构标准化和重复性获得竞争优势，以获得低成本、高质量和高生产率。标准的产品设计却难以满足用户对产品多样化、个性化的要求。

随着用户消费多样化和个性化需求的增长，大批量、同一造型的产品将被多品种、小批量甚至单件定制的产品替代，功能性产品将被功能艺术性产品替代。未来的制造业将全面进入柔性、智能、敏捷、精益、绿色、艺术化、全球化和个性化的先进制造新时代。计算机集成制造系统（CIMS）等适应多品种、小批量生产的总体高效率、先进的智能制造系统将成为21世纪占主导地位的新型生产工具。

根据国际生产工程学会近10年的统计，国外发达国家所涌现的先进制造系统和先进制造生产模式多达33种。在这33种制造系统和制造生产模式中，有的已投入生产使用，产生了可观的经济效益，如计算机辅助设计（Computer Aided Design，CAD）、计算机辅助制造（Computer Aided Manufacturing，CAM）、计算机辅助工程（Computer Aided Engineering，CAE）、成组技术、制造资源计划、准时生产制、计算机辅助工艺规划、柔性制造系统和计算机集成制造系统等；有的还不很成熟，但却在制造业中有一定影响，如并行工程、精益生产、敏捷制造、虚拟制造、企业资源计划、智能制造和网络合作制造等；有的正处于探索阶段，但却有未来应用前景，如协同制造、生物制造、绿色制造、远程制造、全球制造和下一代制造等。现代制造模式的推广和应用，必将带动制造业的整体变革，提高制造业的产业水平和竞争力。

**5. 科学发展观对 21 世纪制造业的新要求**

1992 年联合国环境与发展会议之后，世界各国都把走可持续发展道路作为 21 世纪的发展战略，这是人类社会在面临全球性人口增长、资源短缺、环境污染和生态恶化的严峻形势下的抉择。可持续发展将生态环境与经济发展联结为一个互为因果的有机整体，要求经济发展考虑自然生态环境的长期承载能力，建立经济、社会、资源和环境相协调的全新发展模式，这就是科学发展观。它要求制造业体现循环经济的可持续发展理念，走一条科技含量高、经济效益好、资源消耗低、环境污染少、人力资源得到充分发挥的新型工业化道路。从产品设计到制造技术，从企业组织管理到营销策略的制定，可持续发展战略在制造业中的体现为：产品设计和制造工艺考虑节约原材料和能源；采用回收再生与复用技术，实现资源、能源和物料的可再生循环；产品加工制造过程避免环境污染，实现绿色制造；以人为本，充分发挥人力资源优势和人的创造力，促进人与自然的协调发展。

1）节能、节材的产品与制造工艺

21 世纪的制造业要求在产品的设计、制造和使用过程中减少所需要的材料投入量和能源消耗量，尽可能通过短缺资源的代用、可再生或易于再生资源（如太阳能和可再生生物资源）以及二次能源的利用提高资源利用率。通过资源、原材料的节约和合理利用，原材料中的所有组分通过生产过程尽可能转化为产品和副产品，从而消除废料的产生，减少环境污染。

2）可再生循环的制造

可持续发展的制造业应是可再生循环的。它要求在产品的设计和制造过程中采用回收再生与复用技术，尽可能减少制造产品的用材种类，选用可回收、可分解材料，形成"资源—产品—再生资源"的闭环流程。可再生循环的制造过程主要应用拆卸技术和循环再利用技术。

循环再利用技术是对拆卸下来的零部件或者分解、还原的材料进行二次利用的技术，在产品的设计制造中考虑两个因素：回收和分解。回收设计致力于开发材料回收技术，如废弃金属粉碎重熔。可以提高可回收性的设计手段包括使用易于循环利用的材料、避免可相互污染的材料组合、避免使用难处理降解的有毒物质。分解设计是指通过将产品分解为最基本的组分，而尽可能地使产品中几乎所有的材料能够循环利用，金属和非金属材料可通过分解进行回收，避免产生废物，污染环境。

3）绿色制造

绿色制造倡导资源、环境和人口的持续、稳定和健康发展，包括生产过程技术和末端治理技术，涵盖设计、生产、产品和服务以及企业的组织与管理等整个过程，以环境可容受的方式最大限度地减少废物排放和污染，建立极少产生废料和污染物的工艺和技术系统，实现清洁生产。绿色制造要求在设计新产品时，对材料的选择、产品的结构功能和生产加工过程设计以及包装和运输方式都综合考虑资源优化和环境影响；在产品的生产制造过程中，采用的生产工艺与设备最大限度地减少资源消耗和环境污染，提高材料和能源的循环利用率；在使用和处理产品时都必须考虑对环境的影响，同时为员工提供一个绿色的工作环境，实现制造业的绿色化。

4）以人为本，人与自然协调发展的制造

谋求人与大自然的协调发展，重视环境保护已经成为许多先导企业的共识，在坚持以人为本的原则下制造业的生产方式将实现由以技术为中心向以人为中心的转变。在制造环境的安全性方面，应将工作现场的声、热、振动、粉尘、有毒气体等指标严格限制在人体能承受的安全范围之内。在制造环境的人性化方面，作业空间和工作环境应使员工感到舒适，保证其身心健康。可持续发展的制造业不仅通过最大限度地提高资源利用率，减少资源消耗直接降低成本，而且坚持以人为本的原则，使生产环境因考虑工人健康和安全条件得以改善，有利于员工的身心健康。员工工作时心情舒畅，有助于提高主观能动性、工作质量和效率，提高制造业的生产、消费过程与环境的融合程度，最终实现经济效益和环境效益的最优化，以及人与自然的协调发展。

**6. 集成创新**

集成创新是随着科学技术的迅猛发展和市场需要的快速变化而逐渐演化形成的一种新的创新模式，它通过技术集成、知识集成和组织集成过程不断升级，把当今世界的许多新知识、新技术创造性地集成起来，在各要素的结合过程中注入创造性思维，以满足国家和市场经济的需求，最终使企业拥有核心能力和充分的自主创新能力。

系统集成包括技术集成与工程集成两种。

1）技术集成

技术集成主要指关键技术创新＋系统技术集成。波音747飞机的研制开发是技术集成的产物。面向远程大运力民航客机的市场需求，波音公司把当时在喷气发动机、航空材料、导航等方面的最新技术集成起来，同时，开发出各种与之配套的技术和工艺，在1969年完成飞机定型，并很快在20世纪70年代初将它投入商业运营，到现在波音747飞机已经使用了30多年。尽管没有人知道谁是波音747飞机的发明人，但是又有谁能否认它对美国经济，对世界文明所做出的战略性贡献呢。

2）工程集成

工程集成与技术集成不同。技术集成强调在集成的基础上形成有竞争力的产品，而工程集成要求形成产业链，是宏观产业层次上的"工程综合"概念。爱迪生一生的发明有2 000项之多，人们记得最清楚的是他发明了白炽灯泡，为人类带来了光明。其实白炽灯泡并不是爱迪生最早发明的，在他之前已有人发明了用碳素做灯丝的白炽灯，但没有形成应用系统。爱迪生的功劳在于他不仅发明了比较经久耐用的灯泡，而且进一步考虑到要让更多人应用，必须有好的供电系统，还必须有变压器、电网、开关，才能形成工程系统。于是他组建了一个公司，把这一套市场化的体系都实现了。这样，他发明的白炽灯泡才为全人类带来了持久的光明。由此可见，技术成果只有形成工程系统后才能充分体现其价值。

### 1.2.2 德国"工业4.0"

2006年德国发布了《德国高技术战略》，这是德国在国家层面发布的创新战略。这项战略出台的背景是：德国虽然是全球重要的出口国，但在成本上缺乏竞争力，很多企业将总部或制造基地从德国转移到其他国家。《德国高技术战略》的目标就是通过创新克服其成本劣势,保持德国在全球市场中领导者的地位。这项战略重点选择了17个技术创新领域,包括健康与医药技术、安全技术、种植技术、能源技术、环境技术、通信与信息技术等。

2008年,国际金融危机爆发后,德国又于2010年发布《德国高技术创新战略2020》,重点关注气候变化与能源、健康与营养、移动、安全和通信等5大领域。

在上述两个战略报告出台以后,2013年,由多领域专家组成的德国"工业4.0"工作组发布了专门报告——《保障德国制造业的未来:关于实施"工业4.0"战略的建议》。

该报告把"工业4.0"战略称为第四次工业革命。该报告认为,以由信息技术的发明所推动的工业自动化为代表的第三次工业革命,正在向第四次工业革命转变,第四次工业革命已经来临。

"工业4.0"战略是前三次工业革命的进一步深化,其原因有以下4点:

第一,智能化贯穿制造业的全过程。第三次工业革命实现了数字化制造,但整个生产过程的信息管理采取集中式控制系统。第四次工业革命将实现全过程、全领域的智能化,机器设备及被加工的材料、被组装的零部件都会被装上智慧化的"大脑",实现机器与机器的对话和机器与材料的对话。生产过程不再是机械的加工过程,而是变为生物过程,生产系统将变为生物系统。

第二,"工业4.0"需要实现全方位的系统整合。德国提出的"工业4.0"战略是一项整体优化战略,是通过充分利用德国人力资源方面的技术和知识,极大限度地发掘现有技术和经济的潜能。

从顶层而言,"工业4.0"战略的实施将集中于三个方面:通过价值网实现横向整合,生产网络将与社会网络、城市基础网络等实现完全的无缝连接;将端对端的数字一体化工程贯穿于整个价值链;实现垂直整合与建立网络化制造系统。

第三,"工业4.0"战略重点关注以下8个方面内容:

(1)进行标准化和参考架构建设;

(2)在"工业4.0"战略下,人们所管理的是比前三次工业革命更为复杂的系统,必须开发出管理复杂系统的工具和方法;

(3)实施"工业4.0",不仅需要加强本国自身的宽带基础设施建设,还要加强伙伴国之间的宽带基础设施建设,实现互联互通;

(4)信息安全和系统保护具有更加重要的地位;

(5)进行新的组织与工作设计,以适应智能化工厂时代;

(6)建立最佳实践网络和数字化学习工具,推进终身学习和个人的职业发展;

(7)针对新的产业革命设计科学的管制框架;

(8)有效地提高资源利用效率,实现全方位绿色化。

为了推进第四次工业革命,德国提出了一系列政策措施。

首先,组成跨界研究小组或平台。为推进"工业4.0"计划的落实,德国三大工业协会——德国资讯技术和通信新媒体协会(BITKOM)、德国机械设备制造业联合会(VDMA)以及德国电气和电子工业联合会(ZVEI)共同建立了"第四次工业革命平台"办事处,以吸引并协调所有参与本次革命的资源。中国也应成立类似的机构或平台,囊括自然科学家、工程技术专家、社会科学家、企业等,对第四次工业革命进行深入研究。

其次,在参与"工业4.0"的过程中,要充分发挥优势,重视话语权建设。当新的产业革命正在进行之际，德国没有附和其他国家的规划，而是提出"工业4.0"战略，其目的就是充分发挥其传统优势。中国在参与新一轮产业革命的过程中，也要充分发挥中国现有优势，在深刻分析和把握新工业革命的规律与特性的基础上，提出本国参与和推进第四次工业革命的战略规划，要力争在新的科技发展与产业革命中建立自身的话语权。

最后，大力推进标准的国际化建设和产品安全设计。为了顺利实现向"工业4.0"的转化及生产和服务模式之间的整合，政府引入相关标准。为此，我国不仅要在国内加强标准化的工作，还要实现标准的国际化，使国内设立的标准得到国际上的广泛支持。

第四次工业革命的发展更受制于网络发展的速度和信息安全等因素的影响，我国不仅要在国内大力推进先进的网络基础设施建设，而且要加强与战略性合作伙伴国家在网络基础设施建设上的协调，提高互联互通能力。

第四，利用市场规模优势对传统工厂生产模式进行智能化改造试点。中国的制造业不可能在一夜之间完全达到"工业4.0"的标准，在向"工业4.0"推进的过程中，需要把新的技术引入旧的系统中，将传统的工业流程系统改造成实时的能动系统，通过与跨国公司合作，开展"工业4.0"试点，对传统工厂生产模式进行智能化改造；同时，把发展大数据产业和推进人脑科学的发展置于抢占"工业4.0"制高点的高度加以推进。

### 1.2.3 美国工业互联网

工业互联网的概念最早是在2012年由美国通用电气公司提出的，随后通用联合另外四家信息技术（IT）巨头组建了工业互联网联盟（NC），将这一概念大力推广开来。工业互联网的主要含义是，在现实世界中，机器、设备和网络能在更深层次与信息世界的大数据和分析连接在一起，带动工业革命和网络革命两大革命的转变。

美国政府的"再工业化"战略于2009年年底启动。2009年12月，美国政府公布了《重振美国制造业框架》，并于2011年6月和2012年2月相继公布了《先进制造业伙伴计划》和《先进制造业国家战略计划》，并通过积极的工业政策，鼓励制造企业重返美国，意在通过大力发展国内制造业和促进出口，达到振兴美国国内工业，进而保证经济平稳和可持续发展的目的。

2012年3月，奥巴马提出投资10亿美元，创建15个美国"国家制造业创新网络"（NNMI）计划，以重振美国制造业的竞争力。2013年1月，美国总统办公室、国家科学技术委员会、国家先进制造业项目办公室联合发布了《国家制造业创新网络计划》。

2012年8月以来，美国已经成立了4家制造业创新中心，这些中心涉及的相关技术和产业有望成为未来制造业的发展方向。2014年10月，美国先进制造伙伴2.0指导委员会完成的《振兴美国先进制造业》（Accelerating U. S. Advanced Manufacturing）报告中，首先建议制定一个确保美国新兴制造技术领域优势的国家战略，明确要求各政府机构之间、企业之间以及政府机构与企业之间要开展跨界合作，并建议成立一个先进制造业咨询委员会，负责协调高科技企业投入国家先进制造技术的研究和开发中。

美国的制造业成为2008年金融危机之后经济复苏的重要引擎，在美国的再工业化过程中，通用等大型跨国企业倡导的工业互联网成为典型代表。金融危机发生之后，美国面临经济衰退和失业攀升的巨大压力，迫切需要转换发展动力；同时，近20年的去工业化和重服务业导致美国经济国际竞争力下降，迫切需要实现产业体系升级。在此背景之下，奥巴马政府提出了"再工业化"战略，以优化本国投资环境，吸引本国制造业回归和外国直接投资。2010—2014

年，美国制造业以年均3.46%的速度增长，高于同期的GDP增长率，制造业就业人数从1 200多万上升到1 300多万，年均增长2.05%，制造业成为美国经济复苏的重要引擎。制造业的相对繁荣也体现在与全要素生产率（所有的技术投入和产出的效率）的对比上，美国全要素生产率为1.18%，远低于制造业，可见制造业的增长比其他行业的增长更快。

美国制造业投资回归的趋势确实存在，其中最重要也最明显的因素就是能源成本的下降。美国是世界上最大的能源生产商，一直受惠于低价的能源和汽油。近年来，页岩天然气技术的突破直接带来油气成本的更快速下降，化工等工业领域直接受惠。由于正式开始重新开采页岩天然气资源，美国自2005年以来天然气成本下降50%，2014年工业用天然气成本每英热单位（BTU）约为3.1美元。而中国的工业用天然气成本由2004年的每BTU约5.8美元上升至2014年的每BTU13.7美元，上升136%。目前中国的工业用天然气成本约为美国的4.4倍。

美国中央和地方政府均采取了一些措施吸引美国制造业回归或者吸引国际制造业到美国投资。美国中央政府对"再工业化"国家战略的支持包括4个方面：一是法律制度，为"再工业化"战略提供法律支持。二是政策激励，通过出台指导性文件发布方向性建议和意见。三是政府监管创新，减少监管负担并提供政府支持。四是贸易协定，其包括很多内容，比如开放市场和全球业务等。美国与G20国家签署了一些双边和自由贸易协定，如澳大利亚和美国之间的贸易条约，很多日本车企通过这个条约从美国向澳大利亚出口汽车，而不是从日本出口。美国地方政府也因地制宜，针对不同的产业需求和资源禀赋采取灵活吸引外国投资的政策，尤其是比较宽松的税收和土地政策。

制造业领域的外国投资企业不仅给美国本土带来较高的劳动工资水平，而且发生明显的技术外溢，使美国本土企业受益。例如，华为、联想、中石化以及其他中资企业支付给美国工人的工资平均为每年85 000美元，对当地的人才具有很高的吸引力；再如，西门子等外企的到来给美国的企业带来压力，美国企业需要提高生产能力并增加研发投入，才能够在与其他国家企业的竞争中立于不败之地。它们也许会向这些外国企业学习，也许会采用先进的生产工艺，也许会组成联盟，也许会升级技术，这些都是"鲶鱼效应"或技术外溢效应的表现。

美国制造企业的全球业务拓展近年来仍处于活跃期，并未因本土的再工业化而放弃全球扩张。有趣的是，数据显示这种全球扩张并不意味着其在美业务的缩水，反而扩大了在美业务。从就业、销售、投资和研发角度来看，当通用和IBM这样的跨国企业增加海外就业岗位、销售收入、投资额和研发能力时，它们在美国的就业、投资、支出、销售和研发也在同步增加。当美国企业在全球以10%的比率增加就业岗位时，其在美国平均增加就业岗位的比率为4%。

美国工业互联网比德国"工业4.0"更加注重软件、网络、大数据等对工业领域服务方式的颠覆。工业互联网是实现所有机器互联，而不仅是制造工厂的机器设备的互联，最终实现机器与机器的融合、人与机器的融合。工业互联网的方向是构建智能制造的生态系统，是互联网和物联网发展及全球产业竞争的重要方向，其主要带来以下几个趋势性变化：一是智能化。利用大数据来分析不同客户群的需求，进行智能化的工业生产，制造出可以承载信息、感应环境、自我检测的智能化产品。二是柔性化。既以批量化的生产形式控制了生产成本，又以个性化的产品形态满足了用户需求。三是绿色化。互联网为发展绿色经济、循环经济和集约经济提供新的路径选择。

通用提出的工业互联网是美国"互联网+工业"模式的典型代表。通用的创新主要体现在3个方面：一是客户的需求，二是技术上的可行，三是商业上的可行。3个方面相辅相成。创新的敲门砖是时间的投入，如果要在全球制造业保持竞争力，一定要保证这3个方面的投入比竞争对手快。其再工业化的基础是业务重组，专注于数字业务和实体业务的整合。伴随数字与实体的结合，工业领域发生了巨大的变化，出现了新的业务模式、新的工业流程、新的原材料乃至新的制造业生产方式。

电子互联的因素被整合到一起，投入工厂生产中，而工厂的运营建立在4个支柱上：纯制造、智能机械、灵活性的工厂、巨大的供应链。4个支柱的实现需要包括信息高速公路在内的 IT 基础设施支撑，也需要一个共同软件平台来整合软件。Predix 系统就是通用推出的对所有软件开发者开放的平台，可以在此基础上建立商店和开发应用软件，允许不同的工厂使用不同的设备，并且可以相互沟通、不断优化。

### 1.2.4　中国制造 2025

《中国制造 2025》提出了我国制造强国建设三个十年的"三步走"战略，是第一个十年的行动纲领。《中国制造 2025》为应对新一轮科技革命和产业变革，立足于我国转变经济发展方式的实际需要，围绕创新驱动、智能转型、强化基础、绿色发展、人才为本等关键环节以及先进制造和高端装备等重点领域，提出了加快制造业转型升级、提升增效的重大战略任务和重大政策举措，力争到 2025 年，从制造大国迈入制造强国行列。

制造业是国民经济的主体，是立国之本、兴国之器、强国之基。自 18 世纪中叶开启工业文明以来，世界强国的兴衰史和中华民族的奋斗史一再证明，没有强大的制造业，就没有国家和民族的强盛。打造具有国际竞争力的制造业，是我国提升综合国力、保障国家安全、建设成为世界强国的必由之路。

中华人民共和国成立（尤其是改革开放）以来，我国制造业持续快速发展，建成了门类齐全、独立完整的产业体系，有力推动了工业化和现代化进程，显著增强了综合国力，支撑我国的世界大国地位，然而，与世界先进水平相比，我国制造业仍然大而不强，在自主创新能力、资源利用效率、产业结构水平、信息化程度、质量效益等方面差距明显，转型升级和跨越发展的任务紧迫而艰巨。

当前，新一轮科技革命和产业变革与我国经济发展方式的加快转变形成历史性交汇，国际产业分工格局正在重塑。必须紧紧抓住这一重大历史机遇，按照"四个全面"战略布局要求，实施制造强国战略，加强统筹规划和前瞻部署，力争通过三个十年的努力，到中华人民共和国成立一百年时，把我国建设成引领世界制造业发展的制造强国，为实现中华民族伟大复兴的中国梦打下坚实基础。

**1. 全球制造业格局面临重大调整**

新一代信息技术与制造业的深度融合，正在引发影响深远的产业变革，形成新的生产方式、产业形态、商业模式和经济增长点。各国都在加大科技创新力度，推动三维（3D）打印、移动互联网、云计算、大数据、生物工程、新能源、新材料等领域取得新突破。基于信息物理系统的智能装备、智能工厂等智能制造正在引领制造方式的变革；网络众包、协同设计、大规模个性化定制、精准供应链管理、全生命周期管理、电子商务等正在重塑产业价值链体系；可穿戴智能产品、智能家电、智能汽车等智能终端产品不断拓展制造业新领域。我国制造业转型升级和创新发展迎来重大机遇。

全球产业竞争格局正在发生重大调整，我国在新一轮发展中面临巨大挑战。国际金融危机发生后，发达国家纷纷实施"再工业化"战略，重塑制造业竞争新优势，加速推进新一轮全球贸易投资新格局。一些发展中国家也在加快谋划和布局，积极参与全球产业再分工，承接产业及资本转移，拓展国际市场空间。我国制造业面临发达国家和其他发展中国家"双向挤压"的严峻挑战，因此，必须放眼全球，加紧战略部署，着眼建设制造强国，固本培元，化挑战为机遇，抢占制造业新一轮竞争的制高点。

**2. 我国经济发展环境发生重大变化**

新型工业化、信息化、城镇化、农业现代化的同步推进，超大规模内需潜力的不断释放，为我国制造业发展提供了广阔空间。各行业新的装备需求、人民群众新的消费需求、社会管理和公共服务新的民生需求、国防建设新的安全需求都要求制造业在重大技术装备创新、消费品质量和安全、公共服务设施设备供给和国防装备保障等方面迅速提升水平和能力。全面深化改革并进一步扩大开放将不断激发制造业的发展活力和创造力，促进制造业的转型升级。

我国经济发展进入新常态，制造业的发展面临新挑战。资源和环境约束不断强化，劳动力等生产要素的成本不断上升，投资和出口增速明显放缓，主要依靠资源要素投入和规模扩张的粗放发展的模式难以为继，调整结构、转型升级、提质增效刻不容缓。形成经济增长新动力和塑造国际竞争新优势的重点在制造业，难点在制造业，出路也在制造业。

**3. 建设制造强国任务艰巨而紧迫**

经过几十年的快速发展，我国制造业规模跃居世界第一位，建立起门类齐全、独立完整的制造体系，成为支撑我国经济社会发展的重要基石和促进世界经济发展的重要力量。持续的技术创新，大大提高了我国制造业的综合竞争力。载人航天、载人深潜、大型飞机、北斗卫星导航、超级计算机、高铁装备、百万千瓦级发电装备、万米深海石油钻探设备等一批重大装备取得技术突破，形成若干具有国际竞争力的优势产业和骨干企业。我国已具备建设工业强国的基础和条件。

但我国仍处于工业化进程中，与先进国家相比还有较大差距。我国制造业大而不强，自主创新能力弱，关键核心技术与高端装备对外依存度高，以企业为主体的制造业创新体系不完善；产品档次不高，缺乏世界知名品牌；资源能源利用效率低，环境污染问题较为突出；产业结构不合理，高端装备制造业和生产性服务业发展滞后；信息化水平不高，与工业化融合深度不够；产业国际化程度不高，企业全球化经营能力不足。推进制造强国的建设，必须着力解决以上问题。

建设制造强国必须紧紧抓住当前难得的战略机遇，积极应对挑战，加强统筹规划，突出创新驱动，制定特殊政策，发挥制度优势，动员全社会力量奋力拼搏，更多地依靠中国装备和依托中国品牌，实现中国制造向中国创造的转变、中国速度向中国质量的转变、中国产品向中国品牌的转变，完成中国制造由大变强的战略任务。

立足国情，立足现实，力争通过"三步走"实现制造强国的战略目标。

第一步：力争用十年时间，迈入制造强国的行列。

到2020年，基本实现工业化，制造业大国地位进一步巩固，制造业信息化水平大幅提升。掌握一批重点领域的关键核心技术，进一步增强优势领域竞争力，较大幅度提高产品质量。制造业数字化、网络化和智能化取得明显进展。重点行业单位工业增加值能耗、物耗及污染物排放量明显下降。

到2025年,制造业整体素质大幅提升,创新能力显著增强,全员劳动生产率明显提高,"两化"(工业化和信息化)融合迈上新台阶。重点行业单位工业增加值能耗、物耗及污染物排放量达到世界先进水平。形成一批具有较强国际竞争力的跨国公司和产业集群,在全球产业的分工和价值链中的地位明显提升。

第二步:到2035年,我国制造业整体达到世界制造强国阵营的中等水平。创新能力大幅提升,重点领域发展取得重大突破,整体竞争力明显增强,优势行业形成全球创新的引领能力,全面实现工业化。2020年和2025年制造业主要指标对比见表1.1。

第三步:中华人民共和国成立一百年时,制造业大国地位更加巩固,综合实力进入世界制造强国前列。制造业主要领域具有创新引领能力和明显竞争优势,建成全球领先的技术体系和产业体系。

表1.1 2020年和2025年制造业主要指标对比

| 类别 | 指标 | 2013年 | 2015年 | 2020年 | 2025年 |
| --- | --- | --- | --- | --- | --- |
| 创新能力 | 规模以上制造企业研发经费内部支出占主营业务收入比重/% | 0.88 | 0.95 | 1.26 | 1.68 |
| | 规模以上制造企业每亿元主营业务收入有效发明专利数[1]/件 | 0.36 | 0.44 | 0.70 | 1.10 |
| 质量效益 | 制造业质量竞争力指数[2] | 83.1 | 83.5 | 84.5 | 85.5 |
| | 制造业增加值率提高 | — | — | 比2015年提高2% | 比2015年提高4% |
| | 制造业全员劳动生产率增速/% | — | — | 7.5左右("十三五"期间年均增速) | 6.5左右("十四五"期间年均增速) |
| "两化"融合 | 宽带普及率[3]/% | 37 | 50 | 70 | 82 |
| | 数字化研发设计工具普及率[4]/% | 52 | 58 | 72 | 84 |
| | 关键工序数控化率[5]/% | 27 | 33 | 50 | 64 |
| 绿色发展 | 规模以上单位工业增加值能耗下降幅度 | | | 比2015年下降18% | 比2015年下降34% |
| | 单位工业增加值二氧化碳排放量下降幅度 | | | 比2015年下降22% | 比2015年下降40% |
| | 单位工业增加值用水量下降幅度 | — | — | 比2015年下降23% | 比2015年下降41% |
| | 工业固体废物综合利用率/% | 62 | 65 | 73 | 79 |

[1]规模以上制造企业每亿元主营业务收入有效发明专利数=规模以上制造企业有效发明专利数/规模以上制造企业主营业务收入。
[2]制造业质量竞争力指数是反映我国制造业质量整体水平的经济技术综合指标,由质量水平和发展能力两个方面共计12项具体指标计算得出。
[3]宽带普及率用固定宽带家庭普及率代表,固定宽带家庭普及率=固定宽带家庭用户数/家庭户数。
[4]数字化研发设计工具普及率=应用数字化研发设计工具的规模以上企业数量/规模以上企业总数量(相关数据来源于3万家样本企业)。
[5]关键工序数控化率为规模以上工业企业关键工序数控化率的平均值。

### 1.2.5 机械加工行业现状

**1. 机床需求结构升级,产品向智能化、网络化、柔性化方向深入**

(1) 机床需求结构升级,高档数控机床需求旺盛。

国家对高档数控机床市场的发展给予了高度的关注。《中国制造2025》将高档数控机床列为未来十年制造业重点发展领域之一,《〈中国制造2025〉重点领域技术路线图》明确了高档数控机床未来的发展目标:"到2020年,高档数控机床与基础制造装备国内市场占有率超过70%,到2025年,高档数控机床与基础制造装备国内市场占有率超过80%"。高档数控机床的需求侧将传导至供给侧,有力推动数控机床结构升级,而生产高档数控机床的企业将迎来有利的发展机会。

(2) "工业4.0"时代,助推数控机床向智能化、网络化、柔性化方向深入。

"工业4.0"要求通过智慧工厂、智能生产线、物联网等工具实现生产和流通领域的智能化,进而为消费者提供高度个性化的产品,与此相适应,数控机床必须向智能化、网络化、柔性化方向发展,以满足"工业4.0"的深层需求。

(3) 单体机床逐步减少,"数控机床+工业机器人"等成套设备愈加普遍。

单体机床的销售将逐步减少。当前数控机床的销售主要是单机销售,随着下游生产企业竞争加剧以及成本增加,尤其是劳动力生产成本急剧上升以及劳动力短缺情况的频发,将倒逼更多无人化自动生产车间的出现。单体机床销售下游客户对自动化生产线以及无人化车间的需求将上升。无人化车间将先以"数控机床+工业机器人"成套设备的形式出现,先行解决劳动力生产成本急剧上升的问题。"数控机床+工业机器人"等成套设备的普及将成为未来行业发展的重要特点,是打造未来智慧工厂与智能生产线的重要一步,更是数控机床生产企业未来的发展方向。

**2. 应用行业走向分化,消费电子将成为行业新增长点**

传统中国工业企业是数控机床最大的需求和增长市场,如今我国钢铁、机械等传统重工业产能过剩现象严重,对数控机床的需求开始萎缩,进而导致重型机床供过于求。随着智能手机的逐步普及、更新换代速度的加快,平板电脑、可穿戴设备等消费电子产品和通信等3C产业终端设备的推广及发展,3C行业将迎来发展的春天,消费电子行业产品将成为行业的新增长点并有力推动应用于该领域的轻型切削数控机床的发展。

**3. 厂商的产品及服务模式由单一产品销售向智能制造系统集成方案方向发展**

长期以来,国内大多数数控机床企业只专注于生产某一领域的单一机床产品,并不具备提供自动化生产线的解决方案的能力。近年来,下游企业对数控机床供应商提出了新的需求,趋向于与具备成套的设备生产能力、提供全套解决方案或承担更为复杂的工程总承包项目的能力和自动化系统改造能力的供应商合作。拥有工业机器人自动化生产线交钥匙工程能力的智能制造系统集成商可以满足客户多方面的生产需求,进而提高客户黏性。此外,国家和地方政策对制造业进行自动化生产线建设的鼓励也必将推动智能制造装备供应商向智能制造系统集成方案提供商转变。

**4. 国产品牌崛起,告别国际品牌独大的局面**

中国作为制造业大国,市场需求巨大,吸引了大批国际品牌数控机床企业入驻抢占中国市场。FANUC和Brother品牌的国际数控机床具备先发优势,其技术水平较高且更具品牌知名度，在全球数控机床产业高、中高端市场均有较高的市场份额。经过几十年的发展，不断自主研发和汲取国外经验，我国国产数控机床产业从无到有，市场规模不断扩大。

### 5. 技术服务水平、技术特点

数控机床的出现大大提高了传统制造业的生产效率，适应现代制造加工业精密化、规模化、批量化的生产需求。虽然我国数控机床的发展落后于发达国家，但随着科技的迅猛发展，我国数控机床的技术发展已经取得了显著进步，目前我国已经掌握了数控系统、伺服电机及驱动等核心技术，并实现了产业化发展。经过几十年的发展，我国数控机床技术在部分领域已经接近发达国家水平，但是整体来看还是与发达国家存在一定差距，主要高端技术仍掌握在美国、日本、德国等发达国家手中。随着市场竞争的加剧，作为制造业"工业母机"的数控机床将进一步向高速度、高精度、高可靠性的方向发展。高速度是指通过提高主轴转数和工作台移动速度等实现高效生产和降低制造成本，从而提升产品的竞争力；高精度体现为加工工件的质量及几何精度越来越高，尤其适用于小型金属结构件及军工等领域结构件的精密加工需求；可靠性主要体现为数控机床无障碍的工作时间，数控机床需要长时间持续地工作，设备的可靠性对提升工作效率和节省生产成本有重大影响。数控机床的技术水平可以从机床的中央处理单位、分辨率、进给速度、多轴联动功能、显示功能、通信功能方面体现。数控机床技术水平主要指标见表1.2。

表1.2 数控机床技术水平主要指标

| 技术水平 | 低档 | 中档 | 高档 |
| --- | --- | --- | --- |
| 中央处理单位 | 8位CPU | 32位或64位并具有精简指令集（RISC）的CPU | |
| 分辨率 | 10 μm | 1 μm | 0.1 μm |
| 进给速度/（m·min$^{-1}$） | 8～15 | 15～24 | 24～100或更高 |
| 多轴联动功能 | 2～3轴联动 | 3～5轴联动 | 3～5轴联动或更多 |
| 显示功能 | 简单的数码显示或CRT字符显示 | 较齐全的CRT显示，有图形、人机对话、自诊断等功能显示 | 齐全的CRT显示，有图形、人机对话、自诊断等功能显示及三维动态图形显示 |
| 通信功能 | 无通信功能 | R232或DNC直接数控等接口 | MAP（制造自动化协议）等高性能通信接口，且具有联网功能 |

数据来源：公开资料整理

### 6. 高档数控机床行业与上、下游行业的关联性

高档数控机床行业的上游行业主要包括光机、数控系统、钣金、电子元器件、设备辅件等行业，下游行业主要包括消费电子、通信设备、汽车、精密模具及其他行业，其关联性如图1.2所示。

1）上游行业的影响

高档数控机床行业的上游行业主要有光机、数控系统、钣金、电子元器件、设备辅件等行业。受到技术的限制，目前国内高档数控机床所需的数控系统、光机的部分零部件（如主轴、丝杠、轴承等）主要从国外进口，而光机、钣金等机床部件的生产在国内的发展已经较为成熟，主要从国内采购。总体上，上游市场较为成熟，供应稳定。

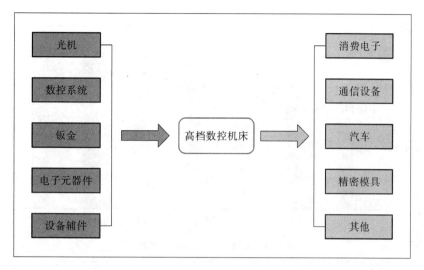

图1.2 高档数控机床行业与上、下游行业的关联性（数据来源：公开资料整理）

2）下游行业的影响

数控机床作为工业母机，其下游涉及各行各业。高档数控机床行业的下游行业有消费电子、通信设备、汽车、精密模具及其他行业。消费电子行业为主要下游行业，受下游市场需求的影响相对较大。目前消费电子行业处于快速发展的阶段，且产品更新换代较快，每年新增产能较大，相应的数控机床产品需求旺盛。

(1) 消费电子行业。

近年来，我国消费电子产品的生产规模不断扩大，智能终端外壳金属渗透率不断提升。2014年、2015年和2016年，手机外壳的金属渗透率分别为25%、33%和38%，金属渗透率逐年提升，目前手机金属外壳已普及到千元级及以下智能手机市场，手机外壳的金属渗透率不断上升。手机生产规模的不断扩大和手机外壳金属渗透率的持续上升为高速钻攻中心在手机金属外壳的加工领域不断开拓市场。

(2) 通信设备行业。

通信设备行业也是高档数控机床行业的重要下游行业。2016年，我国基础电信企业加快了移动网络的建设，新增移动通信基站92.6万个，总数达559万个，其中新增4G基站86.1万个，总数达263万个，移动网络覆盖范围和服务能力持续提升。2016年，我国互联网宽带接入端口数量达6.9亿个，比上年净增1.14亿个，同比增长19.8%。2016年，通信设备行业固定资产投资完成4 350亿元，其中移动通信投资完成2 355亿元。我国对5G设施投资的逐步加大将进一步拉动通信设备行业对高档数控机床的需求。

(3) 汽车行业。

汽车市场的发展推动着高档加工中心的市场需求，而国民经济的发展与人们生活水平的提高带动汽车市场的发展。2016年，汽车产量和销量分别为2 811.9万辆和2 802.8万辆，同比增长14.76%和13.95%。汽车市场的不断扩大有力地拉动了汽车零部件加工中心的需求。2010—2016年中国汽车产销规模变化趋势如图1.3所示。

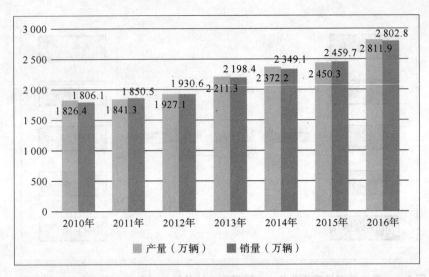

图1.3　2010—2016年中国汽车产销规模变化趋势（数据来源：公开资料整理）

(4) 精密模具行业。

模具是指工业生产上用注塑、吹塑、挤出、压铸或锻压成型、冶炼、冲压等方法得到所需产品时所用的各种模子和工具。《中国模具工业"十三五"规划》明确指出，"十二五"期间，国内市场国产模具自配率达到85%以上，中、高档模具的比例达到40%以上，至2015年，产值达到1 740亿元。

## 1.3　智能制造的未来发展趋势

近年来，新工业革命方兴未艾，全球制造业正迈向数字化和智能化时代。为应对新工业革命下的国际竞争，发达国家不约而同地将智能制造作为制造业未来发展的重要方向。美国的《先进制造业国家战略计划》旨在大力推动以"工业互联网"和"新一代机器人"为特征的智能制造战略布局。作为"工业4.0"的倡导者，德国意欲主导智慧工厂等"工业4.0"标准的制定，掌控智能制造规则的话语权。日本提出了"机器人新战略"和"社会5.0战略"等一系列战略措施支持智能制造的发展，以重塑本国制造业的竞争优势。

回顾世界经济的发展历程，每一次工业革命总是带来劳动生产率的大幅提高和生产方式的巨大变革，同时也为后发国家提供了"弯道超车"的重要机遇。能否抓住智能制造这一重大战略机遇，关系到我国向制造强国迈进、跨越"中等收入陷阱"、全面建成小康社会等战略目标的实现。

目前，我国制造业的规模已跃居世界第一位，拥有世界上最为完整的工业体系，成为全球价值链的重要参与者，然而，总体来看，中国制造业大而不强的特征明显，自主创新能力相对较弱，资源消耗大，低端产能过剩，高端供给明显不足，产业整体仍处于全球制造业链条的中、低端。在当前国内发展动能转换和国际竞争加剧的形势下，发展更加完备的智能制造系统是实现工业强国战略目标的重要途径，智能制造未来理想运行示意如图1.4所示，使数字化、网络化、智能化更加融合是智能制造的主攻方向。

图 1.4 智能制造未来理想运行示意

### 1.3.1 强化"中国制造"的综合竞争力

在经济发展新常态下,智能制造将成为加快供给侧结构性改革和带动制造业转型升级的新引擎。

智能制造的本质是虚拟网络和实体生产的相互渗透融合,将专家的知识和经验融入感知、决策、执行等制造活动中,赋予产品制造在线学习和知识进化的能力,使制造体系中的各个企业、各个生产单元高效协同,在减少对传统劳动力需求的同时,极大限度地提高生产效率。智能制造不仅是单一技术和装备的突破与应用,还依靠装备智能化、设计数字化、生产自动化、管理现代化、营销服务网格化等制造技术与信息技术的深度融合与集成创造新的附加值。借助传感器、物联网、大数据、云计算等的运用,智能制造能够实现设备与设备,设备与工厂,各工厂之间以及供应链上、下游企业间,企业与用户间的无缝对接,企业可以更加精准地预测用户需求,根据用户的多样化和个性化需求进行柔性生产,并实时监控整个生产过程,实现低成本的定制化服务。

对于我国来说,智能制造提升生产效率的功能有助于抵消劳动力成本上涨的影响,保持并强化"中国制造"的综合竞争力。制造业向智能制造的转型会产生对智能装备、智能传感器、新材料、工业软件系统以及相关服务的大量需求,能够形成新的产业增长点。此外,借力新的生产组织方式和商业模式,智能制造还能够实现生产制造与市场需求之间的动态匹配,有利于减少过剩产能和库存,节约资源和能源,这与供给侧结构性改革的目标方向高度契合。智能制造业将为"补短板"和打造经济发展新动能注入动力与活力。

近几年来，我国在智能化生产方面研究成果颇丰。工业机器人作为一种集多种先进技术于一体的智能自动化装备，已广泛应用于各行业。其因具有柔性好、自动化程度高、可编程性、通用性强等优点，在机械加工行业应用广泛，逐渐成为工业加工制造的一个重要发展方向。图1.5所示为轴承压盖自动加工单元的实际应用。工业机器人作为智能制造的一部分，将强有力地推动我国在智能制造领域的发展进程。

图1.5　轴承压盖自动加工单元的实际应用

## 1.3.2　智能化升级仍面临挑战

由于工业化起步晚，技术积累相对薄弱，信息化水平相对较低，我国制造业智能化升级面临着严峻的挑战。

（1）"两化"融合的整体水平有待进一步提升。我国地区间、行业间以及企业间信息化发展不平衡，一些企业已经开始智能化探索，但更多的企业尚处于电气化、自动化甚至机械化阶段，半机械化和手工生产在一些欠发达地区仍然存在。我国制造业距离全面实现数字化、网络化、智能化还有很长的路要走。

（2）智能制造的基础研发能力相对较弱。我国产、学、研的整体科技水平与美、日、德等国家仍有较大差距，智能化的软、硬件缺乏自主研发技术，高端传感器、操作系统、关键零部件主要依赖进口，在一定程度上阻碍了智能制造的发展。

（3）智能制造生产模式尚处于起步阶段。我国企业长期依靠低廉劳动力成本，形成成本洼地，惯于在国际、国内市场上拼价格，导致全球价值链低端锁定，多数企业使用智能设备替代人工的动力不足。现阶段，一些企业即使引入智能设备，也仅停留在初级应用阶段，以智能制造整合价值链和商业模式的企业屈指可数，更没有形成构建智能制造体系的战略思维和总体规划。

（4）智能制造标准、工业软件和网络信息安全基础薄弱。标准是产业（特别是高技术产业）领域工业大国和商业巨头的必争之地，主导标准的制定意味着掌握市场竞争和价值分配的话语权。目前，德国除了在国内及欧盟层面推广"工业4.0"标准化工作外，还在国际标准化组织设立了与"工业4.0"相关的咨询小组。我国虽然是制造大国，但是由我国主导制定的制造业国际标准数量并不多，国际上对中国标准的认可度也不高，中国在全球制造标准领域缺少话语权及影响力。在工业软件领域，世界上用于产品生命周期管理（PLM）的主流软件主要是由德国西门子公司、美国PTC公司和法国达索公司开发的，我国在工业软件开发方面缺少自主知识产权，明显处于劣势。

（5）高素质复合型人才严重不足。从经营管理层面来看，我国企业缺少具有预见力的领军人物以及在高水平的研发、市场开拓、财务管理等方面的专门人才。从员工队伍层面来看，我国企业存在初级技工多、高级技工少，传统型技工多、现代型技工少，单一技能的技工多、复合型的技工少的现象。员工综合素质偏低直接制约智能制造系统的应用和推广，而在国家战略层面，涉及智能制造标准制定、国际谈判、法律法规等方面的高级专业人才更是我国企业明显的"短板"。

### 1.3.3 向全球价值链高端攀升

抓住新工业革命带来的战略机遇，以智能制造为突破口，引领中国制造向全球价值链高端攀升。

第一，推进智能制造关键装备与核心软件的自主研发与产业化，提高价值链核心环节的掌控力。政府应加大对智能制造软、硬件基础研究的支持力度，突破制约智能制造发展的关键核心技术；推动官、产、学、研、用合作和组建产业创新联盟，加快推进中国智能制造标准的制定、工业软件特别是智能制造操作系统的开发以及推广应用；研发具有自主知识产权的工业机器人、增材制造装备、智能传感与控制装备等关键技术装备，全面提升智能制造的产业化水平。

第二，鼓励创新商业模式，打通价值网络。智能制造带来以消费者为中心、以"需求定制＋大数据营销＋参与制造"的"产品＋服务"为新生产模式和商业模式，要求企业从封闭的价值链转向开放的价值网络。政府应鼓励企业建立平台生态圈，通过服务生态化、系统化和产品智能化，实现新的价值增值机会。

第三，培育自主品牌和骨干企业，拓展全球市场。以智能制造试点示范专项行动为契机，集中资源重点培育一批自主创新能力强、主业突出、产品市场前景好、对产业带动作用大的大型骨干企业。鼓励企业积极"走出去"，一方面，通过开放式创新，主动利用全球的创新资源；另一方面，把智能制造的中国标准和中国平台推广出去，打造强大的智能制造生态系统。

第四，建立满足智能制造需求的多层次人力资源开发体系。大力发展职业教育、继续教育和职业技能培训等，培养具有较高素养的应用型人才。鼓励骨干企业与有条件的高等院校开展协同育人，建设产业人才培训基地，培育具有"工匠精神"的应用型人才，夯实智能制造的人才基础。

第五，完善企业内部价值链管理，增强企业智能化管理能力，提高数据附加价值。针对智能制造高度柔性的生产模式对管理复杂度的新要求，引导企业从产品概念设计、原型开发、资源管理、订单管理、生产计划的获取和执行开始，到物流管理和能源管理再到营销售后，按照产品附加值的新型创造方式进行整合，建立高效的智能化运营系统。

# 第2章 智能工厂的设计通则

## 2.1 智能工厂的定义

德国"工业4.0"的两大主题就是"智能生产"和"智能工厂"。智能生产主要涉及整个企业的生产物流管理、人机互动以及3D技术在工业生产过程中的应用等。利用物联网技术和设备监控技术加强信息管理和服务,掌握产销流程并提高生产过程的可控性,可以实现研发、设计、生产、制造工艺及质量控制全方位的信息覆盖。较之现有的工厂/车间,智能工厂/车间更注重产品制造的自动化和灵活性,强调如何提高生产制造系统的自动化程度,如何使生产制造系统更加灵活、更加适应产品市场的实际需求。形象地说,在生产制造过程中,智能化的机器可以根据采集的信息数据及时进行操作上的调整,最终减少工程师的数量。

智能工厂以数字化工厂为基础,通过工程技术维度、生产制造维度和生产供应及销售维度,使用核心制造执行系统(Manufacturing Execution System,MES)驱动实现,如图2.1所示。

图2.1 数字化工厂的模型

在数字化工厂的基础上,将生产企业管理技术运用到生产过程的控制管理中,并将企业资源规划(Enterprise Resource Planning,ERP)、制造执行系统、SAP及EPLM等有效融合,应用于各种各样的生产制造中,进行全面的信息控制,以确保生产的各个环节都能处于最佳状态,进行智能管控和智能决策,实现真正的智能生产过程,这样数字化工厂也就上升为智能工厂了。

建设智能工厂是当今制造业积极努力的一个方向，但智能化不是一个非常明确的概念，也不好衡量，因此，探讨如何建设智能工厂以及从哪些方面体现智能，是智能工厂的标准问题，也是当前非常重要与迫切需要解决的问题，要从计划排产智能、生产过程协同智能、设备互联互通智能、生产资源管控智能、质量过程控制智能和决策支持智能几个方面考虑。

## 2.2 智能工厂的关键技术

智能工厂的构建，实际上是信息网络技术与制造技术的融合，新业态和新模式会不断涌现。随着物联网、云计算和移动物联等信息技术创新体系的发展演变以及与传统工业技术的融合创新，智能工厂将发展出全新的模式和业态。

人们将智能工厂分为感知层、控制层和决策层。在不同层级，通过对智能工厂关键技术的研究，可以实现"感知—控制—决策"的闭环回路。智能工厂关键技术架构如图2.2所示。

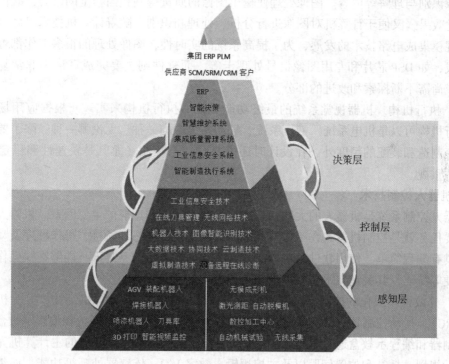

图2.2 智能工厂关键技术架构

### 2.2.1 机器人技术

**1. 机器视觉技术**

机器视觉技术是用机器代替人眼来作测量和判断的技术。机器视觉系统的工作流程为：被摄取目标—经图像摄取装置—图像信号—经图像处理系统—数字信号—经抽取目标特征—

判断结果并控制设备。该流程的实现需相应的硬件作为基础,典型的工业机器视觉系统的构成包括照明设备、镜头、相机、图像采集卡、视觉处理器等。

机器视觉系统主要由图像的采集、图像的处理和分析、图像的输出或显示三部分组成。机器视觉系统应该包括光源、光学系统、图像捕捉系统、图像数字化模块、数字图像处理模块、智能判断决策模块和机械控制执行模块。

(1) 光源照明技术。光源照明技术对机器视觉系统性能的好坏有着至关重要的作用,光源应该具有以下特征:尽可能突出目标的特征,使物体需要检测的部分与非检测部分之间尽可能产生明显的区别,增加对比度;保证足够的亮度和稳定性;物体位置的变化不应影响成像的质量。机器视觉系统中一般使用透射光和反射光,对于反射光情况,应充分考虑光源和光学镜头的相对位置、物体表面的纹理、物体的几何形状等要素。光源的选择必须符合所需的几何形状;同时,照明亮度、均匀度、发光的光谱特性也必须符合实际的要求,并且还要考虑光源的发光效率和使用寿命。常用光源有卤素灯、荧光灯和 LED 灯等。

(2) 图像信号处理技术。图像信号处理是机器视觉系统的核心。视觉信息处理技术主要依赖于图像处理方法,包括图像增强、数据编码和传输、平滑、边缘锐化、分割、特征抽取、图像识别与理解等内容。图像处理使输出图像的质量得到相当程度的改善,既优化了图像的视觉效果,又便于计算机对图像进行分析、处理和识别。随着计算机技术、微电子技术以及大规模集成电路技术的发展,为了提高系统的实时性,图像处理的很多工作都可以借助硬件完成,如 DSP 芯片和专用图像信号处理卡等,而软件则主要完成算法中非常复杂、不太成熟或尚需不断探索和改进的部分。

(3) 执行机构。机器视觉系统的最终功能要依靠执行机构来实现。根据应用场合的不同,执行机构可以是机电系统、液压系统、气动系统中的一种。无论哪一种,除了要严格保证其加工制造和装配的精度外,在设计时还需要对动态特性(尤其是快速性和稳定性)给予充分的重视。

**2. 机器人控制技术**

机器人控制系统是机器人的大脑,是决定机器人功能和性能的主要因素。机器人控制技术的主要任务就是控制机器人在工作空间中的运动位置、姿态和轨迹、操作顺序及动作的时间等,具有编程简单、使用软件菜单操作、具有友好的人机交互界面、能够在线操作提示和使用方便等特点,其关键技术包括以下几个方面:

(1) 开放性模块化的控制系统体系结构。采用分布式 CPU 计算机结构,分为机器人控制器(RC)、运动控制器(MC)、光电隔离 I/O 控制板、传感器处理板和编程示教盒等。机器人控制器和编程示教盒通过串口/CAN 总线进行通信。机器人控制器的主计算机完成机器人的运动规划、插补和位置伺服以及主控逻辑、数字 I/O、传感器处理等功能,而编程示教盒则完成信息的显示和按键的输入。

(2) 模块化、层次化的控制器软件系统。控制器软件系统建立在开源的实时多任务操作系统 Linux 上,采用分层和模块化结构设计,以实现软件系统的开放性。整个控制器软件系统分为三个层次:硬件驱动层、核心层和应用层。三个层次分别面对不同的功能需求。对应不同层次的开发,控制器软件系统中各个层次内部由若干个功能相对独立的模块组成,这些功能模块相互协作,共同实现该层次所提供的功能。

(3) 机器人的故障诊断与安全维护技术。它通过各种信息对机器人故障进行诊断并进行相应维护，是保证机器人安全性的关键技术。

（4）网络化机器人控制器技术。目前，机器人的应用工程正由单台机器人工作站向机器人生产线发展，机器人控制器的联网技术变得越来越重要。机器人控制器上具有串口、现场总线及以太网的联网功能，用于机器人控制器之间和机器人控制器同上位机的通信，便于对机器人生产线进行监控、诊断和管理。

**3. 虚拟机器人技术**

虚拟机器人技术是基于多传感器、多媒体和虚拟现实以及临场感技术，实现机器人虚拟遥操作和人机交互的技术。

虚拟现实技术与智能机器人监控技术协同作业的机器人系统的突出特点是既可作为操作员的训练平台，提供逼真的现场操作感觉，又是一个仿真平台，可以根据机器人工作现场的实际情况进行仿真试验，还是一个功能多样的智能机器人操作平台，可以实施实际作业。

应用虚拟现实技术可以构造具有临场感的人机交互界面实现监控。虚拟现实的作用主要体现在以下两个方面：

（1）实现预测显示（Predictive Display）。根据物体和机器人的几何模型和物理模型（运动学模型和动力学模型）构造虚拟环境和虚拟机器人。虚拟机器人能够即时响应操作员的动作，进行连续运动。通过仿真运行，虚拟机器人能够按照规划的程序预测显示机器人的运动轨迹，操作员可以对指令序列进行验证和优化，以提高操作的安全性和可靠性。

（2）实现临场感监视（Virtual Presence）。对于机器人以及结构化的操作环境，物体的几何信息是已知的，可以根据机器人和物体的位置信息，通过图形重构合成虚拟的操作环境，将操作环境的真实状态显示出来。在虚拟环境中，不仅实现了立体显示，而且操作员可以改变视点进行漫游，从而通过位姿信息而非视频图像实现操作环境的临场感监视。

### 2.2.2 在线刀具管理技术

**1. 刀具选配技术**

刀具选配模块的主要功能是通过车间刀具选配经验的积累，手动或自动进行刀具的工艺选配，提高零件加工刀具的选择效率，从而提高工艺人员制定工艺的效率。

**2. 刀具切削参数优化推荐技术**

刀具切削参数管理系统的主要功能是在车间刀具加工时进行切削参数的推荐与管理。刀具切削参数管理系统通过刀具切削参数历史数据的记录与管理，积累刀具切削参数历史经验数据，最终将优选切削参数推荐给工艺人员。通过对系统各个工艺人员录入的数据进行分析和对比，车间专家最终确定若干较为合理的参数进行推荐，推荐参数在列表中被置顶。刀具切削参数管理系统包括四个功能：切削参数的录入、切削方案的人工推荐、切削参数方案的审核及切削参数的智能推荐。

**3. 刀具动态调度技术**

刀具调度模块主要是作为生成某一具体加工任务的刀具使用计划，指导生产过程中刀具的使用，以提高生产效率。刀具调度模块基于智能算法进行刀具调度方案的优化。刀具调度模块分为静态模块和动态模块，静态模块负责在制造加工前为整批任务拟定合理的刀具使用计划，动态模块负责在加工过程中根据实时的生产计划和刀具状态信息进行刀具使用计划的动态调整。

**4. 刀具寿命管理及预测技术**

刀具寿命管理系统的主要功能是管理车间刀具及其使用寿命，使车间的刀具使用时间可控，以提高刀具的使用率，降低刀具成本。刀具寿命管理系统通过刀具历史寿命的记录，积累刀具寿命历史经验数据，通过对历史数据的分析，预测合理的刀具使用寿命，以供实践加工参考。

### 2.2.3 专家系统开发技术

**1. 产品设计专家系统**

产品设计专家系统的功能是根据设计计算确定产品的关键尺寸和型号，据此调用基本模型库中的模型，通过产品选型和相应的尺寸驱动生成产品三维模型。生成的模型无须修改或只进行少量修改就可达到用户要求，从而提高设计效率并提升产品的设计质量，提前产品上市时间和提高企业的核心竞争力。

开发产品设计专家系统的关键技术有以下几个。

1）产品建模技术

（1）参数化建模。在产品设计专家系统中，对所有产品运用参数化建模技术建模，用尽可能少的参数控制产品尺寸。例如，对于一个长方体的3个尺寸——长度 $a$、宽度 $b$、高度 $c$，以 $a$ 为主驱动尺寸建立尺寸间的方程式：$b=a/2$；$c=a/4$。驱动尺寸在方程式的右边，长方体的尺寸由长度 $a$ 驱动，在修改长方体的尺寸时，只需要修改尺寸 $a$。在装配体中也可以由主要的位置尺寸控制其他装配尺寸或零件尺寸，使主要装配尺寸变化时，其他装配尺寸及相关零件尺寸能作出相应调整，使装配关系仍然成立。对产品进行参数化建模时，可以用尽可能少的代码来驱动尺寸，以方便产品设计专家系统的开发。

（2）系列化建模。对于系列化零件，修改所添加的配置的尺寸而不需要重新建模就能得到不同型号的系列化产品模型。对于系列化部件，修改添加配置中部件的子零件属性（重新选择子零件的配置）并通过不同配置的子零件组合得到不同型号的装配体。在这些零件或部件中，实体模型只创建了一次，不同的型号以配置的形式出现，当需要调用某一型号的产品模型时，只需选择模型相应的配置。

2）产品模型的存储技术

产品模型及相关技术文档的存储有两种方式：（1）直接存储在本地磁盘文件夹（即直接存储在产品设计专家系统安装目录下的文件夹）中；（2）将相关文件转化为二进制流文件存放于系统数据库中。直接存放于本地磁盘文件夹中时，存储比较方便，存储速度也比较快，对于企业文件数据量大（大于100 MB）的产品设计专家系统可采用这种存储方式。文件存放于本地磁盘文件夹中时，需在系统数据中构建文件索引表，存放这些文件在本地的存储路径，以方便文件的管理与调用。数据量不大时（小于100 MB），可采用第二种方法。采用第二种方法时，文件的安全管理比较简单，而且无须考虑文件的存放路径，无须搜索本地磁盘，因此，其调用与管理也很方便。

3）系统的数据安全技术

为防止用户不小心修改基础模型库的模型或非法用户查看相关设计资料，当相关设计资料和基础模型存放于本地磁盘时要进行加密处理。一般采用对称加密算法，加密处理的文件只有相应用户登录系统后才能进行相关操作。当相关基础模型和设计资料转换为二进制流文件存放于数据库中时,只需通过数据库的访问权限保证数据的安全。

**2. 远程诊断专家系统**

智慧维护系统中远程诊断及维护将通过网络,利用远程诊断专家系统来完成分析和决策。

远程诊断专家系统将网络、数据库完善地融合在一起,能充分利用更多的技术支持来实现数据共享,大大提高了系统诊断的效率。

1) 远程诊断专家系统的整体结构

远程诊断专家系统主要由数据库模块、数据库维护模块和诊断程序模块3部分组成。数据库模块用于存储知识和规则。数据库维护模块用于知识和规则的输入和维护。诊断程序模块用于实现专家系统的推理。远程诊断专家系统的整体结构如图2.3所示。

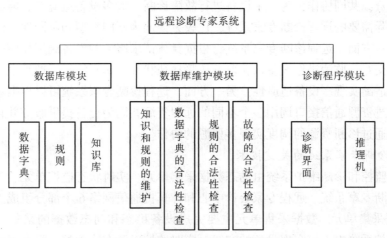

图2.3 远程诊断专家系统的整体结构

(1) 数据库模块。
①数据字典;
②规则;
③知识库。
(2) 数据库维护模块。
①知识和规则的维护。数据字典的维护,数据的增加、修改、删除和查询;规则的增加、修改、删除和查询;故障类型的增加、修改、删除和查询。
②数据字典的合法性检查。
③规则的合法性检查。
④故障的合法性检查。
(3) 诊断程序模块。诊断程序模块包括远程诊断专家系统的诊断界面和推理机两部分,通常一个领域的专家凭借其所积累的丰富知识和经验在现场诊断故障时,总是先分析有关征兆,选出其中特征突出的和有代表性的征兆参数,分析与此征兆参数相关联的几种故障,形成进一步诊断的候选故障集,这在知识工程中称为向前链或前向推理;然后根据知识库中所积累的知识,对候选故障集中的每一故障深入分析其机理、原因及其所应表现出来的各种征兆,逐一与当前所有的征兆进行对比,根据其符合或匹配程度,在候选故障集中排除那些不

匹配或匹配程度较差的故障，选出那些匹配较好的故障，这在知识工程中称为向后链或反向推理；最后进行决策判断，确定所诊断故障的类型及其原因，完成故障诊断过程。

2）远程诊断技术的特点

远程诊断技术的最大特点是设备与诊断资源在地域上的分离，提供服务的远程诊断资源与被诊断设备之间的网络通信，组成一个比较松散的逻辑整体，使远程诊断资源为设备提供故障诊断服务的形式有了一些新的特点。一方面，可以将诊断新任务分解为不同故障域的子问题，再利用不同的远程诊断资源进行诊断，进而将所得诊断结论综合，则可以得到比较准确的诊断结果；另一方面，同一远程诊断资源可以为不同地域的多个或多种设备提供诊断服务。

因此，远程诊断专家系统具有如下特点：（1）多资源协作性，远程诊断专家系统中可以有多个诊断资源共同协作，为一个设备进行故障诊断。②多设备适应性，能够快速地重构相应的符合实际需要的远程诊断专家系统，比较方便地为不同类型和不同地域的设备提供故障诊断服务。一方面，远程诊断专家系统将根据具体请求服务的设备调用相应的设备通信接口与设备进行交互，监测操作设备以获取其故障症状并将诊断结果反馈给设备，即通过设备通信接口的适配实现多设备适应性；另一方面，远程诊断专家系统可以根据获取的故障症状的类型，通过资源通信接口调用多个不同的远程资源共同为设备提供服务并且协调资源之间的关系，即通过诊断资源的调度实现多资源的协作。

3）远程诊断专家系统的关键技术

设备远程监控和诊断维护系统由动态数据采集单元、实时状态监控单元、本地故障诊断单元、远程诊断专家系统、远程专家会诊中心和计算机通信网络6个部分组成。

（1）数据采集单元。数据采集单元主要完成设备稳态和动态数据的采集。在设备远程监控和诊断维护系统中，要实现设备的在线、实时监控以及在线调整，需有现场设备数据采集模块的支持。

（2）远程专家会诊中心。远程专家会诊中心的主要功能是为设备专家实现远程诊断提供必要的协同工作环境，主要包括远程监控、远程控制和信息服务。

远程监控主要是指在线获取现场设备的运行状态和故障信息，如动态数据采集单元和实时状态监控单元的输出、现场控制终端上显示的设备运行状况和自我诊断信息以及数控程序和其他各种控制程序等。远程控制主要是指设备专家通过网络直接获得设备控制权，从而通过虚拟操作面板在线进行远程操作并调试现场设备。信息服务主要是指通过电话会议、共享白板和在线图像、声音传输等方式，实现设备专家之间以及设备专家和现场工作人员的在线沟通，从而共同分析、诊断并排除故障。

远程监控和诊断需通过网络实现。网络数据传输模块是利用多媒体信息集成技术开发的Web服务程序，其基本功能为：将数据采集装置采集到的数据按一定的格式打包后发送给相应的远程诊断服务程序，同时负责动态提取远程诊断服务程序和其他应用程序所需的信息，如压力和位置等。

（3）智能维护成为远程监控和诊断的发展方向。在传统远程监控和诊断领域，大部分技术开发和应用集中在信号及数据处理、智能算法研究（人工神经网络、遗传算法等）以及远程监控技术（以数据传送为主）方面，而基于主动的维护模式理念的智能维护技术重点在于信息分析、性能衰退过程预测、维护优化和应需式监测（以信息传送为主）的技术开发与应用。产品和设备的维护体现了预防性的要求，从而达到近乎零故障和自我维护的目的。

基于网络技术的远程监控和诊断维护技术影响并渗透到传感器领域，于是出现了基于网络技术的网络传感器，它将网络接口芯片与智能传感器集成起来，并把通信协议固化到智能传感器的 ROM 中。网络传感器具有智能传感器的全部功能，并且能够和计算机网络进行通信，因此，其在现场总线控制系统中得到了广泛应用，成为现场级数字化传感器；而网络传感器的发展和应用，又反过来促进了远程监控和诊断维护技术的发展与完善。

### 2.2.4 企业信息总线构建技术

**1. 面向服务的体系结构技术**

面向服务的体系结构是一个组件模型，它将应用程序的不同功能单元（称为服务）通过彼此之间定义良好的接口和契约联系起来。接口是采用中立的方式进行定义的，独立于实现服务的硬件平台、操作系统和编程语言。接口允许服务以一种统一和通用的方式进行交互。在企业集成方面，面向服务的体系结构定义了一个粗粒度的、事件驱动的模型，把信息系统的核心分割为一系列粗粒度的组件，这些组件通过业务进行逻辑连接，以事件驱动的方式进行协作，向客户提供服务。

**2. 基于上下文的过滤和路由技术**

在 SOA 架构中，业务协同映射为相关服务间的互动编排，基于上下文的过滤和路由可以根据服务的执行结果和事件状态，智能地执行这些互动编排，完成业务协同。

（1）XML 信息表示和转换能力。XML 提供了强大的信息表示和转换能力，一方面，可以将其他格式（如结构文件和关系数据）转换为 XML 格式进行处理和向前转发；另一方面，可以根据需要将 XML 转换为其他格式。

（2）支持标准接口。企业服务总线（Enterprise Service Bus，ESB）广泛采用"业界标准"，支持 Web 服务接口、JMS 接口、JCA（Java Commector Architecture）接口、JDBC（Java Data Base Connectivity）接口、COM 和 NET 接口等，现在企业里一般都部署了许多中间件，但是中间件（如 Message-Oriented Middleware，MOM）一旦被企业部署，就很难被替代和升级。ESB 需要改变当前的业务模式，桥接多个 MOM，桥接异步（如消息机制）和同步（Remote Procedure Call，RPC）域，因此，ESB 是支持和集成已经存在的任何东西，而不是去替代它。

（3）分布式的操作和管理。随着软件普及到现代业务的方方面面，交互的频率也不断提高，以前集中的方法［如中心辐射体系结构（hub-and-spoke architecture）］不容易维护和中断成本高的缺点变得突出。现代的业务需要没有失败节点的分布式网络，这就需要优化网络通信，在有失败节点的情况下，提供可选择的路径；同时，还要平衡处理负载，以减少对网络带宽的利用。

（4）ESB 的体系结构。ESB 的体系结构大致分 3 层：

① 企业服务层，包括 Web 服务、数据库应用、遗留系统、J2EE 和 NET 等应用。ESB 将所有这些都视为服务。

② 适配器层，包括各类适配器。

③ 核心层，包括 ESB 的核心部分以及相应的管理服务。

在ESB的体系结构中，各个部分的作用如下：

①适配器：它将从Web服务、数据库应用、遗留系统、J2EE和NET等应用中传递过来的消息转换成ESB能够识别的信息表示方式，使信息具有统一的表示方式，以事件驱动的形式对服务目录进行查询，使Web服务、数据库应用、遗留系统、J2EE和NET等应用能够与ESB进行交互操作。

ESB支持标准接口，因此，这些适配器具有通用性，不再为单个的企业集成商私有。通过这些适配器，服务能实现与ESB的交互。

②ESB：这是整个体系结构的核心部分，通过适配器的转换，消息具有了统一的表示，这些可靠、异步、安全的消息通过JMS服务器对服务目录进行查询。

③服务目录：采用UDDI实现，其提供服务的注册、更新、删除等机制。通过查询服务目录和JMS消息访问服务目录获取服务的路径，实现服务之间的相互通信和协作。如果服务的两端交互频繁，可以对其中的一方或者两方进行扩张和性能的优化，实现二者间的对等通信，而不用再通过第三方。这一切并不改变服务的性质，可以实现服务路径的透明化。

④生命周期管理：实现对服务全生命周期的管理。

⑤安全管理：实现对ESB安全方面的管理，对授权用户和非授权用户实行认证机制，保证ESB处于安全的环境中，保证传输到ESB中的消息是安全和可靠的，从而保证正确的过滤和路由。

⑥配置管理：ESB的内部改变可以通过配置管理来体现其变化，硬件管理和软件管理等可以通过配置管理来实现对ESB的动态管理。例如，若要添加或者取消一个服务，可以通过配置管理来实行动态的添加和注销机制，从而实现服务模型的动态管理和监控。

⑦策略管理：监控和管理服务的状态，避免一些服务处于忙碌状态，而其他具有同样作用的服务处于闲置状态；对获取服务的规则进行动态管理以实现网络优化，降低网络带宽的利用率，提高边缘资源的利用率；同时，尽量保证在有失败节点的情况下，提供一个可选路径。

### 2.2.5 制造云构建技术

云制造是一种面向服务的、基于网络的制造新模式。云制造依托云计算理论和框架，在网络化制造技术和方法的基础上，以"按需服务"为核心，以资源虚拟化及多粒度和多尺度的访问控制为手段，以资源共享及任务协同为目标，以分布、异构、多自治域的资源或资源聚合为云节点，以网络为媒介，以透明、简捷、灵活的方式构建开放、动态的协同工作支持环境，提供通用、标准和规范的制造服务。该模式是云计算理念在制造领域的体现和发展，是先进的信息技术和制造技术以及新兴物联网技术等的交叉融合，能够实现共享制造资源、协同工作、降低制造成本、提高资源利用率的目的，进而有效推动制造业信息化水平的快速提高。

云制造是一种通过实现制造资源和制造能力的流通达到大规模收益、分散资源共享与协同的制造新模式，其运行原理如图2.4所示。在云制造模式下，资源是指产品全生命周期所涉及的资源要素的总和，资源根据其存在形式及使用方式的不同可分为制造资源和制造能力。

云制造系统中的用户角色主要有3种，即资源提供者、制造云运营者和资源使用者。资源提供者通过对产品全生命周期过程中的制造资源和制造能力进行感知、虚拟化接入，以服务的形式提供给第三方运营平台（制造云运营者）；制造云运营者主要实现对云服务的高效管理和运营等，可根据资源使用者的应用请求，动态并灵活地为资源使用者提供服务；资源使用者能够在制造云平台的支持下，动态按需地使用各类应用服务（接出），并能实现多主体的协同交互。在制造云运行过程中，知识起到核心支撑作用，不仅能够为制造资源和制造能力的虚拟化接入和服务化封装提供支持，还能为实现基于云服务的高效管理和智能查找等功能提供支持。

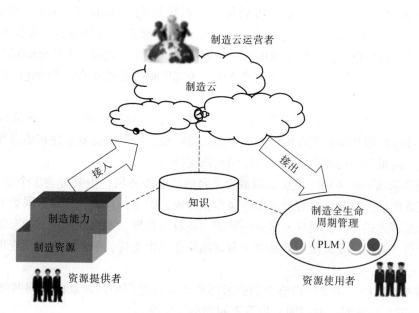

图2.4 云制造的运行原理

**1. 制造云服务**

制造云服务简称云服务，是构成云制造系统的基本要素，是服务化的制造资源和制造能力，可以通过网络为用户提供产品全生命周期管理。云服务的形成过程即资源的虚拟化和服务化的过程，通过采用物联网、虚拟化等技术，首先对分散的资源进行感知，然后将资源虚拟接入制造云平台，从而形成虚拟资源并聚集在一个能按需使用资源的虚拟资源池中，最终通过对虚拟资源进行服务化封装、发布及注册，形成云服务。与传统网络化制造模式中的资源服务相比，云服务具有互操作性、自组织、自适应性等特点，为构建基于知识的高效和智能化制造云平台提供了条件。

**2. 制造云**

制造云是云制造系统架构的核心，是大量的云服务按一定的规则聚合在一起所形成的动态云服务中心，能透明地为用户提供可靠的、廉价的、按需使用的产品全生命周期管理服务。制造云通过将异构的资源整合到统一的基础架构中并实现标准化，为资源使用从独占方式转变为完全共享服务方式提供平台支持，实现以服务为导向的运行架构并提供对云服务的自动部署、配置、高效管理等。制造云按照服务对象的不同，可分为制造公云和制造私云两类。其中，制造公云主要是指通过面向社会的公共制造云服务平台所形成的云制造社区，它能够促进区域内或行业内的中小企业制造资源和制造能力的共享与协同，促进众包生产模式，提高我国中小企业的综合竞争能力，如区域云和行业云等；制造私云主要是指企业或组织内部建立的制造云服务平台，它能够实现企业内各种制造资源的共享与协同，从而降低集团企业的制造成本，提高创新设计能力，如企业云和组织云等。

制造云构建分为以下6个层次：

（1）资源层。提供产品全生命周期过程中涉及的各类资源（包括制造资源和制造能力）并进行详细分类，从而为对不同资源采取不同的虚拟化技术提供基础。

（2）资源感知层。主要包括二维码标签、射频识别（Radio Frequency Identification, RFID）标签、识读器、全球卫星定位系统（GPS）和传感器等感知装置，支持软、硬资源接入的各类适配器与相应的信息处理中心——资源感知系统。该层解决的重要问题是资源的感知和识别，信息的采集、分类与聚合等处理，为实现制造云对资源的智能化识别和管理提供支持。

（3）资源虚拟接入层。通过采用相关虚拟化技术，将分散的各类资源虚拟接入制造云平台，形成虚拟资源并聚集在虚拟资源池中，从而隐藏底层资源的复杂性和动态性，为制造云平台实现面向服务的资源高效共享与协同提供支持。

（4）制造云核心服务层。该层是制造云平台的核心服务层，主要分为3个部分：首先，通过对虚拟资源进行服务化封装、发布等操作，形成云服务；其次，针对不同类型的云服务选择相应的部署方式，并实现对云服务的智能、高效的管理，如智能匹配、动态组合，容错管理等；最后，为用户按需使用产品全生命周期服务提供支持，如调度管理、变更管理和计费管理等。

（5）传输网络层。主要是指整个制造云形成和运行过程中所涉及的不同网络（如"三网"，即互联网、广电网、电信网）以及不同的传输协议。

（6）终端应用层。该层面对制造业的相关领域和行业，提供产品全生命周期的各类服务应用，并能支持多主体任务的高效协同，用户可以通过不同的终端与制造云交互。

**3. 制造云构建的关键技术**

制造云构建过程所涉及的技术领域广泛，根据制造云构建的不同阶段可分为以下几个部分：

（1）资源分类与平台规范。主要是指支持制造云平台运行的相关标准和规范的制定，包括云制造环境下所涉及资源的分类标准、传感器接口及传感数据的标准和规范、资源的信息发布规范、制造云平台的交易准则和主体的信用评价体系［如不同类型资源服务的质量服务（QoS）评价指标］等。

（2）资源感知和适配技术。主要是指软、硬资源感知过程所涉及的相关技术，包括射频识别技术、传感信息分类和聚合及分析处理技术、信息传输技术、适配器（如接口适配器、模型适配器、传感适配器）构建技术等。

（3）资源虚拟接入技术。主要是指资源虚拟化过程所涉及的相关技术，包括不同类型资源的虚拟接入方式及相应的接入装置，如制造加工设备、计算资源、软件资源等虚拟接入；资源虚拟化封装、迁移技术，如虚拟机动态配置、容错、在线迁移等；虚拟资源池管理技术；已有信息系统，如企业资源规划、客户关系管理（Customer Relationship Management,

CRM)、供应链管理（Supply Chain Management，SCM）等的动态集成技术等。

（4）资源的云服务化技术。主要是指虚拟资源的服务化的封装和发布过程所涉及的相关技术，包括制造能力的云服务化技术，基于语义的虚拟资源描述模型构建技术，云服务的统一建模、封装、注册与发布技术，云服务的动态部署与监控技术等。

（5）云服务的综合管理技术。主要是指支撑制造云平台运行的核心功能技术，包括领域知识的管理，如知识的抽取、分析、融合等；资源服务智能匹配与组合；业务流程管理；平台运行监控管理；资源服务的优化配置及容错管理；交易过程管理；主体信用评估与分析；定价和计费管理等技术。

（6）支持多主体协同的可视化终端交互技术。主要是指支持各类资源、用户终端设备与制造云平台交互的可视化界面技术，包括支持资源接入的可视化技术、支持制造云管理的可视化与用户界面技术、支持多主体协同的可视化技术等。

## 2.2.6 大数据技术

大数据作为智能决策分析的基础，对数据规模和传输速度要求很高。为了获取大数据中的价值，人们必须选择另一种方式来处理它。大数据中隐藏着有价值的模式和信息，以往需要相当的时间和成本才能对其进行提取。如沃尔玛和谷歌这类领先企业都要付出高昂的代价才能从大数据中挖掘信息，而当今的各种资源（如硬件、云架构和开源软件）使大数据的处理更为方便和廉价。

**1. 大数据的"4V"特征**

（1）大量化（Volume）。企业面临着数据量的大规模增长。例如，国际数据公司（International Data Corporation，IDC）最近的报告预测称，到2020年，全球数据量将扩大50倍。目前，大数据的规模尚是一个不断变化的指标，单一数据集的规模范围从几十TB到数PB不等。简而言之，存储1 PB数据需要两万台配备50 GB硬盘的个人计算机。此外，各种意想不到的来源都能产生数据。

（2）多样化（Variety）。一个普遍观点认为，人们使用互联网搜索是形成数据多样性的主要原因，这一看法部分正确，然而，数据多样性的增加主要是由于新型多结构数据以及网络日志、社交媒体、互联网搜索、手机通话记录及传感器网络等产生的数据类型。其中，部分传感器安装在火车、汽车和飞机上，每个传感器都增加了数据的多样性。

（3）快速化（Velocity）。快速化描述的是数据被创建和移动的速度。在高速网络时代，基于实现软件性能优化的高速计算机处理器和服务器，创建实时数据流已成为流行趋势。企业不仅需要了解如何快速创建数据，还必须知道如何快速处理、分析数据并将其返回给用户，以满足他们的实时需求。根据IMS Research关于数据创建速度的调查，据预测，到2020年，全球将拥有220亿部互联网连接设备。

（4）价值（Value）。基于大量的不相关信息，对未来的趋势与模式可进行预测分析和深度复杂分析。

**2. 大数据处理的关键技术**

大数据处理的关键技术一般包括大数据采集技术、大数据预处理技术、大数据存储及管理技术、大数据分析及挖掘技术和大数据展现和应用技术（大数据检索、大数据可视化、大数据应用、大数据安全等）。

（1）大数据采集技术。大数据采集是指通过射频数据、传感器数据、社交网络交互数据及移动互联网数据等获得的各种类型的结构化、半结构化（或称之为弱结构化）及非结构化的海量数据，它是大数据知识服务模型的根本。其重点要突破分布式高速、高可靠数据爬取或采集和高速数据全映像等大数据收集技术，高速数据解析、转换与装载等大数据整合技术；设计质量评估模型并开发数据质量技术。

大数据采集一般分为大数据智能感知层和大数据基础支撑层。大数据智能感知层主要包括数据传感体系，网络通信体系，传感适配体系，智能识别体系及软、硬件资源接入系统，实现对结构化、半结构化、非结构化的海量数据的智能化识别、定位、跟踪、接入、传输、信号转换、监控、初步处理和管理等。必须着重攻克针对大数据源的智能识别、感知、适配、传输、接入等技术。大数据基础支撑层提供大数据服务平台所需的虚拟服务器，结构化、半结构化及非结构化数据的数据库及物联网络等基础支撑环境。其重点攻克分布式虚拟存储技术，大数据获取、存储、组织、分析和决策操作的可视化接口技术，大数据的网络传输与压缩技术，大数据隐私保护技术等。

（2）大数据预处理技术。大数据预处理主要是指对已接收数据的辨析、抽取和清洗等操作。①抽取：因获取的数据可能具有多种结构和类型，数据抽取过程可以帮助人们将这些复杂的数据转化为单一的或者便于处理的结构和类型，以达到快速分析处理的目的。②清洗：数据并不全是有价值的，有些数据并不包含人们所关心的内容，而另一些数据则是完全错误的干扰项，因此，要对数据过滤"去噪"并提取有效数据。

（3）大数据存储及管理技术。任何大数据存储都会受到物理上的限制，在数据不断增长的情况下，即使提升硬件配置也无法跟上数据增长速度。因此，应合理使用相应的技术，在分布式架构下的存储系统中对数据进行管理和调用，以解决大数据的存储、表示、处理、可靠及有效传输问题以及复杂结构化、半结构化和非结构化的大数据管理等关键问题。

需要突破传统数据库架构并开发新型数据库；突破分布式非关系型大数据管理与处理技术，结合异构数据的数据融合技术、数据组织技术；研究大数据建模技术，实现大数据可视化技术；开发大数据安全技术；改进数据销毁，透明加、解密，分布式访问控制，数据审计等技术；突破隐私保护和推理控制、数据真伪识别和取证、数据持有完整性验证等技术。

（4）大数据分析及挖掘技术。需要开发数据网络挖掘、特异群组挖掘、图挖掘等新型大数据挖掘技术；突破基于对象的数据连接、相似性连接等大数据融合技术；突破用户兴趣分析、网络行为分析、情感语义分析等面向领域的大数据挖掘技术。

大数据挖掘就是从大量的、不完全的、有噪声的、模糊的、随机的实际应用数据中，提取隐含在其中的、人们事先不知道的、但又是潜在有用的信息和知识的过程。大数据挖掘涉及的技术方法很多，有多种分类法。根据挖掘任务可分为预测模型发现、数据总结、聚类、关联规则发现、序列模式发现、依赖关系或依赖模型发现、异常和趋势发现等；根据挖掘对象，可分为关系数据库、面向对象数据库、空间数据库、时态数据库、文本数据源、多媒体数据库、异质数据库、遗产数据库以及环球网Web。挖掘方法可粗分为机器学习方法、统计方法、神经网络方法和数据库方法。机器学习方法可细分为归纳学习方法（决策树、规则归纳等）、基于范例的学习方法、遗传算法等。统计方法有回归分析（多元回归、自回归等）方法、判别分析（贝叶斯判别、费歇尔判别、非参数判别等）方法、聚类分析（系统聚类、动态聚类等）方法和探索性分析（主元分析法、相关分析法等）方法等。神经网络方法则有前向神经网络（BP算法等）方法、自组织神经网络（自组织特征映射、竞争学习等）方法等。数据库方法主要是多维数据分析或OLAP方法，另外还有面向属性的归纳方法。

从挖掘任务和挖掘方法的角度，着重突破：①可视化分析。数据可视化无论对于普通用户还是数据分析专家，都是最基本的功能。数据图像化可以让数据自己说话，让用户直观地感受到结果。②数据挖掘算法。图像化是将机器语言翻译给人看，而数据挖掘就是机器的母语。分割、集群、孤立点分析还有各种各样的算法让人们精炼数据，挖掘价值。这些算法一定要能够应付大数据的量，同时还具有很高的处理速度。③预测性分析。预测性分析可以让分析师根据图像化分析和数据挖掘的结果作出一些前瞻性判断。④语义引擎。语义引擎需要设计到有足够的人工智能以足以从数据中主动地提取信息。语言处理技术包括机器翻译、情感分析、舆情分析、智能输入、问答系统等。⑤数据质量和数据管理。数据质量和数据管理是管理的最佳实践，通过标准化流程和机器对数据的处理可以确保获得预设质量的分析结果。

### 2.2.7 工业信息安全技术

工业控制系统的信息安全主要指防止非法或不必要的渗透和干扰对工业控制系统正确、预期的操作造成影响。工业控制系统的信息安全问题主要源自外部威胁和自身漏洞。

外部威胁有多种来源，包括敌对势力和恐怖主义组织的破坏、恶意入侵、偶然事件、内部人员的恶意或无意行为、自然灾害和设备故障等。针对外部威胁，主要以纵深防御策略来应对，包括防火墙的使用、隔离区的建立、入侵检测、人员培训、应急响应、产品的采购等，使任意一项安全机制的失效对工业控制系统信息安全的影响降至最低。

自身漏洞则包括策略和程序上的漏洞，平台，软、硬件和防护软件缺陷，配置或维护的漏洞以及网络同其他网络连接的错误配置或不善管理的漏洞。针对自身漏洞，主要通过风险评估的方法来对某个特定设施基于某种漏洞所产生的风险进行评估。风险评估的客体是工业控制系统的资产，包括物理资产、逻辑资产和人力资产。通过风险评估，资产的价值可以定量或定性表示。评估完成后，识别消减每项风险的成本，将其与风险带来的损失加以比较，明确风险消减手段。需要注意的是，在风险评估的过程中必须意识到风险评估可能对工业控制系统产生影响，应保证相关控制人员全程在场。

**1. 工业控制系统安全管理方法**

1) 连接管理要求

(1) 断开工业控制系统同公共网络之间所有不必要的连接。

(2) 对确实需要的连接，系统运营单位要逐一进行登记，采取设置防火墙、单向隔离等措施加以防护，并定期进行风险评估，不断完善安全防护措施。

(3) 严格控制在工业控制系统和公共网络之间交叉使用移动存储介质以及便携式计算机。

2) 组网管理要求

(1) 工业控制系统组网时要同步规划、同步建设、同步运行安全防护措施。

(2) 采取虚拟专用网络（Virtual Private Network，VPN）、线路冗余备份、数据加密等措施，加强对关键工业控制系统远程通信的保护。

(3) 对无线组网采取严格的身份认证、安全监测等防护措施，防止经无线网络进行恶意入侵，尤其要防止通过侵入远程终端单元（Remote Terminal Unit，RTU）进而控制部分或整个工业控制系统。

3）配置管理要求

(1) 建立控制服务器等工业控制系统关键设备的安全配置和审计制度。

(2) 严格账户管理，根据工作需要合理分类设置账户权限。

(3) 严格口令管理，及时更改产品安装时的预设口令，杜绝弱口令和空口令。

(4) 定期对账户、口令、端口、服务等进行检查，及时清理不必要的用户和管理员账户，停止无用的后台程序和进程，关闭无关的端口和服务。

4）设备选择与升级管理要求

(1) 慎重选择工业控制系统设备，在供货合同中或以其他方式明确供应商应承担的信息安全责任和义务，确保产品安全可控。

(2) 加强对技术服务的信息安全管理，在安全得不到保证的情况下禁止采取远程在线服务。

(3) 密切关注产品漏洞补丁的发布，严格软件升级、补丁安装管理，严防病毒和木马等恶意程序侵入。关键工业控制系统软件升级和补丁安装前要请专业技术机构进行安全评估和验证。

5）数据管理要求

地理、矿产、原材料等国家基础数据以及其他重要敏感数据的采集、传输、存储、利用等，要采取访问权限控制、数据加密、安全审计、灾难备份等措施加以保护，切实维护个人利益、企业利益和国家信息资源安全。

6）应急管理要求

制定工业控制系统信息安全应急预案，明确应急处置流程和临机处置权限，落实应急技术支撑队伍，根据实际情况采取必要的备机备件等容灾备份措施。

**2. 工业控制系统网络安全技术**

(1) 外部威胁及网络安全防护策略。

来自工业控制系统外部的主要威胁有：①自然灾害或意外事故；②计算机病毒；③人为行为；④"黑客"行为；⑤内部泄密；⑥外部泄密；⑦信息丢失；⑧电子谍报；⑨信息战。

典型工业控制系统中网络安全防护策略：①并发针对应用于工业控制系统的安全策略、流程和教育材料。②重视工业控制系统从结构到采购、安装、维护直至停用的整体生命周期的安全性。③采用多层网络拓扑结构，使最为关键的信息处于最安全和最可靠的层中。④在工业控制系统和企业网络之间设置逻辑分离，如在两个网络间设置状态性校验防火墙。⑤应用 DMZ 网络结构（即阻止企业网络和工业控制网络间的直接流量访问）。⑥确保关键器件是冗余的，并有冗余网络。⑦将关键性系统设计为失效安全型以预防重大事故的发生。⑧在测试后确保不影响工业控制系统运行的情况下，停止工业控制系统中不使用的端口和服务。⑨限制对工业控制网络和设备的物理访问。⑩明确工业控制系统不同用户的权限。⑪对工业控制网络和企业网络使用各自独立的认证机制和证书。⑫使用现代技术，如用于个人身份认证的智能卡。⑬应用安全控制措施，如安装杀毒软件和文件完整性检验软件。⑭对工业控制系统的数据和通信应用安全编码技术。

（2）设置防火墙，改变网络结构。防火墙用来保护网络上的设备并控制和监测网络流量，阻止不需要的流量。通过把经过网络的通信信号同预先确定的安全标准和策略比较，丢弃不符合准则要求的信息，用简单的防火墙保护个人计算机和可编程序控制器，以阻止来自互联网的不期望的流量，但允许与公司网站服务器进行正常通信。不同防火墙的设置方式和网络结构对安全保障性与系统构建复杂性的影响各不相同。

①双网卡计算机。在计算机或控制装置上安装双网卡。双网卡计算机可以很容易地将两个网络间的通信隔离开，其缺点是计算机存在较大安全风险。若该计算机受损害，则两个网络都可能受到安全威胁。双网卡计算机的特点是安全度低、易于管理。

②带有个人防火墙软件的双网卡服务器。在双网卡服务器上安装防火墙软件。工业控制网络和企业网络间传递的唯一信息是共享的历史数据，并且这些数据最终在服务器上停止。若使用防火墙，则只允许商业用户访问来自服务器的数据，该方法允许共享服务器数据，其缺点是如果存在需要经企业网络到达工业控制网络的信息，且远程访问控制器进行维护，那么此结构可能会完全阻止流量或者使工业控制网络的安全性能变得很差。

③设置包过滤路由器或三层交换机。使用网桥、包过滤路由器或具有基本过滤功能的三层交换机控制流通。这些设备可有效地作为包过滤防火墙，对于复杂的攻击只能提供有限的保护。如果企业网络在其自身能力范围内有高度安全性且一般不会受到攻击，那么该类型的数据包过滤器的设计是安全的。该结构的特点是安全度较低、易于管理。

④设置双端口防火墙。在企业网络和工业控制网络之间引入一个简单的双端口防火墙，安全性能可以得到显著改善。目前大多数防火墙为所有的 TCP 数据包和常见的网络应用层协议（如 FTP、HTTP 和 SMTP 的应用代理服务）提供状态检测，若数据服务器置于企业网络中，则防火墙的规则必须允许数据服务器与工业控制网络上的控制装置进行通信，这样企业网络中某个具有恶意行为或配置错误的主机的数据包将可能传送给 PLC。若数据服务器放置在工业控制网络中，则防火墙规则必须允许企业中的主机同数据服务器主机进行交换。此结构的缺点是数据服务器受到威胁时，工业控制网络上的其余节点容易受到蠕虫/病毒的感染或交互式的攻击。这种结构比前两种结构有很大改进，不过仍需要开放规则集以允许企业和工业控制网络中的设备进行直接通信。该结构的特点是安全度较高、易于管理。

⑤在 PCN 与 EN 间设置路由器/防火墙组合。利用路由器/防火墙的组合设计，即路由器设置在防火墙外面，提供基本的包过滤服务，防火墙使用状态检测或代理技术处理更复杂的问题。这种类型的设计目前在连接互联网的防火墙中很流行，因为它使路由器可以更快地处理大量的外来封包，特别在遇到 DOS 攻击时，可有效降低防火墙的负荷。其内部两个不同的装置阻止了攻击者的进攻，从而提供了深层次的保护，通过设置简单路由器规则即可防止数据包绕过防火墙。该结构的特点是安全性中等、较易管理。

⑥设置带安全隔离区（DMZ）的防火墙。在企业网络和工业控制网络间设置安全隔离区，对防火墙的使用有很大的改进。每个安全隔离区内都有关键部件，如数据服务器、无线接入点或远端和第三方访问系统。采用具有安全隔离区的防火墙组成的中间网络常称为过程信息网络（PIN）。建立这样的安全隔离区，需要防火墙提供 3 个或更多接口，其中一个接口连接企业网络，另一个连接工业控制网络，其他接口连接共享或不安全设备，如历史数据服务器或无线接入点。合理使用访问控制列表，可以将工业控制网络和其他网络隔开，使企业网络和工业控制网络间的直接通信减少。该结构的主要安全风险是当安全隔离区中的某台

计算机受到危害时，其会被用来得到从安全隔离区到工业控制网络的许可，从而引发对工业控制网络的攻击。因此，需要积极修补安全隔离区服务器中的漏洞。该结构的特点是安全度较高、较易管理，但构建的复杂性较高。

⑦设置一对防火墙。安全隔离区解决方法的变化形式是在企业网络和工业控制网络之间设置一对防火墙。共用数据服务器置于类似安全隔离区的网络区，该区域被称为过程信息网络或制造执行系统层（MES）。第一层防火墙可以防止数据包在传递过程中随意进入工业控制网络或共享的历史数据服务器主机，第二层防火墙可以防止一个存在安全问题的服务器的信息流进入工业控制网络从而影响共享服务器。如果所用防火墙由不同制造商提供，该方案具有深度防护优势，这种方式使过程控制人员和IT人员可明确各自的责任，管理各自的防火墙。对于采用一对防火墙的结构来说，其主要缺点在于成本和管理的复杂性均较高，对环境有严格的安全要求或需要明确的分离管理。该结构的特点是安全度中等、较易管理。

⑧防火墙和基于虚拟局域网（VLAN）过程网络的结合。当前的设计一般都将工业控制网络作为一个整体，但在很多情况下，工业控制网络中各个功能区域间不一定需要通信，这样就可把前面的结构进一步分解为多个VLAN，使内部VLAN间的通信由三层交换机进行简单的包过滤控制。在三层交换机下，由二层交换机组成子VLAN，在子VLAN中各设备间直接通信，但所有的子VLAN间的交流必须强制经由三层交换机进行包过滤控制。该结构增加了管理的复杂性和成本，但安全性较高。

### 2.2.8 虚拟制造技术

虚拟制造是集计算机辅助设计、计算机辅助制造和计算机辅助工艺设计（Computer Aided Process Planning，CAPP）于一体的技术，是在计算机中完成制造过程的。正因为如此，虚拟制造具有下述主要特点：

虚拟制造的制造模型是一个计算机模型。完成这一制造过程的主要工作集中在模型的建立过程上，一旦这个模型建立完成，就可以不断与之进行交互，模拟各种情况下的生产和制造过程。模型的可反复修改性是虚拟制造过程有别于实际制造过程的一个最主要的特点，也正是这一特点，使虚拟制造可以根据不同情况快速地更改设计、工艺和生产过程，从而大幅度压缩新产品的开发时间，提高制造质量，降低成本。

虚拟制造的另一个特点是它可以是分布式的，完成虚拟制造的人员和设备在空间上可以是相互分离的，不同地点的技术人员可以通过网络来协同完成同一个虚拟制造过程。

此外，虚拟制造还可以是一个并行的过程，产品设计、加工过程和装配过程的仿真可以同时进行，大大加快了产品设计的过程，缩短了新产品的试制时间。

**1. 虚拟制造关键技术**

（1）特征模型的建立：包含工艺信息的特征模型，为以后的工艺分析和加工等过程创造条件。

（2）企业间的产品数据交换：在由动态联盟共同完成新产品开发的条件下，必须以产品数据交换标准（STEP、IGES等）来保证企业间信息的集成。

（3）快速原型的制造：使工程人员在制造前就能看到产品，从而改进设计，也可直接用于快速制造少量的零件或模具，通过改进材料、工艺及软件提高产品精度。

（4）加工能力模型/生产能力模型的建立：根据企业的加工设备信息建立加工能力模

型，进一步可以根据企业的其他资源信息建立生产能力模型。生产能力模型是产品零件可制造性分析、加工单元布局以及制造成本估算、生产能力平衡、生产布局优化、调度方案优化的依据。

（5）产品零件的可制造性分析及计算机辅助工艺规划：根据零件的特征信息以及制造资源模型进行可制造性分析，确定加工路线、步骤和参数。

（6）制造过程的动态描述：根据工艺规划所确定的加工路线和制造资源，用动画形式描述制造过程，以检查过程及物流对环境影响的合理性。

（7）NC代码的自动生成：根据包含特征信息的零件模型及工艺规划信息实现零件的NC代码的自动生成并提供加工时间等参数，为加工仿真和成本分析等后续过程提供依据。

（8）制造成本的估算：根据制造过程所占用的资源和加工时间等信息进行制造成本的估算。

（9）系统的验证与测试：借助虚拟现实及人机工程对产品的可靠性、可操作性和可维护性等进行评估。

**2. 虚拟制造技术的建模技术**

虚拟制造是现实制造过程在计算机上的映射，与真实制造过程相比，具有虚拟性、数字化集成性和依赖性。虚拟制造系统的建立必须基于现实的制造设备及其相关活动，并且可以随着制造设备的改变对虚拟制造系统进行变更。虚拟制造环境建模是真实制造环境在数字化世界中的映射。产品的实际制造环境包括制造设备、工装夹具及其制造刀具等，因此，在虚拟制造环境中需要建立相应的制造设备模型、夹具模型、刀具模型及工件模型，使虚拟制造环境能够依据用户输入的NC代码、工件模型和刀具模型给出有关工件变化、刀具状况、加工效率等信息。

虚拟制造设备主要是指虚拟机床，用于仿真实际制造设备加工虚拟产品，机床模型包括机床的几何实体信息、运动特征信息、伺服特性信息、刚度特性信息以及热变形特性信息等。

虚拟刀具包括铣刀、车刀、钻头等常用的加工刀具，用于仿真实际的切削过程，刀具模型包括刀具的几何实体信息、切削特征信息和运动特征信息等；虚拟夹具用于仿真实际的工装夹具，夹具模型包括夹具的几何实体信息和装夹特征信息等。虚拟制造设备、虚拟夹具、虚拟刀具和虚拟工件的建模原理一致。

（1）虚拟制造设备建模。虚拟机床是虚拟制造过程的具体实施者。根据机床信息的不同，机床模型分为几何模型和仿真模型，其中几何模型将虚拟机床看成一个层次式的装配体，包含多个部件和零件，且零部件之间存在着相互装配关系和约束条件，组成零、部件的三维数字模型根据其实际形状和大小分别建模。机床模型是在NC代码的驱动下，采用一种类似NC加工插补算法的方法实现各运动部件的平动与转动，从而驱动虚拟机床的运动。将仿真模型作为机床的物理属性依附在机床的几何模型上，建立虚拟制造设备模型的类结构。类结构建立床身、工作台和导轨等基本类，在此基础上建立零部件几何模型类继承基本类；零部件几何模型类与零部件仿真模型类一起形成零件模型类，通过零、部件之间的包含与聚合关系形成虚拟制造设备。

（2）系统实现。虚拟制造系统是虚拟制造研究的主要内容之一，而环境建模是虚拟制造系统仿真、分析的基础。通过三维实体建模构造出一套虚拟制造设备，设计人员可以借助一定的软、硬件设备,在虚拟制造环境下对零件加工过程进行仿真,并对设备布局和加工过程等作出分析,以便对整个生产进程进行优化,从而提高生产效率和加工质量。

## 2.3 智能工厂的总体设计流程

近年来,全球各主要经济体都在大力推进制造业的复兴。在"工业4.0"、工业互联网、物联网和云计算等热潮下,全球众多优秀制造企业都开展了智能工厂建设实践。

例如,西门子安贝格电子工厂实现了多品种工控机的混线生产;FANUC公司实现了机器人和伺服电机生产过程的高度自动化和智能化,并利用自动化立体仓库在车间内的各个智能制造单元之间传递物料,创造了最高720小时无人值守的纪录;施耐德电气公司实现了电气开关制造和包装过程的全自动化;美国哈雷戴维森公司广泛利用以加工中心和机器人构成的智能制造单元,实现了大批量定制;三菱电机名古屋制作所采用人机结合的新型机器人装配生产线,实现了从自动化到智能化的转变,明显提高了单位生产面积的产量;全球重卡巨头德国MAN公司搭建了完备的厂内物流体系,利用AGV作为部件和整车装配的载体,以便于灵活调整装配线,并建立了物料超市,取得了明显成效,如图2.5所示。

图2.5 德国MAN公司利用AGV作为部件和整车装配的载体

概括来说,智能工厂的总体设计流程如下。

**1. 进行智能工厂整体规划**

智能工厂的建设需要实现IT系统与自动化系统的信息集成;处理来源多样的异构数据,包括设备、生产、物料、质量、能耗等海量数据;进行科学的厂房布局规划,在满足生产工艺要求、优化业务流程的基础上,提升物流效率,提高工人工作的舒适程度。

智能工厂的推进需要企业的IT部门、自动化部门、精益推进部门和业务部门的通力合作。制造企业应当做好智能工厂相关技术的培训,选择有实战经验的智能制造咨询服务机构,共同规划推进智能工厂建设的蓝图。

在规划时应注意行业差异性,因为不同行业的产品制造工艺差别很大,智能工厂建设的目标和重点也有显著差异。

**2. 建立明确的智能工厂标准**

在智能工厂的建设中,企业往往会忽视管理与技术标准的建立,容易造成缺少数据标准,一物多码;作业标准执行不到位;缺少设备管理标准,不同的设备采用不同的通信协议,使设备集成难度大;管理流程复杂,职权利不匹配;质检标准执行不到位,批次质量问题多等问题。

因此,需要建立明确的智能工厂标准,如业务流程管理规范、设备点检维护标准和智能工厂评估标准等管理规范,智能装备标准、智能工厂系统集成标准、工业互联网标准以及主数据管理标准等技术标准。

**3. 设计智能工厂的厂房**

智能工厂的厂房设计需要引入建筑信息模型(Building Information Modeling,BIM),通过三维设计软件进行建筑设计,尤其是水、电、气、网络、通信等管线的设计;同时,智能厂房要规划智能视频监控系统、智能采光与照明系统、通风与空调系统、智能安防报警系统、智能门禁一卡通系统、智能火灾报警系统等。采用智能视频监控系统,通过人脸识别技术以及其他图像处理技术,可以过滤掉视频画面中无用的或干扰信息、自动识别不同物体和人员,分析抽取视频源中的关键有用信息,判断监控画面中的异常情况并以最快和最佳的方式发出警报或触发其他动作。

**4. 规划智能生产线**

智能生产线是智能工厂规划的核心环节,企业需要根据生产线要生产的产品族、产能和生产节拍,采用价值流图等方法来合理规划智能生产线。智能生产线的特点是:在生产和装配的过程中,能够通过传感器、数控系统或射频识别设备自动进行生产、质量、能耗、设备综合效率等数据采集,并通过电子看板显示实时的生产状态,能够防呆防错;通过安灯系统实现工序之间的协作;生产线能够实现快速换模,以及柔性自动化;能够支持多种相似产品的混线生产和装配,灵活调整工艺,适应小批量、多品种的生产模式;具有一定冗余,如果生产线上有设备出现故障,能够调整其他设备进行生产;针对人工操作的工位,能够给予智能的提示并充分利用人机协作。

规划智能生产线时需要考虑如何节约空间、如何减少人员的移动及如何进行自动检测,从而提高生产效率和生产质量。企业建立新工厂非常强调少人化,因此,要分析哪些工位应用自动化设备及机器人、哪些工位采用人工。对于重复性强和变化少的工位尽可能采用自动化设备,反之则采用人工。

**5. 进行设备联网**

实现智能工厂乃至"工业4.0",推进工业互联网建设并实现制造执行系统的应用,最重要的基础就是要实现M2M,也就是设备与设备之间的互联,建立工厂网络。那么,设备与设备之间如何互联?采用怎样的通信方式(有线、无线)、通信协议和接口方式?采集的数据应如何处理?对于这些问题企业应当建立统一的标准。

**6. 规划工业安全**

企业在进行新工厂规划时,需要充分考虑包括机电设备的安全在内的各种安全隐患、员工的安全防护，设立安全报警装置等安防设施和消防设备，同时，随着企业应用越来越多的智能装备和控制系统，并实现设备联网，建立整个工厂的智能工厂系统，随之而来的安全隐患和风险也会迅速提高，现在已出现了专门攻击工业自动化系统的病毒，因此，企业在作智能工厂规划时，必须将工业安全作为一个专门的领域进行规划。

### 7. 进行智能设备管理

系统具有设备台账、设备管理人员、备品备件、检修计划、日常检修、突发事故抢修、备品备件请购、设备维护人员考核、设备实时报修、设备状态报警等功能。实现设备报修、检修、抢修等工作可通过车间数据采集器进行远程快速报修，设备科看板可实时显示各设备状态及报修情况，保证实时将修理需求提交至设备科，设备科可以第一时间得到报修信息并安排修理，修理过程可通过看板进行监控，并可对维修异常情况进行报警。

通过设备管理系统的细分推进及设备管理系统的运行，提高设备维修人员的工作效率和积极性，提高设备和备件的使用率，减少设备的停机时间，降低设备的维护成本，最终实现缩短生产时间，减少不良品的产生，提高生产效率，降低生产成本的目标。

### 8. 进行数据采集

在生产过程中需要及时采集产量、质量、能耗、加工精度和设备状态等数据，并与订单、工序、人员进行关联，以实现生产过程的全程追溯。若出现问题可以及时报警，并追溯到生产的批次，零、部件和原材料的供应商。此外，还可以计算出产品生产过程产生的实际成本。有些行业还需要采集环境数据，如温度、湿度、空气洁净度等数据。

企业需要根据数据采集的频率要求确定数据采集方式，对于需要高频率采集的数据，应当从设备控制系统中自动采集。企业在进行智能工厂规划时，要预先考虑好数据采集的接口规范，以及数据采集与监视控制系统（Supervisory Control and Data Acquisition，SCADA）的应用。不少厂商开发了数据采集终端，可以外接在机床上，解决老设备数据采集的问题，企业可以进行选型应用。

### 9. 进行数据管理

数据是智能工厂的血液，在各应用系统之间流动。在智能工厂运转的过程中，会产生设计、工艺、制造、仓储、物流、质量、人员等业务数据，这些数据可能分别来自 ERP、MES、APS、WMS、QIS 等应用系统，因此，在智能工厂的建设过程中，需要一套统一的标准体系来规范数据管理的全过程，建立数据命名、数据编码和数据安全等一系列数据管理规范，以保证数据的一致性和准确性。

另外，必要时，还应当建立专门的数据管理部门，明确数据管理的原则和方法，确立数据管理流程与制度，协调执行中存在的问题，并定期检查数据管理技术标准的落实情况、流程和执行情况。企业需要规划边缘计算、雾计算、云计算的平台，确定哪些数据需要在设备端进行处理、哪些数据需要在工厂范围内处理、哪些数据需要上传到企业的云平台进行处理。

### 10. 进行财务管理

财务系统为用户提供符合我国财务制度的多种格式的凭证和账簿，包括收款凭证，付款凭证，转账凭证，数量凭证，外币凭证，银行、现金日记账，数量账，往来账，多栏账，总账，明细账等。财务系统具有功能丰富、灵活性、通用性强，操作简便，严密可靠的特点。

财务系统是财务管理的核心部分,为企业的库存、采购、销售、生产等提供指导,为企业领导的决策提供及时、准确的财务信息。

**11. 设计工厂智能物流**

推进智能工厂的建设,生产现场的智能物流十分重要,尤其是对于离散制造企业。规划智能工厂时,要尽量减少无效的物料搬运。很多优秀的制造企业在装配车间建立了集中拣货区(Kitting Area),根据每个客户的订单集中配货,并通过电子标签拣货系统(Digital Picking System,DPS)进行快速拣货,配送到装配线,消除了线边仓。

离散制造企业在两道机械工序之间可以采用带有导轨的工业机器人、桁架式机械手等传递物料,还可以采用自动导引运输车(Automated Guided Vehicle,AGV)、有轨穿梭车(Rail Guided Vehicle,RGV)或悬挂式输送链等传递物料。在车间现场还需要根据前、后道工序之间产能的差异,设立生产缓冲区。立体仓库和辊道系统的应用也是企业在规划智能工厂时需要进行系统分析的问题。

**12. 设计营销与客户管理系统**

营销与客户管理系统是管理销售线索、销售活动、业务报告,统计销售业绩的先进工具,适合企业销售部门办公和管理使用,可协助销售经理和销售人员快速管理客户、销售和业务的重要数据。

对客户关系管理的重视来源于企业对客户长期管理的观念,这种观念认为客户是企业最重要的资产并且企业的信息支持系统必须在给客户以信息自主权的要求下发展。成功的客户自主权将产生竞争优势并提高客户忠诚度,最终提高公司的利润率。客户关系管理的方法在注重 4P 关键要素的同时,也反映出营销体系中各种交叉功能的组合,其重点在于赢得客户。这样,营销重点从客户需求进一步转移到客户保持上并且保证企业把适当的时间、资金和管理资源直接集中在这两个关键任务上。

**13. 进行制造工艺分析与优化**

在建设新工厂时,首先需要根据企业在产业链中的定位、拟生产的主要产品、生产类型(单件、小批量多品种、大批量少品种等)、生产模式(离散、流程及混合制造)、核心工艺(如机械制造行业的热加工、冷加工、热处理等)和生产纲领,对加工、装配、包装、检测等工艺进行分析与优化。企业需要充分考虑智能装备、智能生产线、新材料和新工艺的应用对制造工艺带来的优化;同时,企业也应当基于绿色制造和循环经济的理念,通过工艺改进节能降耗、减少污染排放;还可以应用工艺仿真软件对制造工艺进行分析与优化。

**14. 进行企业资源规划**

企业资源规划体现了当今世界上最先进的企业经营管理理论,并提供了企业信息化集成的最佳方案。以这种思想开发的软件系统是目前企业管理信息系统中十分流行的一种形式,其将企业的物流、资金流和信息流统一起来进行处理和分析,对企业所拥有的人力、资金、材料、设备、方法(生产技术)、信息和时间等各项资源进行综合平衡和充分考虑与管理,最大限度地利用企业的现有资源取得更大的经济效益,科学、有效地管理企业的人、财、物、产、供、销等各项具体工作。企业资源规划具有整合性、系统性、灵活性、实时控制性等显著特点。企业资源规划系统的供应链管理思想对企业提出了更高的要求,是企业在信息化社会繁荣发展的核心管理模式,其可以帮助企业有效利用全社会供应链上的一切资源,快速高效地响应市场需求的变化,形成企业供应链之间的竞争。

### 15. 进行能源与环境管理

为了降低智能工厂的综合能耗,提高劳动生产率(特别是对于高能耗的工厂),进行能源管理是非常有必要的。采集能耗监测点(变配电设备、照明设备、空调、电梯、给排水设备、热水机组和重点设备)的能耗和运行信息,形成能耗的分类、分项、分区域统计分析,可以对能源进行统一调度并优化能源介质平衡,达到优化使用能源的目的,同时,通过采集重点设备的实时能耗,还可以准确知道设备的运行状态(关机、开机还是在加工),从而自动计算设备综合效率(Overall Equipment Effectiveness,OEE)。另外,通过感知设备能耗的突发波动,还可以预测刀具和设备故障。此外,企业也可以考虑在工厂的屋顶部署光伏系统,以提供部分能源。

### 16. 设计制造执行系统

制造执行系统是智能工厂规划落地的着力点,是面向车间执行层的生产信息化管理系统,上接企业资源规划系统,下接现场的PLC程控器、数据采集器、检测仪器等设备。制造执行系统旨在加强物资需求计划(Material Requirement Planning,MRP)的执行功能,贯彻落实生产策划,执行生产调度,实时反馈生产进展。

面向生产一线工人:指令做什么、怎么做、满足什么标准、什么时候开工、什么时候完工、使用什么工具等;记录人、机、料、法、环、测等生产数据,建立可用于产品追溯的数据链;反馈进展、反馈问题、申请支援和拉动配合等。

面向班组:发挥基层班组长的管理效能,进行班组任务管理和派工。

面向一线生产保障人员:确保生产现场的各项需求,如物料、工装刀量具的配送和工件的周转等。

为提高产品准时交付率、提升设备效能、减少等待时间,制造执行系统需导入生产作业排程功能,为生产计划安排和生产调度提供辅助工具,提升计划的准确性。在获取产品制造的实际工时和制造物料清单(Bill of Material,BOM)信息的基础上,企业可以应用(先进生产排程)APS软件进行排产,提高设备资源的利用率和生产排程的效率。

### 17. 进行生产质量管理

提高生产质量是工厂管理永恒的主题,在规划智能工厂时,生产质量管理是核心的业务流程。质量保证体系和质量控制活动必须在建设生产管理信息系统时统一规划并同步实施,贯彻"质量是设计、生产出来的,而非检验出来的"理念。

质量控制在信息系统中需嵌入生产主流程,如检验和试验在生产订单中作为工序或工步来处理;质量审理以检验表单为依据启动流程开展活动;质量控制的流程、表单、数据与生产订单相互关联、穿透;按结构化数据存储质量记录,为产品单机档案提供基本的质量数据,为质量追溯提供依据;构建质量管理的基本工作路线:质量控制设置—检测—记录—评判—分析—持续改进;需根据生产工艺特点科学设置质量控制点,质量控制点太多影响效率,太少使质量风险放大;检验作为质量控制的活动之一,可分为自检、互检和专检,也可分为过程检验和终检;质量管理还应关注质量损失,以便从成本的角度促进质量的持续改进。对于采集的质量数据,可以利用统计过程控制(Statistical Process Control,SPC)系统进行分析。制造企业应当提高对质量管理信息系统(Quality Management Information System,QIS)的重视程度。

**18. 设计生产监控指挥系统**

流程行业企业的生产线配置了集散控制系统(Distributed Control System,DCS)或 PLC 控制系统。通过组态软件可以查看生产线上各个设备和仪表的状态,但绝大多数离散制造企业还没有建立生产监控与指挥系统。

实际上,离散制造企业也非常需要建设集中的生产监控与指挥系统,在系统中呈现关键的设备状态、生产状态、质量数据,以及各种实时的分析图表。一些国际厂商制造执行系统的软件系统中设置了 MII(Manufacturing Ingetration and Intelligence)模块,其核心功能就是呈现工厂的关键绩效指标(Key Performance Indicator,KPI)数据和图表,以辅助决策。

**19. 设计服务管理系统**

随着企业产品市场累计销量的不断增加,售后数据量也不断增加,海量的售后数据中,产品质量及零、部件可靠性问题如何直观、快捷地形成改善输入,为设计、工艺及生产提供改进机会?售后零、部件质量统计分析手工展开工作量大而且效率不高,也很难展开故障率(Parts Per Million,PPM)等专业的质量评估。对售后质量信息后续的旧件返回管理、索赔鉴定、索赔管理等统一进行标准化管理,使售后不良标准化程度得到提高,进而将质量问题显性化处理。

**20. 推进无纸化生产与办公**

生产过程以及管理过程中工件配有图纸、工艺卡、生产过程记录卡、更改单等纸质文件、管理文件作为生产和管理的依据。随着信息化技术的提高和智能终端成本的降低,在智能工厂规划中可以普及信息化终端到每个工位,结合轻量化三维模型和制造执行系统,操作工人可在终端接受工作指令,接受图纸、工艺卡、更改单等生产数据,可以灵活地适应生产计划变更、图纸变更和工艺变更。有很多厂商提供工业平板显示器,甚至利用智能手机作为终端,完成生产信息查询和报工等工作。

**21. 应用人工智能技术**

人工智能技术正在不断地被应用到图像识别、语音识别、智能机器人、故障诊断与预测性维护、质量监控等各个领域,覆盖从研发创新、生产管理、质量控制到故障诊断等多个方面。在智能工厂建设过程中,应当充分应用人工智能技术。

例如,可以利用机器学习技术,挖掘产品缺陷与历史数据之间的关系,形成控制规则,并通过增强学习技术和实时反馈,控制生产过程以减少产品缺陷;同时,集成专家经验,不断改进学习结果。利用机器视觉代替人眼,提高生产柔性和自动化程度,提升产品质检效率和可靠性。IBM 开展了通过人工智能算法分析质量问题,并找出改进措施的实践,取得了实际效果。

综上所述,智能工厂的建设是一个非常繁复的过程,在其建设过程中需始终注意以下 3 点:

(1)重视智能加工单元建设。

目前,智能加工单元在我国制造企业的应用还处于起步阶段,但必然是发展方向。智能加工单元可以利用智能技术将计算数控装置（Computerised Numerical Control Machine，CNC）、工业机器人、加工中心以及自动化程度较低的设备集成起来，使其具有更高的柔性，以提高生产效率。

（2）强调人机协作而不是用机器换人。

智能工厂的终极目标并不是成为无人工厂，而是在成本合理的前提下，满足市场个性化定制的需求，因此，人机协作将成为智能工厂未来发展的主要趋势。

人机协作的最大特点是可以充分利用人的灵活性完成复杂多变的工作任务，在关键岗位更需要人的判断能力和决策能力，而机器人则擅长重复劳动。

（3）积极应用新兴技术。

未来，增强现实（Augmented Reality，AR）技术将被大量应用到工厂的设备维护和人员培训中。工人戴上 AR 眼镜，就可以"看到"需要操作的工作位置，例如，在需要拧紧螺栓的地方，当拧到位时，AR 眼镜会有相应提示，从而提高作业人员的工作效率；维修人员可以通过实物扫码，使虚拟模型与实物模型重合叠加，同时，使虚拟模型中显示设备型号和工作参数等信息，并根据 AR 眼镜中的提示进行维修操作。

AR 技术还可以帮助设备维修人员将实物运行参数与数字模型进行对比，尽快定位问题，并给予可能的故障原因分析。此外，数字工厂仿真技术可以基于离散事件建模、3D 几何建模、可视化仿真与优化等技术实现对工厂静态布局、动态物流过程等的综合仿真和分析，从而建立数字化的生产系统甚至全部工厂，依据既定工艺进行运行仿真。

## 2.4 智能工厂功能划分

著名业务流程管理专家 August – Wilhelm Scheer 教授提出的智能工厂架构强调了制造执行系统在智能工厂建设中的枢纽作用，如图 2.6 所示。

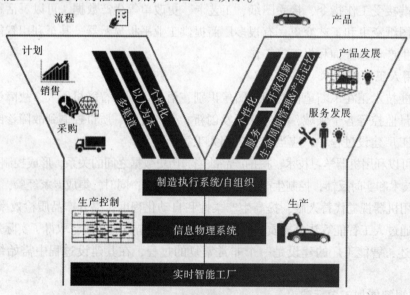

图 2.6　Scheer 教授提出的智能工厂架构

从功能上，智能工厂可以分为基础设施层、智能装备层、智能生产线层、智能车间层和工厂管控层5个层级，如图2.7所示。

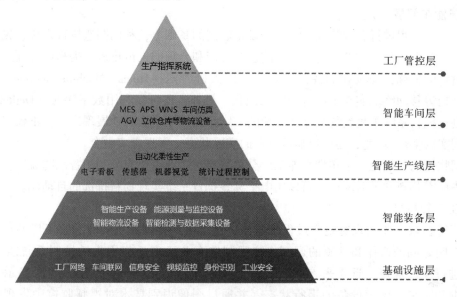

图2.7 智能工厂功能上的五级金字塔

**1. 基础设施层**

首先，企业应当建立有线或者无线的工厂网络，实现生产指令的自动下达和设备与生产线信息的自动采集；形成集成化的车间联网环境，解决使用不同通信协议的设备之间以及PLC控制系统、计算数控装置、机器人、仪表/传感器和工控/IT系统之间的联网问题；利用视频监控系统对车间的环境、人员行为进行监控、识别与报警；此外，工厂应在温度、湿度、洁净度的控制和工业安全（包括工业自动化系统的安全、生产环境的安全和人员安全）等方面达到智能化水平。

**2. 智能装备层**

智能装备是智能工厂运作的重要手段和工具。智能装备主要包括智能生产设备、智能检测设备和智能物流设备。制造装备在经历了机械装备到数控装备后，目前正逐步向智能装备发展。智能化的加工中心具有误差补偿、温度补偿等功能，能够边检测边加工。工业机器人通过集成视觉、力觉等传感器，能够准确识别工件，进行自主装配，自动避让人，实现人机协作。金属增材制造设备可以直接制造零件，DMG MORI已开发出能够同时实现增材制造和切削加工的混合制造加工中心。智能物流设备包括自动化立体仓库、智能夹具、自动导引运输车、桁架式机械手、悬挂式输送链等。例如，Fanuc工厂应用自动化立体仓库作为智能加工单元之间的物料传递工具。

**3. 智能生产线层**

智能生产线的特点是，在生产和装配的过程中能够通过传感器、数控系统或射频识别设备自动进行生产、质量、能耗、设备综合效率等数据的采集，并通过电子看板显示实时的生产状态，通过安灯系统实现工序之间的协作；能够实现快速换模和柔性自动化；能够支持多种相似产品的混线生产和装配，灵活调整工艺，适应小批量、多品种的生产模式；具有一定冗余，如果生产线上有设备出现故障，则能够调整其他设备进行生产；针对人工操作的工位，能够给予智能的提示。

#### 4. 智能车间层

要对生产过程进行有效管控，需要在设备联网的基础上，利用制造执行系统、先进生产排产软件、劳动力管理软件等进行高效的生产排产和合理的人员排班，提高设备利用率，实现生产过程的追溯，减少在制品的库存，应用人机界面（Human Machine Interface，HMI）和工业平板等移动终端实现生产过程的无纸化。另外，还可以利用数字映射（Digital Twin）技术将制造执行系统采集到的数据在虚拟的三维车间模型中实时地展现出来，不仅提供车间的虚拟现实（VR）环境，还可以显示设备的实际状态，实现虚实融合。

车间物流的智能化对于实现智能工厂至关重要。企业需要充分利用智能物流装备实现生产过程中所需物料的及时配送，可以用电子标签拣货系统实现物料拣选的自动化。

#### 5. 工厂管控层

工厂管控层主要实现对生产过程的监控，通过生产指挥系统实时洞察工厂的运营，实现多个车间之间的协作和资源的调度。流程制造企业已广泛应用集散控制系统或PLC控制系统进行生产管控，近年来，离散制造企业也开始建立中央控制室，实时显示工厂的运营数据和图表，展示设备的运行状态，并通过图像识别技术对视频监控中发现的问题自动报警。

## 2.5 智能工厂建设的难点

### 2.5.1 智能工厂建设的问题与误区

当前，我国制造企业面临着巨大的转型压力。一方面，劳动力成本迅速攀升、产能过剩、竞争激烈、客户个性化需求日益增长等因素，迫使制造企业从低成本竞争策略转向建立差异化竞争优势。在工厂层面，制造企业面临着招工难，以及缺乏专业技师的巨大压力，必须实现减员增效，迫切需要推进智能工厂建设。另一方面，物联网、协作机器人、增材制造、预测性维护和机器视觉等新兴技术迅速兴起，为制造企业推进智能工厂建设提供了良好的技术支撑，再加上国家和地方政府的大力扶持，各行业越来越多的大中型企业开启了智能工厂建设的征程。

但是，我国制造企业在推进智能工厂建设方面还存在诸多问题与误区。

（1）各行业对智能工厂的认知程度不同，建设水平分化差距较大。

关于智能工厂的认知主要有以下几个方面：一是智能工厂建设是采用三维数字化设计和仿真技术，实现产品研发设计的效率和质量；二是智能工厂建设是采用工业机器人、高端数控机床、PLC等智能制造设备，提高制造装备的自动化和智能化水平；三是智能工厂建设是把传感器、处理器、通信模块融入产品中，实现产品的可追溯、可识别、可定位；四是智能工厂建设是构建基于互联网的C2B模式，实现产品个性化自主设计，满足消费者个性化定制需求等。这些对智能工厂的认知主要集中在产品、装备、生产、管理、服务等某个方面以及研发设计、生产制造、售后服务等某个环节的智能化改造，全面性和系统性较为不足，而基于对智能工厂的不同认知，各行业之间建设水平分化差距较大。

(2) 智能工厂建设的系统性规划不足。

全生命周期价值创造力有待增强。智能工厂建设是一项复杂的系统性工程,涉及研发设计、生产制造、仓储物流、市场营销、售后服务、信息咨询等各个环节,需要企业立足于围绕产品的全生命周期价值链,实现制造技术和信息技术在各个环节的融合发展。由于资金投入不足、智能生产设备和技术缺乏以及认知不够深入等,我国企业智能工厂建设整体来看缺乏系统性规划,覆盖的环节还有待完善。虽然大型龙头企业有相对长远的规划布局,但从总体上来看,我国企业建设智能工厂的全生命周期特征仍不明显:一是企业缺乏统筹规划,各部门、各业务板块之间资源整合力度还有待提高,特别是企业内部门间的横向数据对接、信息共享和业务协同;二是企业普遍缺乏从产品研发、设计、生产、物流到服务的全信息流管理,难以实现全部环节的无缝衔接和信息集成。

(3) 对外技术依存度仍然较高,安全可控能力有待进一步提升。

一是从智能装备领域来看,国内智能装备市场国产化率仍较低。目前,国外品牌占据国内工业机器人市场的主导地位,国内工业机器人受制于基础工业的差距,在关键零、部件(如伺服电机、减速器、控制器)等方面自主研发生产能力较弱,与国外品牌相比,在精密度、可靠性和稳定性方面还有较大差距。我国数控机床产业大而不强,国内生产高效汽车引擎、飞机发动机涡轮盘、飞机机身、高速列车头等的高端数控机床仍不同水平地依赖国外品牌。二是从工业控制领域来看,国内信息安全的形势较为严峻。国外相关建设与研究起步较早,已有较成熟的标准、产品、服务体系;同时,检测认证、安全防护产品等核心技术及工具也较为成熟。国内缺乏自主可控的检测认证技术与工具,在相关标准、安全咨询评估等方面仍处于探索建设阶段。目前,国内工业控制系统尚以国外产品为主,运维服务还主要依赖国外供应商。可以说,国内大多数工业控制系统仍基本处于不设防状态。

(4) 盲目追求"黑灯工厂",没有实现车间联网。

目前很多建设智能工厂的企业盲目购买自动化设备和自动化生产线。这些企业仍然认为推进智能工厂就是自动化和机器人化,盲目追求"黑灯工厂",推进单工位的机器人改造,推行机器换人,引进加工或装配单一产品的刚性自动化生产线。在设备互联互通、数据采集方面,这些企业只注重购买高端数控设备,但却没有配备相应的软件系统,尚未实现设备数据的自动采集和车间联网。这些企业在购买设备时没有要求开放数据接口,大部分设备还不能自动采集数据,没有实现车间联网。目前,各大自动化厂商都有自己的工业总线和通信协议,OPC UA 标准的应用还不普及。在设备利用率方面,设备绩效不高,生产设备没有得到充分利用,对设备的健康状态未进行有效管理,常常由于设备故障而非计划性停机,影响生产。

(5) 工厂运营层还是"黑箱"。

在工厂运营方面还缺乏信息系统支撑,车间仍然是一个"黑箱",生产过程还难以实现全程追溯,与生产管理息息相关的制造 BOM 数据、工时数据也不准确。依然存在大量信息孤岛和自动化孤岛。智能工厂建设涉及智能装备、自动化控制、传感器、工业软件等领域的供应商,集成难度很大。很多企业不仅存在诸多信息孤岛,也存在很多自动化孤岛,自动化生产线没有进行统一规划,生产线之间还需要中转库转运。

综上所述,我国企业在建设智能工厂时之所以会出现以上问题与误区,究其原因,其最主要的是智能工厂涵盖领域很多,系统极其复杂,企业还缺乏深刻理解。企业应当依托有实战经验的咨询服务机构,结合企业内部的 IT、自动化和精益团队,高层积极参与,根据企业的产品和生产工艺,作好需求分析和整体规划,在此基础上稳步推进,才能取得实效。

### 2.5.2 智能工厂建设完善的特征

仅有自动化生产线和工业机器人的工厂还不能称为智能工厂。对于智能工厂,不仅生产过程应实现自动化、透明化、可视化、精益化,而且产品检测、质量检验和分析、生产物流等环节也应当与生产过程实现闭环集成。一个工厂的多个车间之间也要实现信息共享、准时配送和协同作业。

具体来说,智能工厂建设完善的特征如下。

**1. 设备互联**

能够实现设备与设备互联(M2M),通过与设备控制系统集成以及外接传感器等方式,由数据采集与监视控制系统实时采集设备的状态、生产完工信息、质量信息,并通过应用监视控制射频识别技术、一维和二维(条码)技术等实现生产过程的可追溯。

**2. 广泛应用工业软件**

广泛应用制造执行系统,先进生产排程、能源管理、质量管理等工业软件,实现生产现场的可视化和透明化。新建工厂时,可以通过数字化工厂仿真软件,进行设备和生产线布局、工厂物流、人机工程等仿真,确保工厂结构合理。在推进数字化转型的过程中,必须确保工厂的数据安全及设备和自动化系统安全。在通过专业检测设备检出次品时,不仅要使次品自动与合格品分流,而且能够通过统计过程控制软件等分析出现质量问题的原因。

**3. 充分结合精益生产理念**

充分体现工业工程和精益生产的理念,实现按订单驱动,拉动式生产,尽量减少在制品库存,消除浪费。推进智能工厂建设要充分结合企业产品和工艺特点。在研发阶段也需要大力推进标准化、模块化和系列化,奠定精益生产的基础。

**4. 实现柔性自动化**

结合企业的产品和生产特点,持续提升生产、检测和工厂物流的自动化程度。产品品种少、生产批量大的企业可以实现高度自动化,乃至建立"黑灯"工厂;产品品种多、生产批量小的企业则应当注重少人化、人机结合,不要盲目推进自动化,应当特别注重建立智能制造单元。工厂的自动化生产线和装配线应当适当考虑冗余,避免由于关键设备故障而停线;同时,应当充分考虑如何快速换模,以适应多品种的混线生产。物流自动化对于实现智能工厂至关重要,企业可以通过自动导引运输车、桁架式机械手、悬挂式输送链等物流设备实现工序之间的物料传递,并配置物料超市,尽量将物料配送到线边。质量检测的自动化也非常重要,机器视觉在智能工厂中的应用将会越来越广泛。此外,还需要仔细考虑如何使用助力设备,以降低工人的劳动强度。

**5. 注重环境友好,实现绿色制造**

能够及时采集设备和生产线的能源消耗信息,实现能源高效利用。在危险和存在污染的环节,优先用机器人替代人工,能够实现废料的回收和再利用。

**6. 可以实现实时洞察**

从生产排产指令的下达到完工信息的反馈，应实现闭环。通过建立生产指挥系统，实时洞察工厂的生产、质量、能耗和设备状态信息，避免非计划性停机。通过建立工厂的数字映射，方便地洞察生产现场的状态，辅助各级管理人员作出正确决策。

智能工厂的建设充分融合了信息技术、先进制造技术、自动化技术、通信技术和人工智能技术。每个企业在建设智能工厂时，都应该考虑如何有效融合这五大领域的新兴技术，与企业的产品特点和制造工艺紧密结合，确定自身的智能工厂推进方案。

在智能制造的热潮下，企业不宜盲目跟风。建设智能工厂，应围绕企业的中长期发展战略，根据自身产品、工艺、设备和订单的特点，合理规划智能工厂的建设蓝图。在推进规范化和标准化的基础上，从最紧迫需要解决的问题入手，务实推进智能工厂的建设。

# 第3章 智能工厂的总体架构

## 3.1 智能制造的定义和特征

### 3.1.1 智能制造的定义

智能制造始于20世纪80年代人工智能在制造领域中的应用，发展于20世纪90年代智能制造技术和智能制造系统的提出，成熟于21世纪信息技术的发展。它将智能技术、网络技术和制造技术等应用于产品管理和服务的全过程，并能在产品的制造过程中分析、推理、感知等，满足产品的动态需求。智能制造改变了制造业的生产方式、人机关系和商业模式，因此，它不是简单的技术突破，也不是简单的传统产业改造，而是通信技术和制造业的深度融合、创新集成。

随着智能制造技术的发展，国内外对智能制造提出了各自的定义。

**1. 美国**

2011年6月，美国智能制造领导联盟（Smart Manufacturing Leadership Coalition，SMLC）发表了《实施21世纪智能制造》报告，指出智能制造是先进智能系统强化应用、新产品快速制造、产品需求动态响应以及工业生产和供应链网络实时优化的制造。其核心技术是网络化传感器、数据互操作性、多尺度动态建模与仿真、智能自动化以及可扩展的多层次网络安全。它融合从工厂到供应链的所有制造并使对固定资产、过程和资源的虚拟追踪横跨整个产品的生命周期。结果将是在一个柔性的、敏捷的、创新的制造环境中，优化性能和效率并且使业务与制造过程有效地串联在一起。

2014年2月，美国国防部牵头成立了"数字制造与设计创新机构"（简称"数字制造"，Digital Manufacturing）；2014年12月，美国能源部宣布牵头筹建"清洁能源制造创新机构之智能制造"（简称"智能制造"，Smart Manufacturing）。两个部门针对不同的侧重点对智能制造技术及内涵展开研究。

2014年12月，美国政府建立了国家制造创新网络中的第8个创新机构，即"智能制造创新研究院"。该研究院由能源部牵头组织建设，能源部给智能制造下的定义是：智能制造是先进传感、仪器、监测、控制和过程优化的技术和实践的组合，它将信息和通信技术与制造环境融合在一起，实现工厂和企业中能量、生产率、成本的实时管理。智能制造需要实现的目标有4个：产品智能化、生产自动化、信息流和物资流合一、价值链同步。

**2. 欧洲**

在欧洲各国的智能制造发展战略中，2013年4月德国在汉诺威工业博览会上正式推出的"工业4.0"战略最为典型和完善。德国对智能制造的理解也是一个逐步深化的过程。在

2013年推出"工业4.0"战略时,德国对其还没有严格的定义,只是使用描述性的语言概括了"工业4.0"的特征。"工业4.0"将使生产资源形成一个循环网络,使生产资源具有自主性、可自我调节以应对不同的形势、可自我配置等。"工业4.0"的智能产品具有独特的可识别性,可以在任何时候被分辨出来。"工业4.0"将可能使有特殊产品特性需求的客户直接参与到产品的设计、生产、销售、运作和回收的各个阶段。"工业4.0"的实施将使企业员工可以根据对形势和环境敏感的目标来控制、调节和配置智能制造网络和生产步骤。

2015年4月,德国"工业4.0"平台发布的《"工业4.0"战略计划实施》报告则对"工业4.0"进行了较为严格的定义。

"工业4.0"概念表示第四次工业革命,它意味着在产品生命周期内对整个价值创造链的组织和控制迈上新台阶,意味着从创意、订单到研发、生产、终端客户产品交付,再到废物循环利用,包括与之紧密联系的各服务行业,在各个阶段都能更好地满足日益个性化的客户需求。所有参与价值创造的相关实体形成网络,获得随时从数据中创造最大价值流的能力,从而实现所有相关信息的实时共享。以此为基础,通过人、物和系统的链接,实现企业价值网络的动态建立、实时优化和自组织,根据不同的标准对成本、效率和能耗进行优化。

**3. 中国**

20世纪90年代,中国开始研究智能制造,宋天虎(1999年)认为智能制造在未来应该能对工作环境自动识别和判断,对现实工况作出快速反应,实现制造与人和社会的相互交流。杨叔子和吴波(2003年)认为智能制造系统通过智能化和集成化的手段来增强制造系统的柔性和自组织能力,提高快速响应市场需求变化的能力。熊有伦等(2008年)认为智能制造的本质是应用人工智能理论和技术解决制造中的问题,智能制造的支撑理论是制造知识和技能的表示、获取、推理,而如何挖掘、保存、传递、利用制造过程中长期积累下来的大量经验、技能和知识是现代企业急需解决的问题。中国机械工程学会在2011年出版的《中国机械工程技术路线图》一书中提出,智能制造是研究制造活动中的信息感知与分析、知识表达与学习、智能决策与执行的一门综合交叉技术,是实现知识属性和功能的必然手段。卢秉恒和李涤尘(2013年)认为智能制造应具有感知、分析、推理、决策、控制等功能,是制造技术、信息技术和智能技术的深度融合。中国机械工业集团有限公司中央研究院副总工程师、中国机器人产业联盟专家委员会副主任郝玉认为智能制造是能够自动感知和分析制造过程及其制造装备的信息流与物流,能以先进的制造方式,自主控制制造过程的信息流和物流,实现制造过程自主优化运行,满足客户个性化需求的现代制造系统。智能制造的基本属性有3个,即对信息流与物流的自动感知和分析、对制造过程信息流和物流的自主控制、对制造过程的自主优化运行。

在2015年工业和信息化部公布的"2015年智能制造试点示范专项行动"中,智能制造被定义为基于新一代信息技术,贯穿设计、生产、管理、服务等制造活动各个环节,具有信息深度自感知、智慧优化自决策、精准控制自执行等功能的先进制造过程、系统与模式的总称。智能制造具有以智能工厂为载体、以关键制造环节智能化为核心、以端到端数据流为基础、以网络互联为支撑等特征,可有效缩短产品研制周期、降低运营成本、提高生产效率、提升产品质量、降低资源能源消耗。

### 3.1.2 智能制造的特征

与传统的制造相比，智能制造主要具有以下 5 个特征。

**1. 具有自律能力**

智能制造具有感知与理解环境信息和自身信息以及进行分析判断和规划自身行为的能力。具有自律能力的设备称为"智能机器"。智能机器在一定程度上表现出独立性、自主性和个性，甚至相互间还能协调运作与竞争。值得注意的是，强有力的知识库和基于知识的模型是自律能力的基础，即使有编程错误，数控机床也能够感知并控制刀具与机床不碰撞，机器人也能够感知手臂的运动并控制手臂在运动中不与障碍物相撞。

**2. 人机一体化**

目前智能制造系统不单纯是人工智能系统，而是人机一体化智能系统，不仅具有逻辑思维能力、形象思维能力，还具有灵感（顿悟）思维能力。只有人类专家才真正同时具备以上 3 种思维能力，因此，想以人工智能全面取代制造过程中人类专家的智能，独立承担分析、判断、决策等任务是不现实的。人机一体化智能系统可以在智能机器的配合下，更好地发挥人的潜能，使人、机之间形成一种平等共事、相互"理解"、相互协作的关系。

因此，在智能制造系统中，高素质、高智能的人将发挥更好的作用，机器智能和人的智能将真正地集成在一起，互相配合，相得益彰。

**3. 使用虚拟现实技术**

虚拟现实技术是实现虚拟制造的支持技术，也是实现高水平人机一体化的关键技术之一。虚拟现实技术以计算机为基础，融信号处理、动画、智能推理、预测、仿真和多媒体等技术为一体，借助各种音像和传感装置，虚拟展示现实生活中的各种过程和物件等，因此能模拟制造过程和未来的产品，从感官和视觉上使人获得完全如同真实的感受，其特点是可以按照人们的意愿任意变化。人机结合的新一代智能界面，是智能制造的一个显著特征，如在虚拟环境下设计的数字化样机能进行模拟仿真。设计柔性制造系统时，可以在电脑上进行模拟仿真，让人们看到未来的系统是如何工作的。

**4. 自组织和超柔性**

自组织和超柔性是指智能制造系统中的各组成单元能够依据工作任务的需要，自行组成一种最佳结构，其柔性不仅表现在运行方式上，还表现在结构形式上，所以称这种柔性为超柔性，这种结构如同人类专家组成的群体，具有生物特征。一条 PLC 的智能装配线，设计有 10 个装配工位，由于不同型号的 PLC 的装配需求不同，因此它可以自组织在其中某几个工位上进行装配。

**5. 具有自学习能力与自我维护能力**

智能制造系统能够在实践中不断地充实知识库，具有自学习能力；同时，在运行过程中还能自行进行故障诊断，并具备自行排除故障、自我维护的能力。这种特征使智能制造系统能够自我优化并适应各种复杂的环境。通用的航空发动机就具有远程在线监控、故障诊断、自我维护和自学习的功能。特斯拉的无人驾驶汽车，在实验中当有人参与处置自动驾驶的不足时，自学习系统会记录这些人为的纠正措施，使无人驾驶系统越来越"聪明"。对于不同的行业智能制造的需求是不同的。

## 3.2 智能工厂的参考模型

可以用一个三维图形作为机械制造业智能工厂的参考模型，如图3.1所示。图中表明了一个智能工厂的横向集成、纵向集成和信息物理系统（Cyber – Physical Systems，CPS）3个维度。

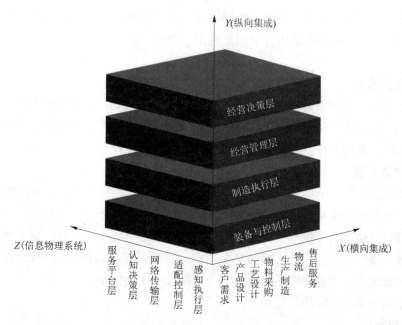

图3.1 机械制造业智能工厂的参考模型

客户需求、产品设计、工艺设计、物料采购、生产制造、物流、售后服务构成智能工厂的横向集成维度；企业内部的装备与控制层、制造执行层、经营管理层、经营决策层构成智能工厂的纵向集成维度；感知执行层、适配控制层、网络传输层、认知决策层和服务平台层组成信息物理系统。这3个维度构建了机械制造业智能工厂的参考模型。

**1. 纵向集成维度**

1）装备与控制层

装备与控制层包括传感器、仪器仪表、条码、射频识别设备、数控机床、柔性制造系统、柔性生产线、机器人、自动化立体仓库、自动化物流传送装置、感知和执行单元、可编程控制器、现场总线控制系统等。

2）制造执行层

制造执行层主要是制造执行系统，包括产品定义、生产资源定义、生产详细排产、生产优化调度、生产执行、质量管理、产品追溯、生产进度的跟踪和监控、车间物料管理、设备运行状态的监控和管理、车间绩效管理等，可实现整个车间执行层人、机、料、法、环的管理。

3）经营管理层

经营管理层由客户需求管理、生产计划、采购管理、销售管理、人力资源管理、财务成本管理、质量管理等信息系统所构成,实现企业整个价值链上物流、信息流、资金流、责任流的统一和优化管控,主要包括企业资源计划系统,供应链管理系统,客户关系管理系统以及面向客户的产品全生命周期的服务和管理、项目管理(Project Management,PM)等。

4)经营决策层

在智能工厂的环境下,将产生大量的产品技术数据、生产经营数据、设备运行数据、质量数据、设计知识、工艺知识、管理知识、产品运维数据。建立经营决策系统,对上述信息进行搜集、过滤、储存、建模,应用大数据分析工具,使各级决策者获得知识和洞察力并提高决策的科学性。经营决策系统由企业预算管理、绩效管理、商业智能等组成的战略管控系统共同构成。

**2. 横向集成维度**

按照"互联网+协同制造"的精神,重点构建产业链上各企业间的协同与集成,如跨企业、跨地域的协调设计,企业间的协同供应链管理,协同生产,协同服务和企业间的价值链重构,以实现产业链上各企业间的无缝集成、信息共享和业务协同。

**3. 信息物理系统**

信息物理系统分为5个层级,它们相互配合,支撑企业纵向集成、企业间横向集成与端到端集成,实现工业体系与信息体系的深度融合以及全面智能化。信息物理系统通过集成先进的信息通信和自动控制等技术,构建了物理空间与信息空间中人、机、物、环境、信息等要素相互映射、适时交互、高效协同的复杂系统,实现系统内资源配置和运行的按需响应、快速迭代、动态优化。信息物理系统是智能工厂的技术支持体系。

信息物理系统5个层级的介绍如下。

1)感知执行层

感知执行层包括以感知装置和智能设备为代表的生产物理实体、物联网、数据采集与命令执行及设备安全防护等,其内容示意如图3.2所示。

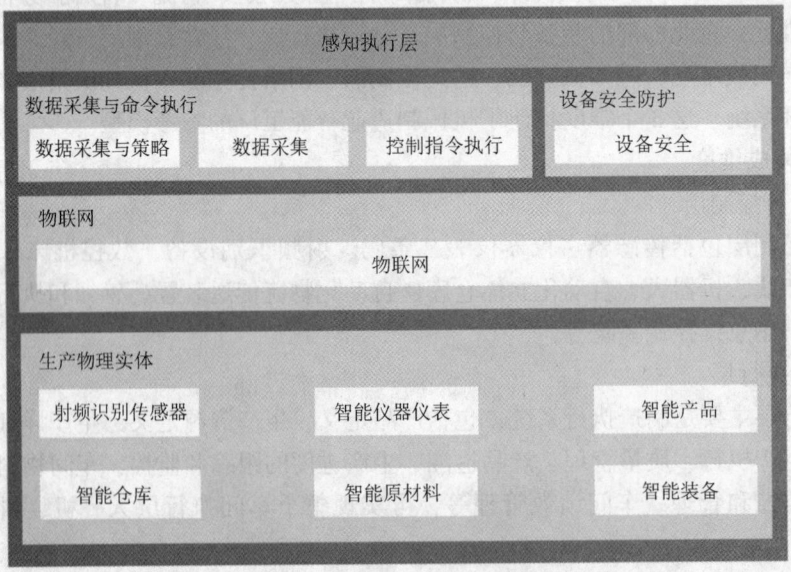

图 3.2 感知执行层的内容示意

在信息物理系统的感知执行层中,物联网按照事先制定的策略,对处于最底层的生产物理实体的数据进行收集和管理。控制管理功能负责将来自信息物理系统上层的控制指令通过物联网下发至底层的受控设备。

2)适配控制层

适配控制层解决不同系统及设备间的通信兼容问题,并对生产装备与系统的健康状态、工况等进行综合评估;接收下发的本地 APP 控制执行模型,进行自组织、自适应的控制适配调整。在适配控制层框架结构中,底部功能区负责数据的上传解析与指令分发,左侧功能区负责数据信息的转化,右侧功能区负责生产活动的指令执行。适配控制层的内容示意如图 3.3 所示。

图 3.3 适配控制层的内容示意

3)网络传输层

网络传输层承担数据、信息与指令的传输与通信,包括信息和通信技术(Information and Communication Technology,ICT)物理实体与系统软件部分、网络与数据安全部分、基础网络部分等。基础网络部分实现网络传输层的互联互通功能,网络与数据安全部分、ICT 物理实体与系统软件部分对基础网络部分提供技术支撑。网络传输层负责信息物理系统架构中所有层级之间的数据通信。网络传输层的内容示意如图 3.4 所示。

4)认知决策层

认知决策层是信息物理系统的管理决策中枢,包括信息认知与挖掘部分、计算与数据管理部分、根据决策的需求建立 APP 控制执行模型库(包括生产工艺模型库、故障诊断模型库、质量判断模型库、物流仓储模型库、能源优化模型库等)以及决策分析部分。决策分析部分是信息物理系统的"大脑",主要包括具备自学习和认知能力的知识库、端到端集成的产品全生命周期价值链数据、横向集成的决策协同优化与分析以及预测决策模型等。认知决策层的内容示意如图 3.5 所示。

图 3.4　网络传输层的内容示意

图 3.5　认知决策层的内容示意

5）服务平台层

服务平台层提供安全环境下的工业协同价值网络（包括管理安全），在工业协同环境下确保工产过程中的可用性、可靠性、机密性、完整性、操作安全并进行身份确认，这是保障智能制造体系下协同安全的重要主题。工业协同价值网络在智能制造体系下，遵循工业协同互联标准与规范，企业间实现协同设计、协同生产、协同物流与协同服务的过程协同，同时开展个性化定制服务和智能服务，包括用户与供应商管理、服务与产品管理、账单与结算管理等功能。服务平台层的内容示意如图3.6所示。

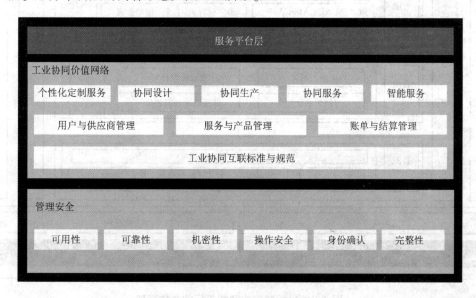

图3.6 服务平台层的内容示意

## 3.3 智能工厂的总体架构

机械制造业智能工厂的总体框架如图3.7所示。在信息物理系统的支持下，机械制造业智能工厂构建智能设计、智能产品、智能经营、智能服务、智能生产、智能决策六大系统，通过企业信息门户实现与客户、供应商、合作伙伴的横向集成，与企业内部的纵向集成。要完成这些集成，首先要有一系列标准的支持和信息安全的保障。

下面分别对总体架构的各个组成部分进行简要说明。

信息物理系统是智能工厂万物互联的基础。它通过物联网、服务网使制造业企业的设施、设备、组织、人互通互联，集计算机、通信系统、感知系统为一体，实现对物理世界的安全、可靠、实时、协同的感知和控制，对物理世界实现"感""联""知""控"。其特征是具有环境感知性、自愈性、异构性、开放性、可控性、移动性、融合性和安全性。

**1. 智能设计系统**

智能设计系统深入应用CAD/CAE/CAM/CAPP等计算机辅助设计技术，开展基于模型定义的设计（Model Based Design，MBD），在设计知识库、工艺知识库、专家系统的支持下进行产品创新设计；在虚拟环境下设计出数字化样机，对其结构、性能、功能进行模拟仿真，优化

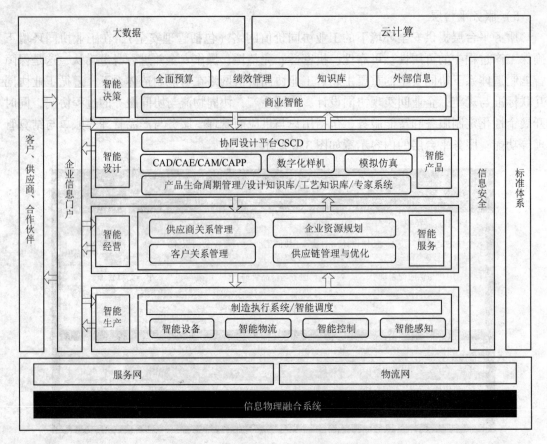

图3.7 机械制造业智能工厂的总体框架

设计和试验验证；支持并行设计、协同设计；在工艺知识库的支持下进行工艺设计、工艺过程模拟仿真。智能设计与一般设计的主要区别在于设计知识库、工艺知识库和专家系统的建立及基于模型定义的设计。智能设计系统利用三维模型、各知识库和专家系统，实现创新设计。对于大量采用新一代信息技术的设计，可以将设计需求放在众创平台，由有专长的人做其所擅长的事，以达到事半功倍的效果。最大限度地缩短产品设计、试制周期，快速响应客户的个性化需求，提高产品设计质量和创新设计能力。

**2. 智能产品系统**

智能产品系统将先进制造技术、传感技术、自动控制技术、嵌入式系统、软件技术和智能技术集成和深度融合到产品之中，使产品具有感知、分析、推理、决策、控制功能，具有信息存储、传感、无线通信功能，具有进入物联网，实现远程监控、远程服务的能力。这样的产品称为智能产品，如智能加工中心、自适应数控机床、自动驾驶汽车、智能仪表、智能家电等。它为客户创造更大价值，为产品智能服务提供基本条件，提高产品的市场竞争能力。

**3. 智能经营系统**

智能经营系统将先进的管理理念——精益生产、敏捷制造、网络化协同制造，融入企业资源规划、供应商关系管理（Supplier Relationship Management，SRM）、客户关系管理之中；在传统产、供、销、存、人、财、物管理信息化的基础上，应用新一代信息技术，实现整个价值链上从客户需求、产品设计、工艺设计、智能生产、进/出厂物流、生产物流到售后服务整个供应链上的业务协同、计划优化和控制，使任何客户的需求变动、设计更改在整个供应链的网络中快速传播并及时响应；实现全价值链上的信息集成和优化调度、资源优化利用、意外的处置、生产安全、信息安全、绿色环保等一系列保障措施；最大限度地缩短产品采购和生产周期，实现精益生产、精益供应；最大限度地降低库存和在制品资金占用，提高资源利用率，准时交货，快速响应客户需求。

**4. 智能服务系统**

智能服务系统在信息物理系统的支持下，着眼于产品全生命周期，实现从客户需求、设计制造、卖方信贷、产品租赁、售后服务、备品备件直至回收再利用全过程的管理和服务，如基于产品设计的增值服务、基于提高产品效能的增值服务、基于提高交易便捷化的增值服务、基于产品集成的增值服务等；在产品智能化的基础上，实现产品运行状态的在线数据采集，通过物联网进行数据传输，结合产品运维知识库，进行诊断和分析、在线服务；通过大数据分析用户的习惯、喜好等显性需求以及与客户的身份、时空特点、工作生活状态关联的隐性需求，分析不同客户的偏好和习惯，主动为客户提供精准、高效的服务，实现传统制造向智能制造的转型，提高客户的满意度，为客户和企业创造新的价值。

**5. 智能生产系统**

智能生产系统由智能装备、智能物流、智能控制、智能感知4个分系统组成。其接收企业资源规划系统的生产指令，进行优化排产、资源分配、指令执行、进度跟踪、智能调度、设备的运行维护和监控、过程质量的监控和分析、产品的追溯、绩效管理等，实现自动化仓储和物流配送、生产过程物流的自动传输。智能化生产装备和控制系统组成柔性制造系统（Flexible Manufacturing System，FMS）、柔性制造单元（Flexible Manufacturing Cell，FMC）、柔性制造线（Flexible Manufacturing Line，FML），进行产品的加工和装配。其通过分布式数控系统（Distributed Numerical Control，DNC）、现场总线实现设备之间及设备与系统、系统与人的互联互通。总之，智能生产系统形成从生产任务下达到产品交付全过程的人、机、料、法、环的优化管理和闭环控制，对生产活动、设备、质量的异常信息进行正确的判断和处置；实现制造执行与运营管理、研发设计、智能装备的集成；实现制造柔性化、设计制造一体化、管控一体化从而提高生产效率、降低生产成本、提高产品质量和制造能力。

**6. 智能决策系统**

在智能工厂的环境下，将会产生大量的产品技术数据、生产经营数据、设备运行数据、设计知识数据、工艺知识数据、管理知识数据、产品运维数据。应用大数据分析工具和商业智能，建立智能决策系统，对上述数据进行搜集、过滤、储存、建模，使各级决策者获得知识和洞察力，提高决策的科学性。

构建企业战略管控体系，通过战略规划、年度经营计划、全面预算管理、绩效管理、运营分析，全面掌控企业的运行状况，提高企业战略管控能力。

**7. 建立企业标准体系**

智能工厂的建设离不开企业标准的支持。企业标准包括技术标准、管理标准和工作标准，还包括一系列国际标准，如质量管理标准 ISO 9000、环境管理标准 ISO 1400 等。本书重点介绍与"两化"融合有关的标准。建立"两化"融合管理体系标准和信息标准是"两化"融合建设中的一项基础性的系统工程，是保障"两化"融合成功的关键。为了推进"两化"融合顺利进行，工业和信息化部组织制定了《信息化和工业化融合管理体系》系列标准，包括要求、基础术语、实施指南、评定规范、审核指南等。企业应按照该系列标准的要求，建立、实施、监视与测量、保持和改进"两化"融合的过程管理，形成一系列管理文件，规范"两化"融合的进程，构建一系列产品研发设计标准、工艺设计标准、业务流程标准、物代码标准等。

## 8. 信息安全

在万物互联的今天，加上云计算、大数据、移动互联的辅助，信息安全成为智能工厂建设不可或缺的重要组成部分。企业要按照不同级别的信息安全要求，采取有效措施保证信息安全。从企业信息安全体系框架的角度，把信息安全分为安全治理、风险与合规性管理，安全运维，基础安全服务与架构3个部分。国家标准ISO 27002是一个完整的信息安全控制模型，包含10个主题：安全政策、组织安全、资产分类与控制、人员安全、物理及环境安全、通信与操作管理、访问控制、信息安全事件管理、业务连续性管理和符合性管理等。

## 9. 企业信息门户

当今的时代是一个互通互联的时代，同时，又是产业链生态环境建设的时代。通过企业信息门户、信息物理系统实现与客户、供应商、合作伙伴的商务协同和信息共享；同时，实现企业内部不同系统之间的业务协同，提高跨企业合作的能力；帮助企业同其关键的交易伙伴们共享业务流程、决策、作业程序和数据，共同开发全新的产品、市场和服务，以提高竞争优势。企业信息门户实现不同应用系统之间单点登录、系统集成和访问控制及数据的物理隔离等，保证在万物互联中的系统安全性和集成性。

# 第4章 智能工厂的制造执行系统

## 4.1 初识制造执行系统

### 4.1.1 来源

车间生产计划与实时调度,在未应用计算机信息系统之前,都是通过有经验的计划员或调度员手工完成的。

随着计算机和信息技术的发展,20世纪60年代末,传统科学管理方法开始与计算机信息系统相结合,约瑟芬·奥利基等设计开发了物资需求计划,实现了计算机信息系统在生产控制领域的大规模应用。20世纪70年代末,物资需求计划融入财务系统、需求预测等功能,逐渐发展成为制造资源计划(Manufacturing Resource Planning,MRP-Ⅱ);到20世纪80年代末,又逐渐扩展演变为企业资源规划;同时,制造企业车间层所应用的专业化生产管理系统,如作业计划和实时生产调度系统,则逐渐演变为制造执行系统。

制造执行系统的概念是由美国先进制造研究协会(Advanced Manufacturing Research,AMR)在1990年首次提出的,旨在加强物资需求计划的执行功能,把物资需求计划与车间作业现场控制,通过执行系统联系起来。这里的现场控制包括PLC程控器、数据采集器、条形码、各种计量及检测仪器、机械手等。制造执行系统设置了必要的接口,与提供生产现场控制设施的厂商建立合作关系。

制造执行系统能够帮助企业实现生产计划管理、生产过程控制、产品质量管理、车间库存管理、项目看板管理和人力资源管理等,以提高企业的制造执行能力。

AMR将制造企业分成3层体系结构,企业资源规划系统位于企业上层计划层,制造执行系统位于上层的企业资源规划系统与底层的控制系统之间。它为操作人员、管理人员提供计划的执行、跟踪信息以及所有资源(人、设备、物料、客户需求等)的当前状态。

制造执行系统国际联合会(Manufacturing Execution System Association International,MESA)于1997年开始陆续发表制造执行系统白皮书,给出了制造执行系统的描述性定义。MESA对制造执行系统下的定义为:"制造执行系统能通过信息传递,对从订单下达到产品完成的整个生产过程进行优化管理。当工厂发生实时事件时,制造执行系统能对此及时作出反应和报告,并用当前的准确数据对它们进行指导和处理。这种对状态变化的迅速响应使制造执行系统能够减少企业内部没有附加值的活动,有效地指导工厂的生产运作过程,从而既能提高工厂的及时交货能力,改善物料的流通性,又能提高生产回报率。制造执行系统还通过双向的直接通信,在企业内部和整个产品供应链中提供有关产品行为的关键任务信息。"

因此,制造执行系统的特点主要体现在以下4个方面:

(1) 制造执行系统对整个车间生产过程进行优化，而不是单一地解决某个生产瓶颈。
(2) 制造执行系统提供实时收集生产过程数据的功能，并作出相应的分析和处理。
(3) 制造执行系统与计划层和控制层进行信息交互，通过企业的连续信息流实现企业信息全集成。
(4) 制造执行系统实现生产过程的透明化和实时监控。

德国提出的"工业4.0"强调工业生产的数字化，使制造执行系统的重要性引起了广泛的关注。"中国制造2025"明确提出，在开展智能制造和数字化工厂的研究和示范过程中，企业必须使用制造执行系统。

### 4.1.2 发展趋势

制造执行系统的思想自产生以来已经发生了明显的变化。制造执行系统最初被看作降低生产成本的工具，以图在高生产成本的制造环境中增强和保持企业的竞争能力。随着制造执行系统与质量保证的关联日益紧密，制造执行系统不仅可作为保证生产高效的工具，还可作为保证生产高质量产品的手段。今天的发展趋势是，制造执行系统能够监测生产和质量保证过程，不仅能够避免产品缺货，还能够保证生产无缺陷的产品。这意味着，在生产过程就能及早发现材料、工具、生产设备和工艺过程的问题，几乎杜绝废品。

制造执行系统的运用同样为遍布全球的"生产搬迁"增加了活力。在全球化生产过程中，由于某地劳动成本低廉，制造工厂在某地加以扩建或搬迁到某地。为适应这种趋势，制造执行系统逐渐具有保证生产过程指标的功能，以便能够比较和监测迁移到世界各地的生产工厂。

以往的指标仅局限于企业经济领域，制造执行系统则利用其丰富的数据库，在生产过程中提供合适的指标，在此基础上持续推进生产过程的改善。

然而，制造执行系统不仅是生产指标的生成器，或者基于持续改善过程对未来生产的构造手段，其作用更为广泛。在生产和管理的日常工作中，制造执行系统能够帮助管理人员快速作出保证目标实现的决策，使决策更有效和避免浪费。制造执行系统也体现了精益生产的崭新原理。在生产中配置越来越高效的设备和装置，如果不采用IT技术，那就不可能实现低成本和精益的生产。更进一步的考察结果清楚地表明，制造执行系统作为未来的工具，不仅关注生产组织、生产中的人员管理，而且利用合适的功能进行质量管理以及利用有效的与上级系统（如企业资源规划系统）和下层加工子系统的垂直接口进行横向集成补充。

## 4.2 制造执行系统的功能划分

制造执行系统集成了生产运营管理、产品质量管理、生产实时管控、生产动态调度、生产效能分析、物料管理、设备管理、文档管理和人力资源管理等相互独立的功能，使这些功能之间的数据实时共享；同时，制造执行系统起到了企业信息系统连接器的作用，使企业的计划管理层与控制执行层之间实现了数据的流通。制造执行系统的功能框架如图4.1所示。

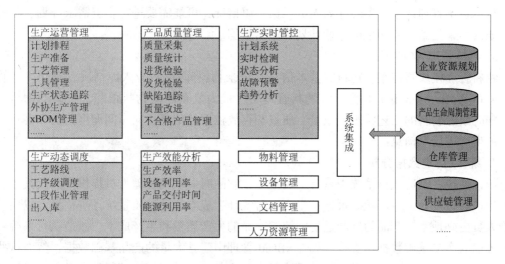

图 4.1　制造执行系统的功能框架

**1. xBOM（extended Bill Of Material）管理**

制造执行系统把生命周期系统视为其重要的集成信息来源，制造执行系统需要从生命周期系统中提取产品的原始设计 BOM 数据（包括产品的设计 BOM 和工艺 BOM 文件），并通过 xBOM 管理，把产品的设计 BOM 数据转换成支持制造执行系统的各种 BOM 数据（包括产品的制造 BOM、工艺 BOM、质量 BOM 数据等），从而快速、准确地建立制造执行系统中的产品基础数据。通过 xBOM 管理，制造执行系统实现与产品数据管理（Product Data Management，PDM）系统的集成和制造执行系统内部产品数据管理。

**2. 计划系统**

一方面，实现从企业的物资需求计划系统和企业资源规划中获取车间的本月生产作业计划；另一方面，接收外协订单分解后的物资需求计划。两个方面结合起来，为车间计划人员编制车间生产作业计划提供原始数据。通过计划系统，制造执行系统实现与物资需求计划系统和企业资源规划系统的集成。

**3. 人力资源管理**

人力资源管理模块管理车间员工的各种基本信息，提供实时更新的员工状态信息数据。人力资源管理模块可以与设备资源管理模块相互作用来进行最终的优化分配。

**4. 工序级调度**

工序级调度是制造执行系统与企业资源规划系统有根本差别的地方，制造执行系统要通过工序级调度形成零、部件各个工序的生产调度指令。工序级调度需要借助各种调度理论和方法，在制造执行系统中属于难度级别较高的问题。

**5. 外协生产管理**

当车间生产能力不能满足车间的生产作业计划时，车间为了保证按时完成客户的订单，就需要考虑把部分产品或者零、部件的生产外协到其他企业。外协生产管理将在选择合作企业方面提供决策支持并跟踪合作企业中外协产品或者零、部件的生产进度、产品质量，即把外协生产任务的管理纳入制造执行系统。

另外，车间可能作为其他企业的外协生产加工单位，接收其他企业或者客户的直接订单。订单系统管理订单，车间计划人员根据订单情况，可能需要进行物资需求计划，物资需求计划的结果是编制车间生产作业计划的原始数据。

### 6. 物料管理/物料跟踪

物料管理模块管理车间物料的基本信息，记录物料库存及出/入库情况、车间生产管理（Work In Progress，WIP）信息。在物料管理中，最为复杂的是物料跟踪，所谓的物料跟踪就是随时跟踪物料的工艺状态、数量、质量和存放位置等信息，向车间调度人员和客户报告产品的生产进度等信息。

### 7. 统计/历史数据分析

统计系统在制造执行系统中具有重要地位，它随时向车间管理人员提供产品及其零、部件的生产数量统计、生产状态报告、生产工时统计、成本统计、质量统计等信息，以便车间管理人员更好地掌握产品的生产进度，控制产品的生产质量和生产成本。制造执行系统需要完整准确的产品基础数据作支持，如在xBOM管理中建立大量的产品基础数据，然而这些数据，如零、部件工时定额，零、部件采购成本和设备使用效率等，不可能完全与实际情况相符，因此，需要在大量历史数据统计分析的基础上不断地完善和提高制造执行系统基础数据的准确性，而准确的制造执行系统基础数据又会提高车间生产计划、调度指令的准确性和正确性。

### 8. 产品质量管理

质量管理模块对从制造现场收集到的数据进行实时分析以控制产品生产质量，并提出车间生产过程中需要注意的问题。

### 9. 设备管理

设备管理模块指导企业维护设备、刀具，以保证制造过程的顺利进行并产生除报警外的阶段性、周期性和预防性的维护计划，也提供对直接需要维护的问题进行响应的能力。

### 10. 工段作业管理

工段作业管理模块执行车间生产调度指令，并在不影响车间或企业全局生产进度的前提下，对局部生产计划作适当调整；完成生产作业现场的数据采集、监控生产过程，随时向车间计划员和调度员汇报工段生产作业进度等信息，以便修正生产过程中的错误，提高加工效率和质量。

## 4.3 制造执行系统的设计原则

作为车间信息管理技术的载体，制造执行系统在实现生产过程的自动化、智能化、网络化等方面发挥着巨大作用。制造执行系统处于企业级的资源规划系统和底层的控制系统之间，是提高企业制造能力和生产管理能力的重要手段，其相关设计原则如下。

### 1. 成本控制

制造执行系统的规划应本着低成本、高效率和低能耗的原则，减少对不必要的硬件或软件的购买和使用，确保其在使用过程中不会造成附加成本的产生。

### 2. 目标一致性

制造执行系统的体系架构必须结合企业的实际需求构建，与实际需求吻合，减少不必要功能的使用并控制成本，尽量避免增加使用人员的工作量或复杂度。制造执行系统的最终目的是提高生产效率和产品质量并降低工作难度等。

**3. 整体性和扩展性**

规划企业所需要的应用系统时应确定各应用系统之间的界限和相互联系，尤其要关注在不同阶段实施的应用系统之间的衔接关系。制造执行系统关系到企业生产经营的方方面面，它的各子系统共同构成一个有机的整体，因此，在制定总体规划时，应考虑各个部门对制造执行系统的需求。随着信息技术的发展、企业内外部环境的变化，总体规划需要相应调整。总体规划应具备较好的扩展性并可以根据需要增加或减少子系统而不会对整体产生负面影响。

**4. 系统安全性**

采用多层结构的访问机制不可能直接访问数据库，数据库层只接受业务逻辑层的访问，对任何用户都应进行系统权限验证，从而保证数据的安全性。

**5. 可维护性**

网络的普及性使制造执行系统物理网络的维护更加容易，系统应支持以太网的数据传输方式。制造执行系统定制化界面的开发需采用可以共享工具且有助于创建混合语言的解决方案，这使制造执行系统人机界面的开发变得更加容易和方便，而且具有很好的调试性和可读性。另外，制造执行系统的开发伴随着有关人员的专业培训，这些培训既包括基本知识和操作业务的培训，也包括基本开发技能的培训，以确保其后期的可维护性。

**6. 稳定性**

制造执行系统必须保持一定的稳定性。为了达到这个要求，制造执行系统的开发需经过详细严格的测试流程。内部测试一般包括模块测试、集成测试和系统测试3个部分。模块测试主要针对生产信息管理系统中各功能模块进行测试，在各模块编码结束后进行。在生产信息管理系统的实施过程中，多个模块可同时进行模块测试，内部接口的模块需与接口模块同时测试。集成测试是基于模块测试的测试，在进行集成测试前将生产信息管理系统各功能模块组装到一起，对生产信息管理系统进行整体测试。系统测试是将软件放在整个计算机环境下，包括软/硬件平台、某些支持软件、数据和人员等，在实际运行环境下进行的一系列测试。系统测试的目的是通过与系统的需求定义作比较，发现软件与系统的定义不符合或矛盾的地方。外部测试针对生产信息管理系统和外部系统的每一个数据接口，由双方的工程人员互相配合进行，主要目的是测试数据接口的稳定性、正确性和完整性等。

## 4.4 制造执行系统的实现

### 4.4.1 西门子制造执行系统平台——SIMATIC IT

西门子制造执行系统平台 SIMATIC IT 是优秀的工厂生产运行系统平台，其提供了"极型化"的理念，可用于工厂建模和生产操作过程的模拟；其整个功能体系都是依照功能以模块和组件的协同工作来执行的。此平台的优点包括：实施的制造执行系统项目采用 ISA-95 国际标准进行整体流程的搭建，可以满足几乎所有生产执行功能的要求；以"框架+组件"的灵活结构，提供方便和可配置的系统功能来满足客户需求；在技术层面上采用以服务为支撑的业务流程，对外接口可以使用标准通信协议；对于定制化的功能，提供系统接口和开发环境，对外数据的传输进行定制化开发。

简单来说，西门子制造执行系统平台 SIMATIC IT 完全契合企业系统与控制系统集成的国际标准 ISA-95，且由一组专门的组件和软件库组成。图 4.2 所示为 SIMATIC IT 在整个企业系统中的层级功能以及与上、下游系统的关系。

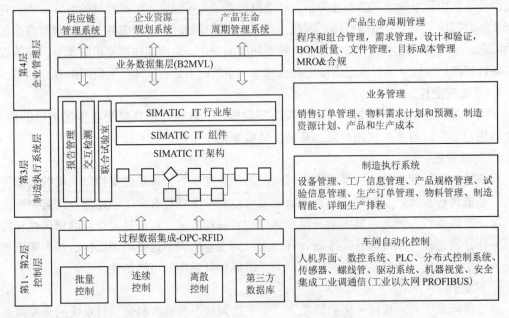

图 4.2 SIMATIC IT 在整个企业系统中的层级功能以及与上、下游系统的关系

西门子有世界一流的硬件控制系统，能与 SIMATIC IT 进行无缝连接，而上层的生命周期管理产品也为西门子重要的产品设计软件，能够和 SIMATIC IT 进行工艺文件传递。对于第三方的底层控制系统，SIMATIC IT 可以使用标准的 OPC 协议进行数据采集；对于上层的其他业务系统，可以使用 B2MML 的国际标准数据协议进行通信。

SIMATIC IT 有一整套建模体系，所有的工作流程都可以在建模器中建立实际的模型，模拟工厂的生产状况。为了实现流程的多样化适应目标，可以在编辑更新流程的时候使用不同版本来控制，这既更新了产品生产的流程，又使原有的模型不受影响，给产品生产增添了许多灵活性。在建模过程中对每一个模块的定义和流程段的说明，更让整个工厂的生产处于透明化监控之下。

在 SIMATIC IT 建模器中，每一个图标都是一个功能控件，SIMATIC IT 提供了丰富的功能控件来以图形的方式进行设计，并用拖拉和连线的方式快速建立各种流程，以配置内部信息，从而将不同的流程集成为一个系统。这样的生产线建模大大地减少了工程量，提高了部署速度和可扩展性。

**1. 数据展现和功能系统**

制造执行系统需要尽可能地采集生产线上的数据，以便实际分析整个生产的运行情况。SIMATIC IT 通过与底层控制系统集成来实现数据采集，借助不同领域的行业库完成行业规范的各种分析和运算，然后给管理业务部门提供进行决策的重要数据。对于不同的需要，从流程行业到离散行业，SIMATIC IT 产品都可以提供数据相关的解决方案，实现数据采集与数据交互。

在构架数字化工厂的战略中,西门子在企业管理层的智能套件、研发套件和产品生命周期管理软件都与 SIMATIC IT 对接,并将企业层面的工艺设计数据、产品研发数据、行业规范数据和工单物料数据都传输给制造执行系统,让多方位的系统融入数字化体系,打通封闭的数据孤岛,在制造执行系统作为中心通道的框架下共享整体制造的丰富信息。

从图4.3可以看到,SIMATIC IT 是一个系列产品,包含了几乎整个制造行业的各个方面和相关系统,其行业库更是覆盖从离散到流程的全行业。其中针对生命科学,因其行业的特殊性和行业合规的严格审查制度,SIMATIC IT 有特殊的产品和解决方案来满足客户需求。所有这些行业库都基于工厂的数据采集,还有其他周边软件系统提供的业务信息,例如订单信息、物料信息、工艺信息等,然后进行数据整合并生成制造执行系统需要的结果,当然这些整合后的数据将和其他系统共享。因此,原始数据和数据采集成为制造执行系统成功运行的关键。

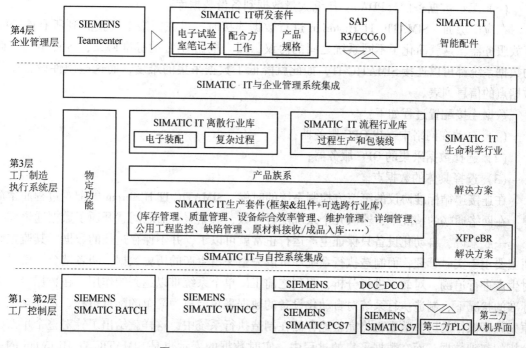

图 4.3 SIMATIC IT 制造行业产品组合

1) 控制系统的数据管理

数字化系统的重要基础就是数据的获取和存储。SIMATIC IT Historian 是西门子制造执行系统解决方案中的重要模块,是专门用于数据采集、数据处理和数据分析的组件,它可以从各种不同的设备中采集数据,也可以对来自各种不同系统的数据进行统一使用和存储,以满足企业对数据收集和利用的需要。

SIMATIC IT Historian 可以作为一个独立产品使用,即单独为企业提供数据采集、处理和管理的解决方案,但其更重要的功能是作为生产线数据的收集系统,为制造执行系统项目提供实时和现场的第一手信息。如果选择了西门子制造执行系统整体解决方案,SIMATIC IT Historian 就会起到信息中心的作用,并通过制造执行系统为企业提供高效的关键绩效指标分析。

在国际标准 ISA-95 的范围内，SIMATIC IT Historian 可涵盖以下领域：
(1) 实时数据采集；
(2) 历史数据管理；
(3) 生产过程分析；
(4) 质量标准监控。

模块中主要的名词解释如下：
(1) 数据点（Tag）：每一个数据点是需要采集、验证和归档的最小单元。
(2) 数据获取通道（OPC DAC）：自动配置连接数据点和 WinCC 无缝连接。
(3) 工厂绩效分析器（PPA）：存储采集的各种数据。
(4) 历史数据展示（HDD）：对收集的数据进行各种图形曲线展示。
(5) 管理工具（PAT）：管理数据采集的项目和数据库，以及备份数据库。
(6) 工厂数据备份（PDA）：压缩大量数据到备份数据库。

在应用层面，SIMATIC IT Historian 进行数据连接时，可在网络上直接看到所有的 OPC 开放服务器，这就简化了不同系统之间的协议，因为根据 OPC 的标准协议，各种不同厂商的数据系统都可以连接 SIMATIC IT，如此就降低了数据采集的难度，而这些硬件设备就是数据点的信息列表。

数据连接配置过程如下：
(1) 自动在网络中寻找 OPC 服务器；
(2) 选择数据采集的 OPC 服务器；
(3) 选择具体的数据点。

在连接遵循标准协议的第三方控制系统的时候，SIMATIC IT Historian 的配置过程非常简单，在网络通畅的情况下，输入几个系统配置参数，数据服务器之间就开通了数据通道。

一般来说，自动化设备只保证生产运行正常就可以了，并不保存过往的数据，其监控画面主要用于实时管理，而制造执行系统却可以完整保留生产的历史数据，两者结合，就可以对生产进行追溯，对效率进行分析，起到之前工厂单个系统难以达到的作用。在数据接口为标准的状况下，制造执行系统对自动化设备的数据采集会成为简单的配置过程。自动化系统原先并不保存的历史数据也将完整地存储在制造执行系统中，这样就给出了针对整个生产线分析的基础数据，而在数据采集的过程中，实时数据的展示也是 SIMATIC IT Historian 的一大亮点，它可以像 WinCC 的人机界面系统一样，直接监视现场生产的状况。

2) 业务系统的数据管理

对于工厂生产业务来说，物料管理是个典型的范例，它关联了客户的订单、生产的工艺以及人员和物流的各种信息。在数字化工厂的体系下，整个生产过程中的物料流动带动了生产信息的变化，也把制造执行系统大框架内上层和下层的数据整体结合了起来。

物料管理器（Material Manager）是 SIMATIC IT 的主要功能器件，不仅存储物料信息，而且记录物料与整个生产过程中的工单、装配、成品等的一系列关系，在物料追溯过程中起到整齐划一的作用。在 SIMATIC IT 中，物料的管理有着非常有规划的结构。

物料管理器的功能就是帮助回答 ISA-95 国际标准中"什么可以被生产"的问题。针对物料在生产中的应用以及物料的管理，SIMATIC IT 使用了层级性定义的方式关联物料，并说明物料之间的各种组合关系。

物料的结构如下:
(1) 系统中有层级关系;
(2) 按照结构进行定义;
(3) 层级和顺序相互关联。

对于物料来说,构建物料体系颇为重要。为了区分各种不同的物料,以及在系统中可以顺利地查找物料,SIMATIC IT 使用物料类型(Type)、物料类别(Class)和物料定义(Definition)的层级架构定义整个生产过程中的各种物料及其相关属性,如图4.4所示。SIMATIC IT 要求不能有无法归类的物料,如果有了这样的物料,系统对成品的定义将无法实现,在生产过程中,无法归类的物料也将使物料清单难以有完整的说明,生产质量无法保证。

(1) 物料类型:
①其定义了一组物料类别,所有都和某特定生产相关。
②对于一个物料类型,可以有多个物料类别与其对应。
(2) 物料类别:
①其定义了一组物料定义,用来在生产排程或生产过程中使用。
②对于一个物料类别,可以有多个物料定义与其对应。
(3) 物料定义:
①其描述生产所拥有的相似特性,这些相似特性可以用来描述生产的产品。
②对于一个定义,可以有多个物料批次与其对应。

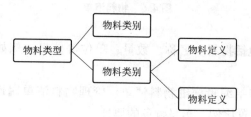

图4.4 物料层级架构

在物料被定义清楚之后,实际的物料将按照物料定义进行管理,管理的方式以物料批次(Lot)为概念,以实际物料使用的单位为量度,进行实际生产中需要的物料批次和物料子批次(Sublot)的划分。一个物料批次只能是同一种被定义的物料,如图4.5所示。

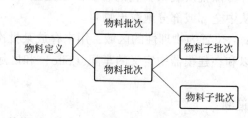

图4.5 物料定义架构

(1) 物料批次:
①其序列号代表了特定数量的物料定义。
②对于一个物料批次,可以有多个物料子批次与其对应。

(2) 物料子批次：

①其代表物料批次中某一个可管理的部分。

②在生产中，可为特殊物料定义的实体。

对于数字化工厂来说，物料清单是从工艺设计软件导入制造执行系统中的。数据在各种系统之间的传递，让生产系统能够自动获取正确的设计信息、工艺信息。整个生产工艺带动了正确的物料需求，而生产则会以物料清单（图4.6）为基础进行装配，整个装配信息又存储于制造执行系统中。

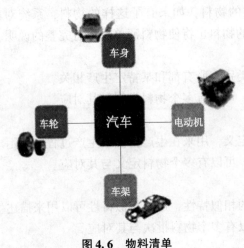

图4.6 物料清单

（1）标准物料清单包括物料、名称、数量、单位等信息，例如汽车的车身、车架、电动机、车轮。

（2）配置物料清单包括编辑详细物料清单、管理物料清单属性等信息，例如，整车需要4个轮子的零、部件配置比例，车身颜色的属性。

物料在生产过程中不是不变的，而是不断变化的。为了满足对物料处理的说明，SIMATIC IT 提供了一整套物料生产的辅助功能，可以对物料的搬运工具进行定义和说明，并对物料在生产区域中的存放和移动进行记录。

（1）辅助配置：

①搬运单元：代表某种可以批次装入物料的容器，如托盘（Pallet）和箱（Box）。可以向其中添加物料，也可以从中全部或部分地取出物料。

②物料位置（Location）：位置为物理性的区域，用来存放某批次或子批次的物料，如工位、线边库。位置信息可以和在建模器中定义的车间（Site）和区域（Area）关联。物料可以在位置间移动。

（2）物料管理器——追溯：

①向前追溯：系统展示对生成所选择的物料批次而进行的操作。

②向后追溯：系统展示对使用所选择的批次而进行的操作。

SIMATIC IT 的物料管理器有网页和视窗应用两种显示界面（图4.7），可方便地按照物料类型进行定义，并且对实际的物料进行批次区分。所有的物料都用唯一序列号进行编码，而相关物料的层级关系与实际物料的对应关系在系统中都给予了结构化的展示。

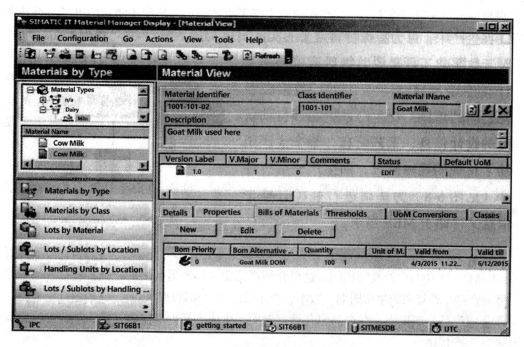

图 4.7 物料显示界面

**2. 生产过程和生产管理**

传统企业的生产信息（机加工、热处理）大都是通过纸质介质进行记录的，由于生产信息比较多，容易出错，质量检验信息只记录结果，不登记具体数值，质量检验部门只知道检测结果，而不清楚检测数值，而当产品质量出现问题时，收集当初的生产信息和检验信息比较困难，尤其对于大批量生产的产品，问题更为严重。

SIMATIC IT 使用了一系列功能产品来保证生产过程中的正确运行。SIMATIC IT 的优势就是在各类数据被采集之后，这些数据能在系统中按照功能定义进行相应的联系，从而使生产正常而有效地进行。其中产品定义和人员管理就是生产过程中不可或缺的重要功能。

1) 产品定义和产品生产

产品定义管理器（Product Definition Manager，PDefM）是 SIMATIC IT 的一个组件，用来更简便地管理产品和生产，让不同产品能被配置在系统中，并让操作人员在生产过程中尽量节省时间，以便提高生产效率。产品定义管理器的功能是在配置过程中定义说明各种产品和生产所需的资源、步骤、过程。产品定义管理器的设计是按照国际标准 ISA-95 来制定的，以最大限度地满足行业规范。

产品定义管理器的作用是回答"如何生产"一个产品的问题，它建立每一个生产步骤的描述、生产途径、生产线关系等，并把设备、物料、人员和各种相关参数一并关联起来。也可以这样理解，当要生产一个确定的产品时，什么技能的人员在什么设备上进行生产，需要什么样的物料，所有这些问题都是产品定义管理器需要回答的。

(1) 理论框架。

①产品生产规则：产品的生产必须符合一定规则。

根据 ISA-95 国际标准，产品生产规则定义了生产一个产品的步骤，给出了一个基本问题的答案："这个产品是怎样生产的"。

②产品段：产品成品的各个阶段。

根据 ISA-95 国际标准，产品段定义了完成每个特定生产步骤的变量、物料、设备等资源配置，回答了一个生产中的基本问题："完成一个生产操作需要什么样的资源？"产品段是直接和产品操作相关的，对应于生产中的流程段（Process Segment），不同点是流程段不和具体产品相关，而产品段和某一特定产品紧密相关。

③产品段的资源类型。

每个产品段都会给出相应的资源，大致分为：变量、设备、物料、人员。在相应的生产步骤中，这些资源会共同参与完成特定产品的生产。

（2）产品定义的规范。

对于一个产品来说，制造执行系统应当给出其是采用什么样的生产工艺流程生产出来的，这在 SIMATIC IT 中与生产规则相同。这里介绍产品定义管理器使用的规范，包括产品生产规则、管理产品生产规则的生命周期、版本、产品段的生成和管理，以及定义后的合格检测。

①生成产品生产规则。在产品定义管理器中，生成产品生产规则是第一步，具体有以下两种产品生产规则。

a. 标准型规则：允许在生产系统中定义。

b. 变量型规则：是一类特殊的规则，其用途是在标准型规则中作为某类输入。

②对产品生产规则可以作全新定义，也可以以下列方式重用：

在 SIMATIC IT 的操作层面，产品生产规则拥有可重用性，这大大提高了产品生产的速度；在同类系列产品只有少量配置不同，但基本生产条件都相同的情况下，应用不同的版本号表达不同型号的方式被采用；版本高的产品并不表明是现有产品，版本低的产品依然可以恢复生产。

在生产过程中，工单将和生产规则连接，这样一来，生产的流程就和客户所需要的订单在生产体系上匹配起来。图 4.8 所示为某种关联关系，产品生产过程被放大以后，就知道具体的生产线是否可以生产这种产品，而生产线的设备和技术要求将与工人的技能关联，生产过程的物料与仓储管理紧密结合。这样的多重关系被定义在产品模块里，生产依照产品生产的定义进行。由此，SIMATIC IT 做到了完整的控制。

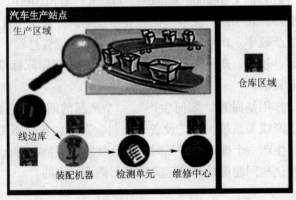

图 4.8 某种关联关系

（3）产品生产规则的生命周期。

任何一个产品都有其生命周期，产品生产规则也有其生命周期，其意义是：在发布给生产之后就不可以再进行编辑，管理生命周期是配置生产的重要环节。

①生命周期及其属性。

产品定义管理器提供两类产品生产规则的基本生命周期：

a. 开发状态（DEV）；

b. 标准状态（STD）。

产品定义管理器中的生命周期有两个主要特性：

c. 启用：确定产品生产规则是否能在工单管理器建立生产工单时被使用。

d. 编辑：确定产品生产规则的配置可以被编辑或消除。

②生命周期中的开发状态。

开发状态的产品生产规则一般用来进行开发和测试，不会要求任何审核，所以其开发状态只有无须分配的"NA"。任何一个产品生产规则的开发状态如果是"NA"，就表明可以同时进行编辑和使用，即可以对其进行编辑、配置、消除，或通过工单管理器进行工单关联。要说明的是，此类开发状态的产品生产规则可以随时转换成标准状态的产品生产规则。

③生命周期中的标准状态。

标准状态有若干生命周期环节，每个标准状态都是启用和编辑特性的组合，它们决定了此状态情况如何工作。

一个产品生产规则以编辑"ED"作为标准状态的开始，正常情况下下一步是等待批准"RA"，在编辑和等待的情况下，此产品生产规则是可以被修改的，但不能被用来生成生产工单。在这两种情况下，标准状态可被转换到开发状态。从等待"RA"变成批准"AP"后，产品生产规则就不能再被修改了，而工单就可以由此创建。从批准"AP"还可以转变为废弃"OB"。

总体来说，制造执行系统对产品进行定义之后，产品的性质和生产过程就都有了明确的系统信息。实际将依据定义在系统中的信息进行产品的生产。

2）人员管理和生产规划

工厂生产一般来说都需要生产调度，人员管理是生产调度中的重要环节。不同技能的人员，以及不同班次的人员在生产过程中，都需要针对不同产品进行编排。人员管理器（Personnel Manager，PRM）是 SIMATIC IT 的一个组件，可用以便捷地管理人员，在工厂中按照系统配置的技能进行一系列工作。

人员管理器主要针对生产过程中的人力资源进行管理，其在 ISA-95 国际标准中帮助回答了"什么时间有什么产品被生产出来"的问题，因为人员记录了产品生产的进度，所以在系统中进行配置的时候，需要把各种人员特质（如资质、分组等）都配置出来。系统也需要指定人员到各个班组，还可以查看人员操作的过程记录。最终的人员数据和生产数据将被系统整合，如某操作员完成了什么任务、操作了哪台机器、使用了哪些物料、完成了哪个工单等。

在使用人员管理器的各项功能之前，需要对基础数据进行配置，主要包括配置日期类型、配置操作类型、配置角色、配置组类型、配置属性类型、配置资格测试。基本数据配置见表 4.1。

表 4.1 基本数据配置

| 配置项 | 使用模板 |
| --- | --- |
| 日期类型（Day Type） | 排版日历（Shift Calendar） |
| 操作类型（Operation Type） | 客户端日志记录（Personnel Log） |
| 角色（Role） | 人员（Person） |
| 组类型（Group Type） | 人员组（Group） |
| 属性类型（Property Type） | 属性（Property） |
| 资格测试（Qualification Test） | 属性（Property） |

人员管理器提升了 SIMATIC IT 作为优秀制造执行系统平台的整体效能，它可以对人员进行基本的分组，即按照生产班次、职位和技能进行分组管理。相关信息还可以与休假、交接班以及关键岗位联系起来，如个人资质认证的信息。

人员管理器的另一个主要功能是记录特定人员的岗位操作。在关键岗位上，操作的指令将被记录在数据库中，这对整体的追溯起到了重要作用。当一个操作人员主要在某个机台上工作的时候，那么这个机台的所有操作记录就都与此操作员关联。这样对于人员的技能和考核就有了非常充分的判断依据。

举例来说，在整个工厂生产不同类型的车时，因为生产工艺、物料、设备的不同，可能需要接受过不同培训的工人进行装配。进一步而言，物料仓储管理人员的技能一定不会和车间生产人员的技能一样，当有物料管理或物料交接的工作时，物料管理人员也需要在系统中定义，即两类车由两个不同的班组来生产，生产流程将按照生产线设备（图 4.9）的步骤进行，而物料会由另一个仓储管理组来运作。人员组的分配见表 4.2。

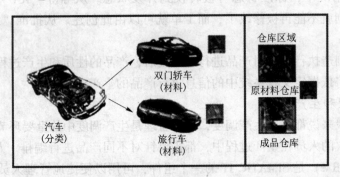

图 4.9 生产线设备

表 4.2 人员组的分配

| 名称 | 用户组 | 属性 |
| --- | --- | --- |
| TEAM_COUPE | Croup 车生产组 | Group Skill 生产技能 |
| TEAM_SW | Station Wagon 车生产组 | Station Wagon Skill 生产技能 |
| TEAM_WH | Warehouse 仓储组 | Warehouse 仓储技能 |

如果要总结人员数据的定义，在人员管理器中，需要对人员组及其相关的功能进行定义，包括配置人员、配置人员组、配置资格测试。建立人员组时，配置人员是指实际的工厂

员工,并不要求一定是人员管理器中配置的系统用户,因为只有与系统有数据交互的操作的人员才需要分配一个系统账户。

3) 工单管理和制造执行

工单管理的重要性是不言而喻的,因为只有有了工单,才有生产。定义好生产系统之后,就可以根据生产的定义阐述工单的执行了。工单管理器(Production Order Manager, POM)是 SIMATIC IT 的一个组件,可用来简便地实现系统操作与过程控制,使生产能在要求的时间内开始。

工单管理器不仅和客户订单关联,也和产品生产、生产排程有紧密的关系。在 ISA – 95 国际标准中,工单管理器帮助回答了"什么可以被生产"的问题。工单管理器依然遵循生产运行条件构建工单的层级关系。

工单管理器的功能是让工单能够在系统遵循规则的情况下被结构性配置,以最大限度地满足市场行业规范。

(1) 工单层级模型。

工单管理器使用规划(Campaign)树管理工单结构,如图 4.10 所示。

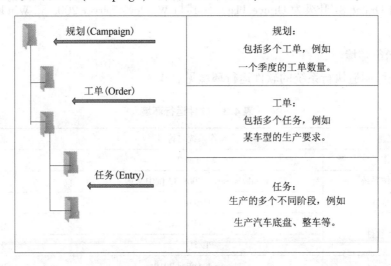

图 4.10 工单层级

① 规划:任务的最上层是规划,用来定义特殊生产排程,并收集某时间段内的生产要求。

② 工单:规划归组一系列的生产要求,用来定义特殊的生产要求,其可由多个需求子集组成。

③ 任务:工单是由一系列要求阶段组成的,用来定义特殊的需求子集,以支持生产操作。

(2) 时间范围。

时间范围可以是生产要求的计划阶段,用来确认分配时间的合理性;规划的配置过程会确认配置的阶段是否合理,用以限制规划的开始和结束;工单管理器中的时间范围表达了某个确定的时间段,如月、年;工单也可与时间范围关联,用以限制工单的开始和结束。

(3) 家族和类型。

工单虽然可以用层级的方式划分,但若要按照具体情况清楚地归类工单,则不是一件容易的事情。SIMATIC IT 给出了两种归类方法,即家族和类型。

①家族:代表汇集起来的有共同目的的工单和任务;

②类型:定义有相同特性的工单和任务。

在工单管理器中,其关联的生产过程,如工单的完成状态,也都需要在生产过程中进行数据采集和存储。

### 4.4.2 酒钢选烧厂制造执行系统外委升级改造方案

**1. 项目建设目标**

酒钢选烧厂制造执行系统在 2003 年投入运行,由于操作系统升级而不能在最新版操作系统上使用,这不利于加强选烧厂生产过程管理。因此,该升级项目的建设目标是在进一步完善已有软件功能的基础之上,将之前由 Delphi 开发制造执行系统软件更新为 .NET 平台开发,数据库由 Oralce 8i 升级为 Oralce 11g,使其与 Windows Server 2008 和 Windows 7 操作系统兼容。

**2. 软件运行环境**

酒钢选烧厂制造执行系统的软件运行环境见表 4.3。

表 4.3 软件运行环境

| 环境名称 | 操作系统名称 | 版本 |
| --- | --- | --- |
| 工作站操作系统 | Windows7 | — |
| 服务器操作系统 | Windows Server 2008 32 位中文版 | — |
| 数据库软件 | Oracle | 11g |
| 开发平台软件 | .NET | VS 2008 |
| | PL/SQL | 9.0 |
| 软件设计工具 | Microsoft Office 2010 | 2010 |
| | Microsoft Visio 2010 | 2003/2007 |
| 软件打包工具 | .NET | VS2008 |

**3. 软件功能结构**

升级后的酒钢选烧厂制造执行系统包括系统管理、调度记录管理、调度信息管理、设备信息管理、质量信息管理、能耗信息管理、计量信息管理等功能,以及与集散控制系统、先进生产排程系统、PIK 系统的数据集成,其结构如图 4.11 所示。

1) 调度记录管理

(1) 生产作业计划:以文件整体导入方式发布生产作业计划,以方便相关操作人员、管理人员查询。

(2) 调度指令记录:记录各班组调度指令,以时间和班组为查询条件,以方便查询。

(3) 调度交班记录:记录各班组调度交班记录,以时间和班组为查询条件,以方便查询。

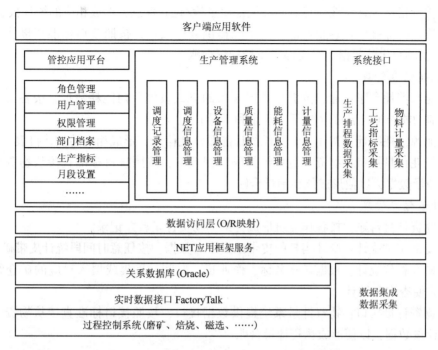

图 4.11 升级后的酒钢选烧厂制造执行系统的结构

2) 调度信息管理

(1) 生产调度日报：采集和输入生产指标统计数据、小时统计数据和累计数据，形成技术经济指标日报表。

(2) 主要生产指标报表：按任意时间段汇总主要生产指标，可实现跨月查询，以方便查询和统计。

(3) 主要生产指标年报：按任意时间段汇总主要年生产指标，以方便查询和统计。

(4) 主要工艺指标小时数据：按任意时间段汇总主要工艺指标小时数据，以方便查询和统计。

(5) 主要生产指标台账：按任意时间段汇总主要生产指标小时数据，可分类查询、统计。

3) 设备信息管理

(1) 设备状态监视：监视生产过程主体设备实时运行状态，可根据时间段、设备类型查询设备的启、停信息。

(2) 设备运行记录：根据实际设备运行情况，记录设备停机的时间和原因。

(3) 设备运时统计：按任意时间段、设备类型统计设备运时时间，分析主体设备运转效率。

(4) 设备停歇统计：按任意时间段和设备类型统计设备停歇时间。

(5) 停歇原因统计：按任意时间段、设备类型、停歇时间统计设备停歇原因。

4) 质量信息管理

(1) 质量指标台账：根据质量指标接口提取的检/化验数据，形成详细的质量检/化验台账。

(2) 质量指标统计：按任意时间段统计质量检/化验信息，形成相应的统计报表。

(3) 质量指标接口：企业资源规划系统提供数据接口，按照接口标准直接从企业资源规划系统提取检/化验数据，以便形成质量指标台账。

5）能耗信息管理

(1) 能源消耗台账：通过数据采集或录入的方式收集厂内能耗数据，按各工序、作业班形成详细的能源消耗台账（包括带水量和干量）。

(2) 能源消耗统计：按任意时间段统计能源消耗信息，形成相应的统计报表。

(3) 能耗计量接口：物资计量系统提供数据接口，按照接口标准直接从物资计量系统提取能耗计量数据，以便形成能源消耗台账。

6）计量信息管理

(1) 物资计量台账：按各作业班形成详细的物资计量台账记录。

(2) 皮带矿量统计：统计当日的皮带矿量小时数据，按任意时间段统计皮带矿量数据。

(3) 矿仓料位统计：根据矿仓名称、作业班、时间，采集或填入对应的矿仓结存数据信息，以方便查询和统计。

(4) 物资计量接口：物资计量系统提供数据接口，按照接口标准直接从物资计量系统提取物料计量数据，以便形成物资计量台账。

7）实时数据采集

对酒钢选烧厂内部的信息进行合理规划与集成，保证选烧厂内部信息流的畅通与信息的合理利用，通过 FactoryTalk Transaction Manager 与过程控制系统连接，并按业务需要采集过程控制系统的实时数据，保存到制造执行系统数据库中。制造执行系统外部集成接口结构如图 4.12 所示。

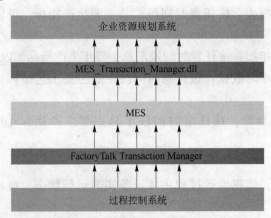

图 4.12　制造执行系统外部集成接口结构

(1) 实时数据接口：对选烧厂内部的信息进行合理规划与集成，保证选烧厂内部信息流的畅通与信息的合理利用，Oracle 数据库通过 FactoryTalk Transaction Manager 与过程控制系统连接，并按业务需要采集过程控制系统的实时数据。

(2) 企业资源规划数据接口：制造执行系统提供 MES_Transaction_Manager.dll 数据接口，可以从先进生产排程系统中提取制造执行系统所需的检/化验数据。

（3）物资计量接口：制造执行系统提供 MES_Transaction_Manager.dll 数据接口，可以从 PIK 系统提取制造执行系统所需的物资计量数据。

**4. 软件系统架构**

软件系统采用服务层、接口代理层和应用层 3 层结构。服务层由数据访问接口 IDAL 和服务器 Server 构成，可实现数据库配置、数据访问、数据处理、数据服务等功能。接口代理层基于 Windows 服务向客户端提供接口代理服务。应用层由业务逻辑处理 BLL 和客户端展示 Client 构成，实现业务逻辑处理和人机交互。软件系统架构如图 4.13 所示。

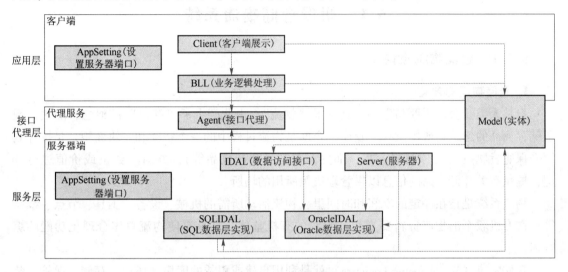

**图 4.13　软件系统架构**

**5. 设备清单及报价**

设备清单及报价见表 4.4。

**表 4.4　设备清单及报价**

| 序号 | 项目 | 规格型号 | 单价/万元 | 数量 | 金额/万元 |
|---|---|---|---|---|---|
| 1 | 服务器 | 型号：X3650M4，2U 机架式服务器。8 个 300GB 热插拔 SAS 硬盘；集成 Intel 4 口千兆以太网。DVD 刻录光驱。550W 热插拔冗余电源。SR M5110e 阵列卡，支持 RAID5。光通路诊断面板（对处理器、VRM、内存、硬盘驱动器、电源及风扇关键部分的故障进行快速诊断）。3 年 7×24 小时保修，正版 Windows Server 2008 32 位标准版操作系统，双电源 | 4 | 1 台 | 4 |
| 2 | 过程控制系统数据采集软件 | ROCKWELL，9356-STD2350 FactoryTalk Transaction Manager 5000 Limit | 6 | 1 套 | 6 |
| 3 | 制造执行系统程序升级改造 | 对生产调度系统和设备管理系统进行升级开发与调试，平台采用.NET C#进行开发，满足与最新微软操作系统的兼容性 | 25 | 1 次 | 25 |
| 4 | 管理数据自动采集程序 | 质量检/化验、物资计量管理数据从已有系统中自动采集 | 5 | 1 套 | 5 |
| 5 | 系统维护培训 | | 1 | 2 次 | 2 |
| | | 合计 | | | 42 |

# 第5章 智能工厂的仓储物流系统

## 5.1 初识仓储物流系统

### 5.1.1 仓储物流概论

**1. 仓储物流的含义**

自从人类社会有了商品生产，就有了"物流"，由此产生了"存储"的概念，随之出现了储存商品的建筑物或场所——仓库。仓库是物流过程中的一个空间和一块面积，是按计划用来保管货物（包括原材料，零、部件，在制品和产成品等），并对其数量或价值进行登记，提供有关存储物品的信息以供管理决策所用的场所。

物流系统是指在一定的空间和时间里，物流活动所需的机械、设备、工具、节点、线路等存在有机联系的物流资料要素相互制约的有机整体，是具有使物流总体合理化功能的综合体。

仓储物流（Warehousing Logistics）就是利用自建或租赁的库房、场地，存储、保管、装卸搬运、配送货物。传统的仓储定义是从物资储备的角度给出的。现代的仓储不是传统意义上的"仓库""仓库管理"，而是经济全球化与供应链一体化背景下的仓储，是现代物流系统中的仓储。

**2. 智能物流的含义**

智能物流是利用集成的智能化技术，使物流系统能模仿人的智能，具有思维、感知、学习、推理判断和自行解决物流中某些问题的能力。智能物流的未来发展将会体现5个特点：智能化、一体化、层次化、柔性化与社会化。具体来说就是在物流作业过程中的大量运筹与决策的智能化；以物流管理为核心，实现物流过程中运输、存储、包装、装卸等环节的一体化和智能物流系统的层次化；更加突出"以顾客为中心"的理念，根据消费者需求的变化，灵活调节生产工艺；促进区域经济的发展和世界资源优化配置，实现社会化。

**3. 物流的分类**

（1）生产物流：生产过程中，原材料、在制品、半成品、产成品等在企业内部的实体流动。

（2）供应物流：生产企业、流通企业出售商品时，物品在供方与需方之间的实体流动。

（3）回收物流：不合格商品的返修、退货以及使用的包装容器从需方返回到供方所形成的实体流动。

（4）废弃物流：根据实际需要对经济活动中失去原有使用价值的物品进行收集、分类、加工、包装、存储，并将其分送到专门处理场所形成的实体流动。

**4. 仓储技术与设备的发展趋势**

1）仓储信息的网络化

仓储信息网是利用现代信息技术、数学和管理科学方法对仓储信息进行收集、加工、存储、分析和交换的人机综合系统。

随着计算机技术和通信技术的发展以及全球信息网络的建立，信息技术将不仅用于处理仓储的管理，还能与各种运输设备集成在一起，实现仓储管理、设备控制的一体化，从而将仓储物流系统的快速反应能力提升至更高、更准的水平。

2）仓储作业的自动化和信息化

仓储自动化建设是一项系统的工程，物料储运作业自动化是其重要的内容，通过引入计算机技术、自动控制技术和人工智能高新技术实现对仓储物流技术的改造，提高仓储物流技术的现代化水平。载重量大、机动性强、操作方便、可维修性好的叉车、无人叉车、牵引车、托盘搬运车、码垛机、管道输送机、自动拣选机等先进的装卸搬运机械设备将广泛应用于现代仓储系统。将机器人引入仓储领域。机器人装有多种传感器，能识别作业环境，具有人类大脑的部分功能，且动作灵活，不知疲倦，是人工智能技术发展到高级阶段的产物。通过仓储中心化，大力发展自动化仓库。人工智能技术的发展正推动自动化仓库向智能化、自动化的方向发展。射频数据通信、条形码技术和数据采集技术将更多地应用于仓库堆垛机、自动导引运输车和传送带等装卸、输送设备。移动机器人作为柔性物流工具，在仓储中将发挥日益重要的作用。自动化仓库建设将更加注重实用性和安全性。

## 5.1.2 仓储物流系统的基本构成

仓储物流系统主要包含四大系统——入库系统、仓储系统、装卸搬运系统和出库系统；如果按功能区划分，可以分为储货区、入库区、出库区、管理区；对于配送中心的附属仓库，还有相应的信息子系统、货物分拣子系统和专用的分拣区。

**1. 入库系统**

入库系统是仓储工作的缓冲区，负责货物的接收、验收以及入库手续的办理，并将货物按存储要求拆开包装，组成新的存储单元（如托盘、包装或容器）并完成有关信息的登记等一系列活动。

入库系统的主要任务是及时准确地接收物料、验证入库合格手续、进行实物检验以及办理入库记录等。

**2. 仓储系统**

仓储系统的主要任务是做好货位的管理及存储物品的养护工作，如防虫防鼠害作业、防腐作业、防锈作业等安全工作，保证存储物品不受环境影响，保持其原有功能不受损坏。

货物在仓库内的存入和堆垛方式一般有自身堆码、托盘堆码和货架存放3种方式。

1）自身堆码

自身堆码即将同一种货物按其形状、质量、数量和性能等特点，码垛成一个个货堆，在货堆与货堆之间留有供人取料或搬运设备出入的通道。

常见的自身堆码方式有重叠式堆码、纵横交错式堆码、正反交错式堆码和旋转交错式堆码。

2）托盘堆码

托盘堆码即将货物码在托盘上，货物在托盘上的码放方式可采用自身堆码方式，然后用叉车将托盘层层地码起来。

采用托盘堆码方式时,其堆码和出入库作业常采用叉车或其他堆垛机械完成。

3)货架存放

在仓库内设置货架,将货物盒或托盘放在货架上。根据仓储需要,经常要将同一种货物堆放在一起,组成一个管理单元。在货架存放方式中,管理单元是由一个或几个货格组成的。

采用货架存放方式的最大特点是:货物的重量由货架支承,相互之间不会产生挤压,可实现有选择的取货和先入先出的出库原则,从而为库房的机械化作业和计算机管理提供必要条件。此外,采用货架存放方式可很方便地增大货架的高度,大大提高仓库单位面积的利用率。

**3. 装卸搬运系统**

装卸搬运系统包括物料的入库、出库机械系统及货架堆放作业机械部分等。若无特殊要求,可将出、入库机械系统合为一体。货物的运输可以采用人力驱动,也可以采用半自动和全自动方式,借助辊道输送机、链式输送机、叉车、堆垛机,辅以手推车、电瓶搬运车完成货物的出、入库及上、下货架作业。

**4. 出库系统**

货物的出库是存储过程的终止,也是仓储作业的最后一个环节。出库系统承担着整理、包装出库货物,核对出货凭证等重要工作。

货物出库时,一般遵循"先进先出"的原则,对存在有效期限的货物,要在有效期限内出库完毕;对于采用自身堆码和托盘堆码方式的库房,也可以采用"后进先出"的方式;对多品种、小批量的货物,可以采用拣选出库的方式。

### 5.1.3 通用仓储机械设备介绍

仓储机械化系统活动的基本内容包括对货物进行装卸搬运,实现货物的分类与合并,完成货物上、下货架的存取工作。通用仓储机械设备可概括为四大类:搬运车辆、输送机械、起重机械和垂直提升机械。下面介绍前两类仓储机械设备。

**1. 搬运车辆**

搬运车辆作业的主要目的是改变货物的存放状态和空间位置。其主要有手推车、简易叉式搬运车、牵引车、电瓶搬运车、叉车、曳引小车、轨道小车、自动导引运输车、卫星小车等搬运车辆。本部分重点介绍自动导引运输车。

1)自动导引运输车简介

自动导引运输车是指装备有电磁或光学等自动导引装置,能够独立自动寻址,沿规定的导引路径行驶,并且具有安全保护以及各种移动载运功能的运输车。它在工业应用中不需要驾驶员,动力来源通常为可充电蓄电池。自动导引运输车可接收搬运命令,利用各种自动导引方式选择运行路线和速度,在一定范围内进行搬运作业,遇障碍物时可自行停车等待或绕行。

一般可通过计算机控制其行进路线,或利用电磁轨道设立其行进路线,电磁轨道粘贴于地面上,自动导引运输车则沿着电磁轨道进行移动与动作。

2)自动导引运输车的分类

自动导引运输车按用途可分为无人搬运车、无人牵引车及无人叉车。无人搬运车采用人力或自动移载装置将货物装载到小车上,行走到指定点后再用人力或自动移载装置将货物卸下,从而完成装卸搬运过程。无人牵引车的主要功能是自动牵引载放货物平板车,当带动载货平板车到达目的地后,通过自动装置与载货平板车分开。无人叉车的动作原理与机械式叉车相仿,但无人叉车的动作和行走全部由程序控制,自动完成。

3) 自动导引运输车的组成

自动导引运输车由车体、蓄电池和充电系统、转向系统、车体方位计算系统、导引装置和驱动装置、通信装置、移载装置、精确停车装置、安全装置等组成。

根据安全运行原则,自动导引运输车的行走速度定为 1 m/s 左右,特殊场合可达 1.3 m/s。仓库用自动导引运输车的载重能力一般为 1.5~2 t,但在进行集装箱运输时,其载重能力为 30 t,行驶速度可达 10 m/s。

4) 自动导引运输车的导引方式

自动导引运输车的导引方式可分为两种:固定路径导引和自由路径导引。

(1) 固定路径导引:在行走路径上铺设导引用的信息媒介物,自动导引运输车通过检测出导引信息而得到导引方式,如电磁导引、光学导引、磁块式导引等。

(2) 自由路径导引:采用地面援助方式如超声波、激光、无线电遥控等,依靠地面预设的参考点或通过地面指挥修正自动导引运输车的路径。

5) 自动导引运输车的移载装置

自动导引运输车用移载装置装卸货物,即接收和卸下负载,自动导引运输车常见的装卸方式可以分为被动装卸和主动装卸两种。

被动装卸方式的自动导引运输车自己不具有完整的装卸功能,而是采用助卸方式,即配合装卸站或接收货物方的装卸装置被动装卸。

主动装卸方式的自动导引运输车自己具有装卸功能,常见的主动装卸方式有:单面推拉式、双面推拉式、叉车式、机器人式。主动装卸方式常用于车少、装卸工位多的系统。其中采用机器人式主动装卸方式的自动导引运输车相当于一个有脚的机器人,也称为行走式机器人。行走式机器人灵活性好,适用范围广,是一种很有发展前途的输送和交换复合装置。

6) 自动导引运输车的安全装置

由于自动导引运输车是在无人操作的情况下运行的,其安全装置除了保护自动导引运输车自身安全外,还能在最大可能的范围内保护人员和运行环境设施的安全。由于自动导引运输车的功能、用途和结构的差异,其安全装置也有差异,主要有以下 3 种形式:

(1) 障碍物接触式缓冲器。

为了避免碰撞产生的负面影响,确保运行环境中人和机器的安全,自动导引运输车上都设置有障碍物接触式缓冲器。障碍物接触式缓冲器设置在自动导引运输车车身运行方向的前方或后方,缓冲器的弹性和柔性较好,当发生碰撞事故时,不会对与之碰撞的人和物及其自身造成大的伤害,并可及时使自动导引运输车停车,故障解除后,其功能自动恢复。在正常情况下,自动导引运输车的缓冲距离应大于或等于车身宽度。

(2) 障碍物接近检测装置。

障碍物接近检测装置是先于障碍物接触式缓冲器发生有效作用的安全装置。为了安全,障碍物接近检测装置是一个多级的接近检测装置。在一定范围内,它会使自动导引运输车降速行驶；在更近的距离范围内，会使自动导引运输车停车；当解除障碍物后，自动导引运输车将自动恢复正常行驶状态。激光式、超声波式、红外线式等多种类型的障碍物接近检测装置都有成熟的产品问世。

（3）移载装置的安全保护装置。

自动导引运输车的主要功能是解决货物的全自动搬运，其除了全自动运行装置外，还有移载装置。移载装置的安全保护装置包括机械和电气两大类，一般在同一辆车上都配有机械和电气这两类保护装置，它们互相关联并对移载装置产生保护作用，如位置定位装置、位置限位装置、货物位置检测装置、货物形态检测装置、位置对中装置和机构自锁装置等。

7）自动导引运输车的优势分析

自动导引运输车主要用于入库区的起始搬运段，出库区的最终搬运段，长距离、复杂路段，高洁净要求区，人员和其他输送设备无法到达区，经常调整作业路径区域等。

自动导引运输的优势为：对长距离搬运或大面积系统而言安装费用较低；弹性可调整的作业路径实施方便；由于不需要在各地埋线，可用于洁净室内；安装时库内无须停机；运行时定位精确。

**2. 输送机械**

输送机械的全称为连续输送机械，是以连续、均匀、稳定的输送方式，沿着一定的线路搬运或输送散状物料和成件物品的机械设备，具有成本低、制动次数少、效率高、容易控制等特点。在仓储物流系统中，搬运作业以集装单元化搬运最为普遍，常用的是单元负载式输送机。本书重点介绍动力式输送机。

动力式输送机主要用于物流自动化程度较高的场合，是物流自动化、机械化、作业一体化的重要组成部分。动力式输送机根据驱动介质的不同，可以分为辊子输送机、皮带式输送机、链式输送机和悬挂式输送机。

1）辊子输送机

辊子输送机是现代物流自动化仓库中最基本的连续运送货物的输送设备之一，是由一系列等间距排列的辊子组成的。辊子的转动呈主动状态，可以严格控制物品的运行状态。

辊子输送机常用于水平或向上微斜的输送线路。驱动装置将动力传给辊子，使其旋转，通过辊子表面与输送物品表面间的摩擦力输送物品。辊子输送机按驱动方式分为单独驱动与成组驱动两种。前者的每个辊子都配有单独的驱动装置，以便拆卸；后者若干辊子作为一组，由一个驱动装置驱动，以降低设备造价。

辊子输送机适用于单元货物的连续输送、积存和分拣；可沿水平或曲线路径进行输送；其结构简单，安装、使用、维修方便；不规则的物品可放在托盘或者托板上输送。在自动化立体仓库中辊子输送机与链式输送机共同承担输送系统中的单元货物运输任务，主要负责直线运输。辊子输送机主要应用于自动化立体仓库的入库区、装配和包装区、在线拣选区、出库区等，也可起到缓冲存放的作用。

成组驱动的传动方式有轮传动、链传动和带传动3种。辊子输送机一般由交流电动机驱动，根据需要，亦可用双速电动机和液压马达驱动，如图5.1所示。

图 5.1　辊子输送机

2）皮带式输送机

皮带式输送机（图 5.2）具有输送量大、结构简单、维修方便、部件标准化等优点，广泛应用于矿山、冶金、煤炭等行业，可用来输送各种形状规则或不规则的货物，主要应用在要求精确定位的场合。皮带式输送机可水平输送，也可倾斜输送，倾斜角度不大于 15°，根据输送工艺要求，可单台输送，也可多台输送，或与其他输送设备组成水平或倾斜的输送系统，以满足不同布置形式的作业方式的需要。

图 5.2　皮带式输送机

皮带式输送机结构形式多样，有槽型皮带机、平型皮带机、爬坡皮带机、侧倾皮带机、转弯皮带机等。

皮带式输送机由于是通过摩擦力带动货物运行，因此比较适合输送小件零散的货物，常应用于物流中心或配送中心的拣选作业。

3）链式输送机

链式输送机是利用链条或链条上安装的板条、金属网、辊道等牵引、承载物料的输送机。根据链条上安装的承载面的不同，链式输送机可分为链条式、链板式、链网式、板条式、链斗式、托盘式、台车式，此外，链式输送机也常与其他输送机、升降装置等组成各种功能的生产线。

链式输送机被广泛地应用于机械、轻工、邮政、运输、医疗、牧业、木业、家具、汽车、摩托车、酿酒、饮料、电子电器、食品、塑胶、化工、烟草等行业。

链式输送机是自动化立体仓库中最基本的用于连续运输的输送设备之一,其输送速度适中,通过轨道支承传送链条,构造简单,维护容易,成本低廉,但噪声偏大。链式输送机主要用在自动化立体仓库的入库区、装配和包装区、在线拣选区、出库区等,如图5.3所示。

图5.3　链式输送机

## 5.2　仓储物流系统的功能划分

### 5.2.1　仓储物流的三要素

仓储物流包括许多具体的活动,人们进行仓储物流活动的方式多种多样,不管用什么样的方式进行什么样的仓储物流活动,都要具备3个基本的要素,即流体、载体和流向。

**1. 流体**

流体是指仓储物流中的物料,它因为仓储物流的目的从供方向需方流动。该流动有一个前提,即需要一个存储物料的仓库,物料通过不同的运输方式实现空间或位置的移动,因此,物料是处于不断的流动状态下的。

**2. 载体**

载体是指流体借以流动的设施和设备。载体分为两大类,一类是基础设施,如铁路、公路、水路、港口、车站、机场等,另一类是直接承载并运送流体的设备,如车辆、船舶、飞机、装卸搬运设备等。

**3. 流向**

流向是指流体从起点到止点的流动方向,主要有以下4种:

(1) 自然流向:由产销关系确定的从产地到销地的流向。

(2) 计划流向:由政府部门等的计划确定的从调出地到调入地的流向。

(3) 市场流向:由市场确定的流向。

(4) 实际流向：物流过程中实际发生的流向。

流体、载体、流向三要素之间有极强的内在联系，因此，在仓储物流活动中要注意处理好三要素之间的关系，否则会使仓储物流成本提高、服务质量和效率下降。

### 5.2.2 仓储物流的七大功能

**1. 仓储物流的总体功能**

（1）组织"实物"进行物理性流动。

该流动的动力来自 5 个方面：生产活动和工作活动的要求、生活活动和消费活动的要求、流通活动的要求、军事活动的要求、社会活动和公益活动的要求。

（2）实现对用户的服务。

实现对用户的服务是仓储物流的总体功能。某些仓储物流可以有利润中心和成本中心等作用，但所有的仓储物流活动都具有服务这个共同的功能特征。

**2. 仓储物流的具体功能**

1）包装功能

包装的三大作用是保护物品、方便处理和促进销售。应该把包装视为商品的一部分，和商品一样进行生产技术管理。包装是比较成熟的产业，其经济增长率呈下降趋势。包装材料正在发生较大变化，从柔性软包装向塑料包装方向变化。包装标准化的关键是包装材料强度、单装商品价值、包装标准尺寸以及有关检查项目。

2）流通加工功能

流通加工是产品从生产到消费过程中的一种活动，是社会化分工、专业化生产的新形式，是使产品发生物理性变化的仓储物流形式。通过流通加工，可以节约材料、提高成品率、保证供货质量和更好地为用户服务，所以，对流通加工的作用同样不可低估。流通加工是仓储物流过程中"质"的升华，使仓储物流向增值方向发展。

3）存储功能

保管是企业提高效率的必要措施。如果企业没有必要的最少量的保管设备，生产将失常。最初的保管系统中货物堆积如山，存取不便，之后逐步发展成为自动化立体仓库。通过信息网络，小型自动化立体仓库也加入全国性网络，随时可以获得保管物品的有关信息，完全实现物品的信息管理，同时，自动化立体仓库使生产形态正常化，使简单货架、特殊货架和托盘架适时适量地满足生产要求。在柔性制造系统的条件下，为满足高效无人化的零、部件需要和正确保管制品，必须采用自动化立体仓库。

4）装卸搬运功能

在选择装卸和运输机械时，必须全面考虑机械的省力性、自动化水平；同时，应该考虑运输机械和装卸机械的组合性，使之具有协调性和平衡性。

5）运输功能

运输的范围很广泛，与生产有密切的关系。由于生产体制不同，相应的运输方式也不同：在连续生产条件下，必须采用连续运输方式；在分批生产条件下，必须采用间隔运输方式。前者宜采用的运输设备是运输带，后者则宜采用的运输设备是起重机、运输车和叉车等。

6）配送功能

配送中心的功能是仓库的仓储功能和扩展出来的销售功能的综合。配送中心是以"仓储业务"为核心的，以尽可能降低其服务对象的库存为主要目标，根据客户订单和销售预测进行规模化的采购、进货、保管，然后按客户订单的商品和数量，在规定的时间准时将商品送达客户的公共仓库。

配送中心通过集中向客户进行多频次的配送业务，可将支线搬运及小搬运统一起来，使仓储物流过程得以优化和完善；通过将众多客户的小批量商品集中起来，进行一次发货，可提高末端仓储物流的经济效益；通过高水平的配送，众多客户可以不设立或者少设立仓库，实现生产企业的"零库存"，继而大大提高供应链的竞争力。很显然，这是改造仓储物流结构的最优途径。

7）仓储物流信息功能

仓储物流信息是连接运输、存储、装卸、包装各环节的纽带，若没有仓储物流各环节信息的通畅和及时供给，则没有仓储物流活动的时间效率和管理效率，也就失去了仓储物流的整体效率。产品从生产到消费过程中的运输数量和品种、库存数量和品种、装卸质量和速度、包装形态和破损率等信息都是仓储物流活动质量和效率的保证。准确掌握仓储物流各环节的状态等信息，是搞好仓储物流管理的先决条件。

因此，仓储物流信息功能是仓储物流活动顺畅进行的保障，是仓储物流活动取得高效益的前提，是企业管理和经营决策的依据。充分掌握仓储物流信息，能使企业减少浪费、节约费用、降低成本、提高服务质量，确保企业在竞争中立于不败之地。

## 5.3 仓储物流系统的设计原则

随着物联网、大数据、人工智能及机器人等新技术的应用，仓储物流系统自动化改造已迎来巨大的市场空间。预计在未来5年，我国仓储物流系统自动化改造空间将达到1 000亿~1 500亿元。

智能物流的各个核心环节都离不开智能制造，而智能制造是依托工业化和信息化实现的。智能物流系统是由智能化设备支撑的，智能工厂就是生产这些设备的具体场所，这些智能化设备将智能物流的核心环节串联起来，在系统中起着调节枢纽的作用。

### 5.3.1 仓储物流系统设计概述

**1. 仓储物流系统设计的概念**

仓储物流系统设计是指根据企业发展目标，经过系统的调研分析，完成仓储物流系统硬件结构和软件结构体系的构想，形成仓储物流系统组织设计和技术方案的过程。仓储物流系统组织设计是仓储物流系统技术设计的前提，它确定了仓储物流系统技术设计的纲领和基本要求。

**2. 仓储物流系统规划设计的目的**

1）最大服务

仓储物流系统提供具有更高运行效率的配送服务，以确保用户需求的实现。这虽然有利于提高服务质量，但对降低成本不利，多用于某些特殊的商品。最大服务每个节点的服务面积取决于所要求配送的能力，受运输线路布局的影响，服务于同一个客户的最小成本与最大服务系统总成本的差异是相当大的。

2）最大利润

以追求仓储物流系统利润的最大化为努力目标，在仓储物流系统规划中达到利润最大化。理论上，每个仓库的服务领域是由向距节点不同距离的客户提供的最小利润决定的。如果客户得到改进的服务，则有可能购买更多的产品类别。从概念上看，附加的服务将趋向于使边际收益等于边际成本。在这一理论的平衡点上，没有附加的服务被认为是合理的。需要的服务最好是由利用直接或双重分销的补发系统提供的。

3）最大竞争优势

仓储物流系统设计的最优良的战略是寻求最大的竞争优势，要把主要的注意力集中在如何保证最有利的客户得到最好的服务；同时，必须考虑仓储物流服务成本的合理性，协调仓储物流节点能力与市场营销要求之间的关系，降低成本，以获取最大的竞争优势。

4）最小资产配置

仓储物流系统设计是期望投入仓储物流系统的资产最小化。如果仓储物流系统的能力基本稳定，在提供使客户满意的服务的前提下，力图使仓储物流系统总成本最小，达到以最小投入获得最大产出。

### 5.3.2 仓储物流业存在的问题

目前，我国出现了很多仓储物流公司，但普遍规模不大，其专业化、网络化、信息化程度普遍偏低，导致仓储物流企业成长缓慢。其主要原因是缺乏一个有效的环境。大多数企业没有仓储物流观念，它们重视产品的质量和销量，却忽视了应在仓储物流上节约成本，创造价值。仓储物流业主要存在两个问题。

**1. 成本普遍偏高**

现阶段，我国仓储物流企业层出不穷，但总体水平比较低，不仅提供的服务单一，而且地域分割严重，没有形成社会化。

**2. 网络化水平低**

（1）我国仓储物流企业的电子商务仍属于"单家独户"封闭运行的方式，未能形成信息资源共享和产业的网络平台，与世界一流仓储物流企业的差距仍然很大。

（2）我国缺乏连接制造商、零售商、客户之间的信息集成平台，造成整个产业链过长，跨国公司不能在信息平台上与客户直接沟通，导致仓储物流效率低下。

### 5.3.3 仓储物流系统的规划原则

仓储物流系统规划的基本原则是从仓储物流的需求和供给两个方面谋求仓储物流的大量化、时间和成本的均衡化、货物的直达化以及搬运装卸的省力化。仓储物流网点在空间上的布局，在很大程度上影响仓储物流的路线、方向和流程，而仓储物流各环节的内部结构模式又直接影响着仓储物流活动的成效。

1）适用性原则

要根据仓储物流标准化做好包装和仓储物流容器的标准化，把杂物、粮食、饮料等散装货物或外形不规则的货物组成标准的储运集装单元，实现运输车辆的载重量和有效空间尺寸的有效配合。这样做有利于仓储物流系统中各个环节的协调配合，在异地中转等作业中不用换装，可提高通用性，节省搬运作业时间，降低物品的损坏和损失的概率，从而节约费用；

同时，也简化了装卸搬运子系统，降低了装卸搬运子系统的操作和维护成本，提高了装卸搬运子系统的可靠性和仓储物流作业的效率。

2) 平面设计原则

若无特殊要求，仓储物流系统中的物流都应在同一平面上实现，从而减少不必要的安全防护措施；减少利用率和作业效率较低以及能源消耗较大的起重机械，提高仓储物流系统的效率。

3) 物流和信息流分离原则

现代仓储物流是在计算机网络支持下的仓储物流，物流和信息流的结合，解决了物流流向的控制问题，提高了仓储物流系统作业的准确率，从而提高了仓储物流系统的作业效率。如果不能实现物流和信息流的尽早分离，就要求在仓储物流系统的每个分、合节点均设置相应的仓储物流信息的读取装置，这势必造成系统的冗余度和成本。

4) 柔性化原则

仓库的建设与仓储物流设备的购置需要大量的资金，为了保障仓储物流系统高效工作，需要配备针对性较强的设备，而社会物流环境的变化，又有可能使仓储货物的品种、规格和经营规模发生变化，因此，在规划时要注意机械和机械化系统的柔性及库房扩大经营规模的可能性。

5) 物料处理次数最少原则

不管是人工方式还是自动方式，每一次物料处理都需要花费一定的时间和费用，通过复核操作或者减少不必要的移动或者引入能同时完成多个操作的设备，可减少物料处理次数。

6) 移动距离最小，避免物流路线交叉原则

移动距离越小，所需的时间和费用就越少；避免物流线路交叉，既可解决交叉点物流控制难和物料等待时间长的问题，又可保持物流的畅通。

7) 成本以效益平衡原则

建设仓库和选择仓库储备时必须考虑投资成本和系统效益原则，应在满足仓储物流作业需求的条件下，尽量降低投资。

### 5.3.4 仓储物流系统的布局原则

仓储物流系统的布局必须遵循一定的原则，通过具体的需求分析，实现能力与成本的合理规划，既能满足库存量和输送能力的需求，又能降低设计成本。仓储物流系统的布局主要遵循以下几个原则：

(1) 总体规划原则：在进行布局时，要对整个系统的所有方面进行统筹考虑。对系统进行物流、信息流、商流的分析，合理地对"三流"进行集成与分流，从而更加高效和准确地实现物料流通与资金周转。

(2) 最小移动距离原则：保持仓库内各项操作之间的距离最经济，物料和人员流动距离能省则省，尽量缩短，以节省物流时间，降低物流费用。

(3) 直线前进原则：要求设备安排、操作流程应能使物料搬运和存储按自然顺序逐步进行，避免迂回和倒流。

(4) 充分利用空间和场地原则：在垂直与水平方向上，在安排设备、人员、物料时应予以适当的配合，充分利用空间，但也应保持设备的适当空间以免影响工作。

（5）生产力均衡原则：维持各种设备和各工作站的均衡，使系统维持一个合理的运行速度。

（6）顺利运行原则：根据生产车间空间环境的布局，保持生产过程无阻滞地顺利进行。

（7）弹性原则：保持一定的空间以利于设备的技术改造和维护，以及工艺的重新布置。

（8）能力匹配原则：设备的存储和输送能力要与系统的需求及频率协调，以避免设备能力的浪费。

（9）安全性原则：布局时要考虑操作人员的安全和方便。

### 5.3.5 物联网对仓储物流信息化的影响

智能物流可降低仓储物流成本，物流智能获取技术使仓储物流从被动走向主动，实现仓储物流过程中信息的主动获取；主动监控运输过程与货物并主动分析仓储物流信息，使仓储物流从源头开始被跟踪与管理，使信息流快于实物流。

物联网对仓储物流信息化的影响有以下 3 点。

**1. 开放性**

在开放的过程中，一些热门技术，如定位技术、传感器技术等，将会成为实现开放性的关键技术；同时，还要认识到制约开放性的主要因素是安全性。现阶段要解决安全性问题，一要靠技术，二要靠流程，三要靠法律，四要靠内部管理。安全性问题也在不断变化，包括对安全性问题的认识和承受程度等。

**2. 动态性**

适应快速变化的外部环境，提升精细化管理要求，是企业发展的重要需求。当需要系统动态化的时候，定位信息服务将成为基础。定位信息就是采集的信息里包含时间和空间两个基本要素，定位信息捆绑其他状态信息构成仓储物流动态管理的"信息元"。

**3. 集中性**

信息技术应用于网络资源的整合和流程的管理的趋势越来越明显。信息如果不集中，是无法被加工和提升的，因此，集中管理有利于提高信息的处理能力和服务能力；同时，信息加工服务人才稀缺，只有将人才集中起来，才能够投资建设数据中心。

## 5.4 仓储物流系统的实现技术

智能物流就是将条码、射频识别设备、传感器、全球定位系统等先进的物联网装置，通过信息处理和网络通信技术平台广泛应用于仓储物流业的运输、仓储、配送、包装、装卸等基本活动环节，实现货物运输过程的自动化运作和高效率优化管理，提高仓储物流业的服务水平，降低成本，减少自然资源和社会资源的消耗。物联网为仓储物流业将传统物流技术与智能化系统运作管理相结合提供了一个很好的平台，进而能够更好、更快地实现仓储物流的信息化、智能化、自动化、透明化、系统化。在实施智能物流的过程中强调仓储物流的过程数据化、网络协同化和决策智慧化。

智能物流的未来发展将会体现出 4 个特点——智能化、一体化和层次化、柔性化、社会化，即在仓储物流作业过程中的大量运筹与决策的智能化；以仓储物流管理为核心所实现的仓储物流过程中运输、存储、包装、装卸等环节的一体化和智能物流系统的层次化；遵循

"以客户为中心"的理念,根据消费者需求的变化灵活调节生产工艺的柔性化;区域经济的发展和世界资源优化配置所实现的社会化。

### 5.4.1 自动仓储系统技术

自动仓储系统(Automatic Storage & Retrieval System,AS/RS)是一种经由计算机控制处理设备记忆物料存放的位置,利用无人搬运车系统、自动存取臂与条形码扫描设备,无须人工拣货或上架,通过计算机控制可自动存取货物的系统,其优点是可节省空间和人力、提高作业效率。

它用高层立体货架(托盘系统)存储物资,仓库从单纯地进行物资的存储保管,发展到担负物资的接收、分类、计量、包装、分拣配送、存档等多种作业,有助于实现高效率物流和大容量储藏,能适应现代化生产和商品流通的需要。

1) 货物存储系统

本系统由立体货架的货位(托盘或货箱)组成。立体货架按机械结构可分为分离式、整体式和柜式3种;按高度可分为高层货架(12 m 以上)、中层货架(5~12 m)、低层货架(5 m 以下);按货架形式可分为单元货架、重力货架、活动货架和拣选货架等。立体货架按照排、列、层组合而成货物存储系统,如图5.4所示。

图5.4 货物存储系统

高层货架是高架仓库的承重构筑物,不仅要具备必要的强度、刚度和稳定性,而且必须具有能满足仓库设备运行工艺要求的较高的制造和安装精度。不同类型的高架仓库使用不同结构的高层货架,合理地使用高层货架有利于提高高架仓库空间利用率。

2) 货物存取和传送系统

本系统具有存取货物和使货物出、入仓库的功能,由有轨或无轨巷道堆垛机、出入库输送机、装卸机械等组成。

有轨巷道堆垛机(Stacker Crane)沿着轨道运行。有轨巷道堆垛机由钢轨、带钢轮的立柱、货叉组成,带钢轮的立柱在钢轨上运行,货叉在立柱上上、下运动。有轨巷道堆垛机可以在地面导轨上行走,利用上部的导轨防止摆动或倾倒;或者相反,在上部导轨上行走,利用地面导轨防止摆动或倾倒。

有轨巷道堆垛机整机结构高而窄，其宽度一般只与所搬运的单元货物的宽度相等。有轨巷道堆垛机按其立柱形式的不同可分为单立柱堆垛机和双立柱堆垛机。单立柱堆垛机的金属结构由一根立柱和下横梁组成，这种堆垛机的自重轻，但刚性较差，一般用在起重量小于 2 t、起升高度小于 45 m 的仓库。双立柱堆垛机的金属结构由两根立柱和上、下横梁组成，这种堆垛机刚性好，运行速度高，能快速启动和制动，但自重较大，起重量可达 5 t，适用于各种起升高度的仓库，能用于长大件货物的搬运作业。

3) 控制和管理系统

本系统一般采用计算机控制和管理，视自动仓储系统的不同情况，采取不同的控制方式。有的只采取对堆垛机、出/入库输送机的单台 PLC 控制，机与机之间无联系；有的对各单台机械进行联网控制。更高级的控制和管理系统采用集中控制、分离式控制和分布式控制，即由管理计算机、中央控制计算机和堆垛机、出/入库输送机等直接控制的可编程序控制机械组成控制和管理系统。

管理计算机是自动仓储系统的管理中心，具有入库管理、出库管理、盘库管理、查询、打印及显示、仓库经济技术指标计算分析等功能，包括在线管理和离线管理。

**1. 自动仓储系统的特点分析**

生产物流是从原材料采购开始，经过基本制造过程的转换活动，最后形成具有一定使用价值的产成品，并将其运至成品库或客户手中。物料经历采购运进、入库验收、存放、加工制造、进入成品库以及成品外运等一系列物料实体运送的动态流转过程。其特点有以下几个：

（1）科学储备，提高物料调节水平。
（2）有效地衔接生产与库存，加快物资周转，降低成本。
（3）适当加工，合理利用资源，提高效益。
（4）为企业的生产指挥和决策提供有效的依据。

**2. 自动仓储系统的效益分析**

实践已充分证明，使用自动仓储系统能够产生很大的社会效益和经济效益，其效益主要来自以下几方面：

（1）高层货架存储。由于使用高层货架存储货物，存储区可以大幅度地向高空发展，充分利用仓库地面和空间，因此，减小了库存占地面积，提高了空间利用率。

（2）自动存取。使用自动化设备，运行和处理速度快，提高了劳动生产率，降低了操作人员的劳动强度；同时，能方便地纳入企业的仓储物流系统，使企业的仓储物流更趋合理。

（3）计算机控制。能够始终准确无误地对各种信息进行存储和管理，能减少货物处理和信息处理过程中的差错，而人工管理做不到这一点；同时，借助计算机管理还能有效地利用仓库存储能力，便于清点和盘库，可合理减少库存，加快资金周转，节约流动资金，从而提高仓库的管理水平。

### 5.4.2 自动分拣系统技术

自动分拣系统（图 5.5）是先进配送中心所必需的设施，具有很高的分拣效率，通常每小时可分拣商品6 000～12 000件。可以说，自动分拣系统是提高物流配送效率的一项关键因素，目前已经成为发达国家大中型仓储物流中心不可缺少的一部分。

**1. 自动分拣系统的发展背景**

自动分拣系统是第二次世界大战后在美国、日本和欧洲的物流配送中心广泛采用的一种分拣系统。自动分拣机是自动分拣系统的主要设备。自动分拣系统需要建设短则40～50 m，长则150～200 m 的机械传输线，还有配套的机电一体化控制系统、计算机网络及通信系统等。自动分拣系统不仅占地面积大（动辄20 000 m² 以上），而且还要建3～4 层楼高的立体仓库和各种自动化的搬运设施（如叉车）与之匹配，这项巨额的先期投入通常需要10～20年才能收回成本。

**2. 自动分拣系统的组成**

自动分拣系统一般由控制装置、分类装置、输送装置及分拣道口组成，以上4 部分装置通过计算机网络连接在一起，配合人工控制及相应的人工处理环节构成一个完整的自动分拣系统。

**3. 自动分拣系统的优势分析**

自动分拣系统在现代配送中心型自动化仓储中得到了非常广泛的应用。自动分拣系统能连续、大批量地分拣货物；不受气候、时间、人的体力等的限制；单位时间的分拣件数多；误差率极低；分拣作业基本实现无人化，可减少人员的使用，降低员工的劳动强度，提高人员的工作效率。

**4. 自动分拣系统的分类**

自动分拣系统是自动化立体仓库及物流配送中心对货物进行分类、整理的关键设备之一，应用自动分拣系统可实现物流中心准确和快捷的运作，因此，它被誉为"智能机器手"。

图5.5　自动分拣系统

### 5.4.3　自动识别技术

**1. 自动识别技术概述**

自动识别技术是以计算机、光、电、通信等技术的发展为基础的一种高度自动化的数据采集技术，是通过应用一定的识别装置，自动地获取被识别物体的相关信息，并提供给后台的处理系统完成相关后续处理的一种技术。自动识别技术能够帮助人们快速而准确地进行海量数据的自动采集和输入，在运输、仓储、配送等方面已得到广泛的应用。

**2. 自动识别技术的应用**

自动识别系统由标签、标签生成设备、识读器及计算机等组成。其中，标签是信息的载体，识读器可获取标签装载的信息并将其自动转换为与计算机兼容的数据模式传入计算机，实现信息的自动识别和信息系统的自动数据采集。

自动识别技术家族有一批基于不同原理的自动识别技术，包括条码技术、射频识别技术、磁识别技术、声音识别技术、图形识别技术、光字符识别技术和生物识别技术等。各种自动识别技术没有优劣之分，只能根据具体应用环境确定最适合的自动识别技术。目前，在仓储物流中常用的自动识别技术有条码技术和射频识别技术。

1）条码技术在仓储物流中的应用

条码技术是在计算机应用发展过程中，为消除数据录入的"瓶颈"问题而产生的，可以说是最"老"的自动识别技术。从条码技术产生至今，条码有几百种之多，常用的只有十几种。

条码标签绝大多数使用纸质基材，一般由信息系统控制打印生成或直接印刷在物品包装上，具有经济、抗电磁干扰能力强等特点，在许多环境恶劣的制造业企业内部物流中也有广泛应用。

2）射频识别技术在仓储物流中的应用

射频识别技术是相对"年轻"的自动识别技术，在20世纪80年代出现，在20世纪90年代后进入实用化阶段。

射频识别标签与识读器之间利用感应、无线电波或微波能量进行非接触双向通信，实现标签存储信息的识别和数据交换。

射频识别技术最突出的特点有以下几个：

（1）全局系统可视化；

（2）强大的作业规则化；

（3）精益的库内作业内管理；

（4）细致物资属性管理；

（5）先进的数据采集作业。

**3. 射频识别技术在仓储物流环节中的应用举例**

1）智能托盘系统

某世界著名的物流公司，为高效解决用户生产原材料在其仓库中装卸、处理和跟踪方面的问题，使用了以射频识别技术为核心的智能托盘系统，此系统负责原材料流通相关信息的管理。智能托盘系统组成中的射频识读器安装在托盘进、出仓库必经的通道口上方，每个托盘上都安装了射频识别标签，当叉车装载着托盘货物通过时，射频识读器使计算机了解哪个托盘货物已经通过。当托盘装满货物时，自动称重系统自动对装载货物的总重量与存储在计算机中的单个托盘重量进行比较，获取差异并了解货物的实时信息。该系统日常可处理大量托盘货物。射频识别技术的应用大大提高了效率并保证了原材料相关信息的准确和可靠。

2）通道控制系统

某汽车制造企业的仓库创造性地使用射频识别技术的"红、绿信号"系统，控制进出于3 500个仓库的包装箱（板条箱、柳条箱等可重复使用的包装箱），这些包装箱上固定着射频识别标签，包装箱装载着需要特殊标识的原材料。射频识别标签承载着每个包装箱唯一的标识，被固定在包装箱上。在包装箱途径的进、出口处安装了射频识读器，射频识读器天线固定在上方。当包装箱通过天线所在处，射频识读器将标签装载的标识信息与主数据库信息进行比较，若信息正确，绿色信号灯亮，包装箱可通过，若不正确，则激活红色信号灯，同时，将时间和日期记录在数据库中。该系统消除了以往采用纸张单证管理系统常出现的人为错误，改善了以往运输超负荷状况，建立了高速、有效和良好的信息输入途径，可在高速移动过程中获取信息，大大节省了时间；同时，该系统还可使企业快速获得信息反馈，包括损坏信息、可能取消的订货信息，从而降低消费者的风险。

**4. 自动识别技术的特性**

自动识别技术具有以下几个特性：
（1）准确性：自动采集数据，彻底消除人为错误。
（2）高效性：实时进行信息交换。
（3）兼容性：以计算机技术为基础，可与信息管理系统无缝连接。

自动识别技术大大增加了仓储物流过程的自动化和现代化，是仓储物流的重要支持技术之一。

### 5.4.4　仓库管理系统技术

**1. 仓库管理系统概述**

仓库管理系统（Warehouse Management System，WMS）是一个实时的计算机软件系统，能够按照运作的业务规则和运算法则对信息、资源、行为、存货和分销运作进行完美的管理，最大化地满足有效产出和精确性的要求。

**2. 仓库管理系统的优点**

（1）基础资料管理完善，文档利用率高。
（2）库存准确，操作效率高。
（3）库存低，物料资产使用率高。
（4）现有的操作规程执行难度小。
（5）易于制定合理的维护计划。
（6）数据及时，成本降低。
（7）提供历史的记录分析。
（8）规程文件变更后能够及时传递和正确使用。
（9）仓库与财务的对账工作效率提高。

目前，许多企业已认识到企业管理信息对企业发展的战略意义，从财务管理软件、进销存管理软件，从物资需求计划软件到企业资源规划软件，都代表了中国企业从粗放型管理走向集约型管理的要求，其竞争的激烈和对成本的要求使管理对象表现为：整合上游、企业本身、下游一体化物流供应链的信息和资源。

仓库（尤其是制造业中的仓库）是物流供应链上的节点，不同节点上的库存观不同，在物流供应链的管理中，不再把库存作为维持生产和销售的措施，而是将其视为一种物流供应链的平衡机制，但现代企业同时又面临许多不确定因素，无论这些不确定因素来自分供方还是生产方或客户，对企业来说，处理好库存管理与不确定因素的关系的唯一办法是加强企业之间信息的交流和共享，增加库存决策信息的透明性、可靠性和实时性。这正是仓库管理系统要帮助企业解决的问题。

**3. 仓库管理系统和进销存管理软件的最大区别**

进销存管理软件的目标是针对特定对象（如仓库）的商品和单据流动，对仓库作业结果进行记录、核对和管理，比如记录商品出、入库的时间、经手人等。仓库管理系统除了对仓库作业结果进行记录、核对和管理外，其最主要的功能是对仓库作业过程的指导和规范，即不但对仓库作业结果进行处理，还通过对作业动作的指导和规范保证仓库作业的准确性、速度和相关记录数据的自动登记（在计算机系统中），提高仓库作业的效率，管理的透明度、真实度，以降低成本。

### 5.4.5 机器人技术

**1. 机器人介绍**

机器人是靠自身动力和控制能力来实现各种功能的一种机器，是自动执行工作的机器装置，主要由机械身体、记忆或程序功能和核心零件等组成。机器人既可以接受人类指挥，又可以运行预先编排的程序，还可以根据以人工智能技术制定的原则纲领行动。机器人的任务是协助或取代人类的工作，如生产业、建筑业或其他危险行业的工作。

机器人的应用领域包括航空航天高精领域，汽车及零、部件领域，电子及3C制造领域，食品饮料领域，医药领域，仓储物流领域，橡胶塑料领域等。

**2. 机器人技术在仓储物流中的具体应用**

运用机器人技术可实现物品的码垛，上、下料和运输，其优点是效率高、操作准确，而且可在恶劣环境下工作。单就仓储物流而言，为了提高自动化程度和保证产品质量，通常需要高速物流线贯穿整个生产和包装过程。

目前，机器人技术在仓储物流中的应用主要集中在包装分拣和装卸搬运两个作业环节。

1）机器人技术在包装分拣作业中的应用

在传统企业中，带有高度重复性和智能性的抓放工作一般依靠大量的人工完成，这不仅给工厂增加了巨大的人工成本和管理成本，还难以保证包装的合格率，而且人工的介入很容易给食品和药品带来污染，影响产品质量。

机器人技术在包装分拣作业中得到了广泛应用。尤其是食品、烟草和医药等行业的大多数生产线已实现了高度自动化，其包装分拣作业基本由机器人完成。机器人作业精度高、柔性好、效率高，克服了传统的机械式包装占地面积大、程序更改复杂、耗电量大的缺点；同时，避免了人工包装所造成的劳动量大、工时多、无法保证包装质量等问题的发生。

2）机器人技术在装卸搬运作业中的应用

装卸搬运是仓储物流系统中最基本的功能，存在于货物运输、存储、包装、流通加工和配送等过程中，贯穿于仓储物流作业的始终。目前，机器人技术正在越来越多地被应用于装卸搬运作业，直接提高了仓储物流系统的效率和效益。

搬运机器人不仅可以充分利用工作环境的空间，而且提高了物料的搬运能力，大大节约了装卸搬运作业时间，提高了装卸搬运效率，降低了人类的体力劳动强度。目前搬运机器人已被广泛应用于工厂内部工序间的搬运、制造系统和仓储物流系统的连续搬运以及国际化大型港口的集装箱自动搬运。随着传感技术和信息技术的发展，自动导引运输车也向智能化方向发展。作为一种无人驾驶工业搬运车辆，自动导引运输车是在20世纪50年代得到普及应用的。随着现代信息技术的发展,近年来,自动导引运输车获得大力的发展与应用,开始进入智能时代,因此也被称为智能搬运车。近年来,随着物联网技术的应用,在全自动化智能物流中心,自动导引运输车作为物联网的重要组成部分,成为具有智慧的物流机器人,与仓储物流系统的物联网协同作业,实现智能物流。

### 5.4.6 机器视觉系统技术

**1. 机器视觉的发展**

国外机器视觉的发展历程是:机器视觉的概念于20世纪50年代提出,在20世纪70年代真正开始发展,在20世纪80年代进入发展正轨,在20世纪90年代发展趋于成熟,在20世纪90年代后高速发展。在国外机器视觉发展的历程中,有3个明显的标志点:一是机器视觉首先在机器人的研究中发展起来;二是20世纪70年代CCD图像传感器出现,CCD摄像机替代硅靶摄像是机器视觉发展历程中的一个重要转折点;三是20世纪80年代CPU和DSP等图像处理硬件技术的飞速进步,为机器视觉的飞速发展提供了基础条件。

我国机器视觉的发展起步于20世纪80年代,在20世纪90年代进入发展期,加速发展则是近几年的事情。我国正在成为世界机器视觉发展最活跃的国家之一,其最主要的原因是我国已经成为全球的加工中心,许多先进生产线已经或正在迁移至我国。伴随这些先进生产线的迁移,许多具有国际先进水平的机器视觉系统也进入我国。

**2. 机器视觉系统介绍**

机器视觉系统是用机器代替人眼进行测量和判断的。机器视觉系统通过机器视觉产品将被摄取目标转换成图像信号并传送给专用的图像处理系统,再根据像素分布和亮度、颜色等信息,将图像信号转变成数字信号,图像处理系统对这些信号进行各种运算来抽取被摄取目标的特征,进而根据判别的结果控制现场的设备动作,如图5.6所示。

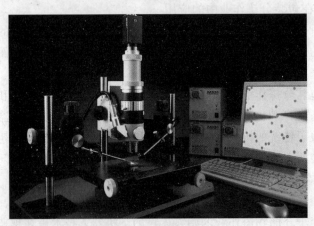

图5.6 机器视觉系统

机器视觉系统的特点是可以提高生产的柔性和自动化程度。在一些不适合人工作业的危险工作环境或人工视觉难以满足要求的场合,常用机器视觉系统来替代人工视觉;同时,在大批量工业生产过程中使用人工视觉检查产品质量效率低且精度不高,但用机器视觉系统却可以大大提高生产效率和生产的自动化程度,而且机器视觉系统易于实现信息集成,可以在最快的生产线上对产品进行测量、引导、检测和识别,并能保质保量地完成生产任务。

**3. 机器视觉系统在军事领域的应用**

1) 高速相机助阵阅兵训练

为了提高训练效果,阅兵方队还结合在训练中出现的问题采用有针对性的科技产品,机器视觉系统就是其中一项。据阅兵方队相关训练员介绍,通过高速相机拍下的画面可以清楚地看到谁的腿没有踢到位、谁的头昂得不够高,这使纠正动作更有针对性,效果也更突出,如图5.7所示。

图 5.7　高速相机助阵阅兵训练

2) 智能仿真,增强模拟训练的真实度

保持长期有效的模拟军事训练是提升军队战斗力的最直接的手段。采用在信号及图像处理方面能力超常的机器视觉系统作为模拟训练设施的开发平台,最大限度地贴近实战的训练方式,可以最大限度地增强训练演练的真实度,使模拟训练的意义更加重大。

3) 精准制导,提高弹药攻击的精确度

在军事战争中,弹药攻击的精确度往往直接决定着一场战役的胜负,在相同的环境条件下,摧毁同一个目标物,能够以 3 枚以内弹药命中的一方绝对比以 10 枚以上弹药命中的一方更有把握获取整场战役的胜利。搭载了机器视觉系统的攻击武器,可以通过其图像采集环节获取目标物的准确信息并同步进行相应的图像处理,控制指令信息修正弹药的运行路线与爆破点。精准制导的实现,大幅提高了弹药攻击的精确度,减少了战场上的误伤及开支。

4) 定位识别,实现武器装备的智能化

要将武器装备的攻击力度提升到最高,只是单纯地提高打击精度是不够的,应借助机器视觉系统的自动定位识别能力,使武器装备能自动发现并攻击目标物的薄弱部位,实现武器装备的智能化。

# 第6章 智能工厂的柔性自动化系统

## 6.1 初识柔性自动化系统

随着科学技术的发展，人类社会对产品的功能与质量的要求越来越高，产品更新换代的周期越来越短，产品的复杂程度也随之增加，传统的大批量生产方式受到了挑战。这种挑战不仅对中、小型企业形成了威胁，而且也困扰着国有大、中型企业。因为在大批量生产方式中，柔性和生产率是相互矛盾的。众所周知，只有品种单一、批量大、设备专用、工艺稳定、效率高，才能构成规模经济效益；反之，对于多品种、小批量生产，设备的专用性低，在加工形式相似的情况下，频繁调整工、夹具，工艺稳定难度增大，生产效率势必受到影响。为了同时提高制造工业的柔性和生产效率，在保证产品质量的前提下缩短产品生产周期并降低产品成本，最终使中、小批量生产能与大批量生产抗衡，柔性自动化系统应运而生。

1954年，美国麻省理工学院第一台数字控制铣床诞生后，在20世纪70年代初，柔性自动化系统进入生产实用阶段。几十年来，柔性自动化系统得到了迅速发展，从单台数控机床的应用逐渐发展到加工中心、柔性制造单元、柔性制造系统和计算机集成制造系统。

1967年，英国莫林斯公司首次根据威廉森提出的柔性自动化系统基本概念，研制了"系统24"，其主要设备是6台模块化结构的多工序数控机床，目标是在无人看管的条件下，实现24小时连续加工，但由于经济和技术上的困难而未全部建成。

1967年，美国的怀特·森斯特兰公司建成Omniline I系统，它由8台加工中心和2台多轴钻床组成，工件被装在托盘上的夹具中，按固定顺序以一定节拍在各机床间传送和进行加工。这种柔性自动化设备适合在少品种、大批量生产中使用，在形式上与传统的自动生产线相似，所以也叫柔性自动线。日本、苏联、德国等也先后开展了柔性自动化系统的研制工作。

1976年，日本发那科公司展出了由加工中心和工业机器人组成的柔性制造单元，为发展柔性自动化系统提供了重要的设备形式。柔性制造单元一般由12台数控机床与物料传送装置组成，有独立的工件存储站和单元控制系统，能在机床上自动装卸工件甚至自动检测工件，可实现有限工序的连续生产，适合在多品种、小批量生产中使用。

随着时间的推移，柔性自动化系统在技术上和数量上都有较大发展。在实用阶段以由3~5台设备组成的柔性自动化系统最多，但也有规模更庞大的柔性系统投入使用。

1982年，日本发那科公司建成自动化电机加工车间，由60个柔性制造单元（包括50个工业机器人）和一个立体仓库组成，另有两台自动引导台车传送毛坯和工件，此外，还有一个无人化电机装配车间，它们都能连续运转24小时。

这种自动化和无人化车间，是向实现计算机集成的自动化工厂迈出的重要一步，与此同时，还出现了若干仅具有柔性自动化系统的基本特征，但自动化程度不很完善的经济型柔性自动化系统，使柔性自动化系统的设计思想和技术成就得到普及和应用。

柔性制造系统是指由一个传输系统联系起来的一些设备，传输装置把工件放在其他连接装置上送到各加工设备，使工件得到准确、迅速和自动化的加工。柔性制造系统有中央计算机控制机床和传输系统，有时可以同时加工几种不同的零件。

柔性制造系统是由统一的信息控制系统、物料储运系统和一组数字控制加工设备组成，能适应加工对象变换的自动化机械制造系统。一组按次序排列的机器，由自动装卸及传送装置连接并经计算机系统集成一体，原材料和代加工零件在零件传输系统上装卸，零件在一台机器上加工完毕后传到下一台机器，每台机器接收操作指令，自动装卸所需工具，无须人工参与。

柔性主要包括以下内容：

（1）机器柔性。

机器柔性是指当要求生产一系列不同类型的产品时，机器可以随产品变化选择不同的难易程度加工零件。柔性机床如图6.1所示。

图6.1　柔性机床

（2）工艺柔性。

工艺柔性一是指工艺流程不变时自身适应产品或原材料变化的能力；二是指制造系统内为适应产品或原材料变化而改变相应工艺的难易程度。

（3）产品柔性。

产品柔性一是指产品更新或完全转向后，系统能够非常经济和迅速地生产出新产品的能力；二是指产品更新后，对老产品有用特性的继承能力和兼容能力。

（4）维护柔性。

维护柔性是指采用多种方式查询、处理故障，保障生产正常进行的能力。

（5）生产能力柔性。

生产能力柔性是指当生产量改变时系统能经济地运行的能力。对于根据订单组织生产的制造系统，这一点尤为重要。

(6) 扩展柔性。

扩展柔性是指当生产需要时，可以很容易地扩展系统结构，增加模块，构成一个更大系统的能力。

(7) 运行柔性。

运行柔性是指利用不同的机器、材料、工艺流程生产一系列产品的能力和换用不同工序加工相同产品的能力。

## 6.2 柔性自动化系统的功能划分

柔性自动化系统的结构组成形式很多，但一般多采用群控方式的递阶系统。第一级为各个工艺设备的计算机数控装置，实现各个加工过程的控制；第二级为群控计算机，负责把来自第三级计算机的生产计划和数控指令等信息分配给第一级中有关设备的计算机数控装置，同时，把它们的运转状况信息上报给上级计算机；第三级是柔性自动化系统的主计算机（控制计算机），其功能是制定生产作业计划，实施柔性自动化系统运行状态的管理及各种数据的管理；第四级是全厂的管理计算机。

性能完善的软件是实现柔性自动化系统功能的基础，除支持计算机工作的系统软件外，数量更多的是根据使用要求和用户经验所发展的专门应用软件，大体上包括控制软件（控制机床、物料储运系统、检验装置和监视系统）、计划管理软件（调度管理、质量管理、库存管理、工装管理等）和数据管理软件（仿真、检索和各种数据库）等。

柔性自动化是机械技术与电子技术相结合的自动化。柔性自动化系统以硬件为基础，以软件为支持，通过改变程序即可实现所需的控制，易于变动，实现制造过程的柔性和高效率，适用于多品种、中小批量的生产。柔性自动化系统包括数控机床（Numerical Control Machine Tools，NC）、加工中心（Machining Center，MC）、工业机器人、柔性制造单元、柔性制造系统等。

**1. 数控机床**

数控机床是用数字代码形式的信息（程序指令），控制刀具按给定的工作程序、运动速度和轨迹进行自动加工的机床。数控机床对零件的加工过程，是严格按照加工程序所规定的参数及动作执行的。数控机床是一种高效能自动或半自动机床，与普通机床相比，加工对象改变时，一般只需要更改数控程序，体现出很好的适应性，可大大节省生产准备时间。数控机床本身的精度高、刚性大，可选择有利的加工用量，生产率高，一般为普通机床的 3~5 倍，对某些复杂零件的加工，生产效率可以提高十几倍甚至几十倍。采用数控机床，有利于向计算机控制与管理生产方面发展，为实现生产过程自动化创造条件。

**2. 加工中心**

加工中心是在一般数控机床的基础上增加刀库和自动换刀装置而形成的一类更复杂、用途更广、效率更高的数控机床。由于具有刀库和自动换刀装置，加工中心可以在一台机床上完成车、铣、镗、铰、攻螺纹、轮廓加工等多个工序的加工，因此，加工中心具有工序集中、可以有效缩短调整时间和搬运时间、减少在制品库存、加工质量高等优点。加工中心常用于零件比较复杂，需要多工序加工且生产批量中等的生产场合。

现代的加工中心已向多坐标、多工种、多面体加工和可重组（更换主轴箱等部件）等方向发展,如车铣加工中心、铣镗磨加工中心、五面体加工中心和五坐标(多坐标)加工中心等,数控系统也向开放式、分布式、适应控制、多级递阶控制、网络化和集成化等方向发展,因此,数控加工不仅可用于单件、小批生产自动化,也可用于单一产品大批量生产的自动化。

**3. 柔性制造单元**

柔性制造单元是一个可变加工单元,由单台计算机控制的加工中心或数控机床、环形(圆形、三角形或长圆形等)托盘输送装置或机器人组成,采用切削监视系统实现自动加工,可以不停机更换工件,实现连续生产,如图6.2所示。柔性制造单元是组成柔性制造系统的基本单元。

图6.2 柔性制造单元

柔性制造单元比单台数控机床或加工中心的柔性大,可以实现更多品种的配套加工。日本的实践表明,柔性制造单元一般平均每天可完成21.3种零件的加工,完成50种零件的配套时间为2.34天,而采用加工中心完成同样任务,每天只能完成2.09种,完成50种零件的配套则要23.9天。柔性制造单元可实现24小时连续运转,加工中心一般只能连续工作18小时。柔性制造单元的运转工作利用率是加工中心的1.5倍,完成相同任务的柔性制造单元投资可比加工中心投资节省17.34%,柔性制造单元操作工人的数量只有加工中心的82.67%。

与柔性制造系统相比,柔性制造单元的主要优点是占地面积较小,系统结构不是很复杂,成本较低,投资较少,可靠性较高,使用及维护均较简单,因此,柔性制造单元是柔性制造系统的主要发展方向之一,深受各类企业的欢迎。

**4. 柔性制造系统**

柔性制造系统是一个制造系统,由多台(至少两台)加工中心或数控机床、自动上下料装置、储料和输送系统等组成,没有固定的加工顺序和节拍,在计算机及其软件系统的集中控制下,能在不停机调整的情况下更换工件和夹具,实现加工自动化,在时间和空间(多维性)上都有高度的柔性,是一种由计算机直接控制的自动化可变加工系统。

与传统的刚性自动生产线相比,柔性制造系统有以下突出的特点:

（1）具有高度的柔性，能实现多种不同工艺要求、不同类的零件的加工，能够自动更换工件、夹具、刀具和自动装夹，有很强的系统软件功能。

（2）具有高度的自动化程度、稳定性和可靠性，能实现长时间的无人自动连续工作（如连续工作24小时）。

（3）设备利用率高，调整、准备、终结等辅助时间短。

（4）生产率高。

（5）直接劳动费用低，有利于增加经济收益。

柔性制造系统的应用范围很广，如图6.3所示，如果零件生产批量很大而品种数较少，则可用专用机床线或自动生产线；如果零件生产批量很小但品种较多，则适合用数控机床或通用机床；介于两者之间的，均适合用柔性制造系统加工。

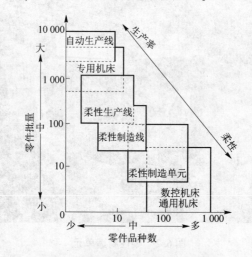

图6.3 柔性制造系统的应用范围

## 6.3 柔性自动化系统的总体设计

柔性自动化系统的设计是一项复杂的系统工程，采取什么样的设计步骤与方法对于系统的成功实施至关重要。有人估计，系统分析与规划阶段造成的失误在后续阶段可能花费两倍时间才能找到，而纠正则需要五倍时间，因此，必须采用合理的系统工程方法与步骤进行柔性自动化系统的设计。

本节讨论柔性自动化系统的总体设计问题，其内容有：总体设计的步骤及内容、零件族选择及工艺分析、设备的选择与配置和总体布局设计。

### 6.3.1 总体设计的步骤及内容

柔性自动化系统是一个复杂的大系统，包括许多相互关联的子系统，如多级计算机控制系统、自动化物料储运系统、检测监视系统、加工中心及其他工作站等。各个子系统本身又可能是一个较复杂的系统，倘若设计不当，它们就不能很好地连接，也不能实现柔性自动化系统的有机集成，因此，必须做好柔性自动化系统的总体设计工作。一般采用图6.4所示的总体设计步骤。

**图 6.4　总体设计步骤**

如图 6.4 所示，总体设计步骤涉及的主要内容如下：

（1）组织队伍，明确分工。本阶段应选择专业配套、熟悉业务、工作责任心强的精干班子组成总体设计组，并指定技术总负责人。

如果柔性自动化系统是客户委托供应商设计制造，则需求分析、可行性论证、系统验收及运行应以客户为主，以供应商为辅；而总体设计、系统制造、安装与调试应以供应商为主，客户应积极配合。

（2）选择加工零件类型和范围并进行工艺分析，制定工艺方案，确定机床设备类型。

（3）按功能划分设计模块，初步制定技术指标和各自的接口，同时，进行概要设计和初步设计。

（4）进行总体方案初步设计，这一阶段包括总体布局和各分系统的概要设计。

（5）总体设计组讨论初步形成的总体布局及各分系统的概要设计方案。

（6）根据初步形成的零件族、工艺分析、生产率、总体布局、物料储运方案等进行系统仿真分析，确定刀库容量、托盘缓冲站数量及工件运输小车与换刀机器人利用率等参数。

（7）撰写设计方案文档，最终要形成以下文档：总体设计的总技术报告，总体布局图，零件族选择及工艺分析说明书，工艺设计文件及图册，机床设备选型报告，系统仿真分析报告，机械系统与接口设计说明书及图册，电气接口设计说明书及图册，网络通信及数据库设计说明书及图册，运行控制软件及其他软件接口设计说明书，质量控制方案说明书，检测监视系统方案和接口设计说明书，系统安装、调试、验收与运行维护设计说明书，系统运行可靠性分析报告，系统运行效益评估说明书等。

(8) 组织专家评审设计方案。

### 6.3.2 零件族选择及工艺分析

要使柔性自动化系统具有令人满意的运行效率，必须从客户的实际要求出发，选择好上线的零件并进行工艺分析。这是设计或引进柔性自动化系统必须解决的问题。

根据确定的零件族和工艺分析，就可以决定柔性自动化系统的类型和规模，必需的覆盖范围和能力，机床及其他设备的类型和所需的主要附件、夹具的类型和数量，刀具的类型和数量，托盘及其缓冲站点数量，并可初步估算所需的投资额。

**1. 零件族选择的定义**

在对柔性自动化系统进行设计时，面对的是一大批形状各异的零件，但并不是所有零件都适合采用柔性自动化系统加工，因此需要确定进线零件，即进行零件族选择。

所谓零件族选择，即根据成组技术原理，从零件的结构与工艺相似性出发，对生产系统中的各类零件进行统计分析并从中选出适合采用柔性自动化系统加工的一组零件。一般来说形状相似的工件，其工艺也相似。

**2. 成组技术**

成组技术（Group Technology，GT）是揭示和利用事物间的相似性，按照一定的准则分类成组，使同组事物能够采用同一方法进行处理，以便提高效益的技术。

全面采用成组技术会从根本上影响企业内部的管理体制和工作方式，提高标准化、专业化和自动化程度。

在机械制造工程中，成组技术是计算机辅助制造的基础，它将成组哲理用于设计、制造和管理等整个生产流程，改变多品种、小批量生产方式，以获得最大的经济效益。

成组技术的核心是成组工艺，它是把结构、材料、工艺相近的零件组成一个零件族（组），按零件族制定工艺进行加工，从而扩大批量、减少品种，以便采用高效方法和提高劳动生产率。

零件的相似性是广义的，在几何形状、尺寸、功能要素、精度、材料等方面的相似性均可称为基本相似性；以基本相似性为基础，在生产、经营、管理等方面所导出的相似性，称为二次相似性或派生相似性。

从工厂的大量零件中选出适合柔性自动化系统加工的零件族并不是一件容易的事，它的影响因素很多，其中最主要的影响因素有：零件类型、零件尺寸、加工精度、材料硬度、装夹次数、生产批量。

总之，在具体选择零件族的过程中，应根据工厂的实际情况对以上因素进行综合考虑。

**3. 零件的选择方法**

刚性自动线等柔性自动化系统的加工零件单一或很少，零件的选择比较简单。

对于多品种、中小批量加工的柔性自动化系统，零件的选择是一项很重要，也很复杂的工作，零件选择的合理性对系统的组成和运行效果有很大的影响。

对于后一种情况，进线零件的选择方法通常分为人工挑选和计算机自动挑选两种。

### 6.3.3 设备的选择与配置和总体布局

柔性自动化系统的设备的选择与配置和总体布局是千变万化的，柔性自动化系统的类型不同，其设备的选择与配置和总体布局是不一样的，需视具体情况而定。

由于柔性制造系统是柔性自动化系统的发展方向，下面以柔性制造系统为例介绍设备的选择与配置和总体布局。

**1. 加工装备及其配置**

1) 柔性制造系统对机床的要求

柔性制造系统对集成于其中的加工设备是有一定要求的，不是任何加工设备均可纳入柔性制造系统。

一般来说，纳入柔性制造系统运行的机床主要有以下几个特点：

(1) 加工工序集中。

柔性制造系统是适应小批量、多品种加工的高度柔性自动化系统，且造价高昂，这就要求加工工位的数目尽可能少，而且接近满负荷工作状态。

据统计，80%的现有柔性制造系统的加工工位数目不超过10个。此外，加工工位较少，还可减轻工件流的输送负担，所以，同一机床加工工位上的加工工序集中就成为柔性制造系统中机床的主要特征。

(2) 控制方便。

柔性制造系统所采用机床的控制系统不仅要能够实现自动加工循环，还要能够适应加工对象的改变，易于重新调整，也就是说要具有"柔性"。

近年来发展起来的计算机数控装置和可编程序控制器，在柔性制造系统的机床和输送装置控制中获得日益广泛的应用。

(3) 兼顾柔性和生产率。

为了适应多品种工件加工的需要，不能像大批量生产那样采用为某一特定工序设计的专用机床，但是也不能像单件生产那样采用普通万能机床，这不符合工序集中的原则。

另外，柔性制造系统中的所有装备受到本身数控系统和中央计算机控制系统的调度和指挥，若想实现动态调度、资源共享，提高效率，就必须在各机床之间建立必要的接口和标准，以便准确及时地实现数据通信与交换，使各个生产装备、储运系统、控制系统等协调地工作。

2) 选择机床的原则

对于箱体类工件，通常选择立式和卧式机床，以及有一定柔性的专用机床，如可换主轴箱的组合机床和带有转位主轴箱的专用机床等。

对于带有大孔或圆支承面的箱体类工件，也可以采用立式车床进行加工。

对于需要进行大量铣、钻和攻螺纹加工，且长径比又小于2的回转体类工件，通常也可以在加工箱体类工件的柔性制造系统中进行加工。

数控机床的类型很多，如基本形式的卧式或立式三坐标机床，这些机床只加工工件的一个侧面，或者只能对邻近几个面上的一些表面进行加工。采用这类机床一般需要多次装夹才能完成工件各个面的加工。

若在卧式机床上增加一个或两个坐标轴，如称为第四坐标轴的托盘旋转和称为第五坐标轴的主轴头倾斜，就可以对工件进行更多表面的加工。

加工纯粹回转体类工件（杆和轴）时可以把具有加工轴类和盘类工件能力的标准计算机数控装置结合起来，构成一个加工回转体类工件的柔性制造系统。

要在立式机床上实现工件多面加工，必须在基本形式的机床上增加一个可倾式回转工作台。

通常选用五坐标轴机床，这主要是为了满足一些非正交平面内的特殊加工的需要。除上述增加坐标轴的方法外，还可在一套夹具上要装夹多个工件，以提高柔性制造系统的生产能力。

柔性制造系统应能完成某一成组零件族的全部工序的加工，系统内需要配置不同工艺范围和精度的机床来实现这一目标。

最理想的配置方案是所选机床的工艺范围有较大的兼容性，即每道工序有多台机床可以胜任，这样可以有效地避免某个关键工序或某台关键机床成为瓶颈，影响整条生产线的正常作业，可以大大提高装备的利用率，但这样做必然增加每台机床的复杂性，提高柔性制造系统的造价。

3) 确定机床种类和数量的方法及步骤

根据给定的技术条件，把要进行的各类操作分派给指定的机床并计算出每种操作的加工时间，确定整个工作量是多少，需要多少台机床，或许还可能因此对选用的方案作出修改。

只有对所规划的机床成本加以估计，才有可能估计出选用的方案的经济性能。如果加工能力低或者经济效果不好，则要对方案另作修改，一直到获得令人满意的结果为止。柔性制造系统的所有加工中心都具有刀具存储能力，采用鼓形、链形等各种形式的刀库。为了满足柔性制造系统内工件品种对刀具的要求，通常要求有很大的刀具存储容量。在一个刀库中有100个以上的刀座是很常见的。这样的容量加上某些大质量的刀具，特别是大的镗杆或平面铣刀，都要求对刀具传送和更换机构的可靠性给予足够的重视。

4) 柔性制造系统的机床配置形式

柔性制造系统适用于中小批量生产，既要兼顾对生产率和柔性的要求，也要考虑系统的可靠性和机床的负荷率，由此产生了互替形式、互补形式以及混合形式等多种类型的机床配置方案。

所谓互替形式就是纳入系统的机床是可以互相代替的。例如，由数台机床组成的柔性制造系统，由于在机床上可以完成多种工序的加工，有时一台机床就能完成箱体类工件的全部工序，工件可输送到系统中任何恰好空闲的加工工位，使系统具有较大的柔性和较宽的工艺范围，而且可以达到较高的装备利用率。

从系统的输入和输出的角度来看，互替形式的机床是并联环节，因此提高了系统的可靠性，即当某一台机床发生故障时，系统仍能正常工作。

所谓互补形式就是纳入系统的机床是互相补充的，各自完成某些特定的工序，各机床之间不能互相替代，工件在一定程度上必须按顺序经过各加工工位。它的特点是生产率较高，对机床的技术利用率较高，即可以充分发挥机床的性能。

从系统的输入和输出的角度来看，互补形式的机床是串联环节，因此降低了系统的可靠性，即当一台机床发生故障时，系统就不能正常工作。

现有的柔性制造系统大多是互替形式的机床和互补形式的机床的混合使用，即柔性制造系统中的一些机床按互替形式布置，而另一些机床则以互补形式布置，以发挥各自的优点。

**2. 各独立工位及其配置**

通常情况下，柔性制造系统具有多个独立的工位。工位的设置与柔性制造系统的规模、类型与功能需求有关。

1) 机械加工工位

机械加工工位是指对工件进行切削加工（或其他形式的机械加工）的工位，一般泛指机床。

柔性制造系统的功能主要由它所采用的机床来确定，被确定的零件族通常决定柔性制造系统应包含的机床的类型、规格、精度以及各种类型机床的组合形式。

柔性制造系统中机床的数量应根据各类被加工工件的生产纲领及工序时间来确定。必要时，应有一定的冗余。

加工箱体类工件的柔性制造系统通常选用卧式机床或立式机床，根据工件特别的工艺要求，也可选用其他类型的计算机数控装置。

加工回转体类工件的柔性制造系统通常选用车削机床。

卧式机床和立式机床应具备托盘上线的交换工作台（APC），机床都应具有刀具存储能力，其刀位数应顾及被加工工件混合批量生产时采用刀具的数量。

选择机床时，还应考虑其尺寸、加工能力、精度、控制系统以及排屑装置的位置等。

机床的尺寸和加工能力主要包括控制坐标轴数、各坐标的行程长度、回转坐标的分度范围、托盘（或工作台）尺寸、工作台负荷、主轴孔锥度、主轴直径、主轴速度范围、进给量范围、主电动机功率等。

机床的精度包括工作台和主轴移动的直线度、定位精度、重复精度以及主轴回转精度等。

机床的控制系统应具备上网和所需控制功能。

机床排屑装置的位置将影响柔性制造系统的平面布局，应予以注意。

2) 装卸工位

装卸工位是指在托盘上装卸夹具和工件的工位，它是工件进入、退出柔性制造系统的界面。装卸工位设置有机动、液压或手动工作台。通过自动导引运输车可将托盘从工作台上取走或将托盘推上工作台。操作人员通过装卸工位的计算机终端可以接收来自柔性制造系统中央计算机的作业指令或提出作业请求。装卸工位的数目取决于柔性制造系统的规模及工件进入和退出系统的频度。柔性制造系统可设置一个或多个装卸工位，装卸工作台至地面的高度应便于在托盘上装卸夹具及工件。

操作人员在装卸工位装卸工件或夹具时，为了防止托盘被自动导引运输车取走而造成危险，一般在它们之间设置自动开启式防护闸门或其他安全防护装置。

3) 检测工位

检测工位是指对完工或部分完工的工件进行检验和测量的工位，对工件的检测过程既可以在线进行，也可以离线进行。在线检测过程通常采用三坐标测量机，有时也采用其他自动检测装置。在计算机集成制造系统环境下，三坐标测量机测量工件的数控机床检测程序可通过 CAD/CAM 集成系统生成。离线检测工位的位置往往离柔性制造系统较远。

4) 清洗工位

清洗工位是指对托盘（含夹具及工件）进行自动冲洗和清除滞留在其上的切屑的工位。

对于设置在线检测工位的柔性制造系统，往往也设置清洗工位，将工件上的切屑和灰尘彻底清除干净后再进行检测，以提高检测的准确性。有时，清洗工位还具有干燥（如吹风干燥）功能。当柔性制造系统中的机床本身具备冲洗滞留在托盘、夹具和工件上的切屑的功能时，可不单独设置清洗工位。

**3. 物料储运系统及其配置**

柔性制造系统的物料是指工件（含托盘和夹具）和刀具（含刀具柄部），因此就有工件搬运系统和刀具搬运系统之分。

1）工件搬运系统

工件搬运系统是指使工件（含托盘、夹具）经工件装卸站进入或退出柔性制造系统以及在柔性制造系统内运送的系统。可供选择的工件运送方式有：自动导引运输车运送方式、有轨穿梭车运送方式、环形滚道运送方式、缆索牵引拖车运送方式、行走机器人运送方式、固定导轨式（龙门式）机器人运送方式、无轨吊挂运送方式。

通常，工件的搬运操作由自动导引运输车或有轨穿梭车完成。

有轨穿梭车具有结构原理简单、运行速度快、定位精度高、承载能力大和造价低等特点。

但是，有轨穿梭车只能在固定的轨道上运行，灵活性差，其和轨道离机床较近，使检修作业区较为狭窄，一般适用于机床台数较少（2～4台）且按直线布局的场合。

自动导引运输车目前发展较快，其行走方式主要有固定路径和自由路径两种。

在固定路径中，有电磁感应制导、光电制导、激光制导等多种形式。

在自由路径中，一种方法是采用地面支援系统，如用激光灯塔、超声波系统等产生移动的信号标志进行导引；另一种方法是靠小车上的环境识别装置实现自主行走。

工件在托盘上的夹具中装夹，一般由人工操作。当工件被装夹完毕，操作者通过装卸工位处的计算机终端将操作有关信息向单元控制器反馈，自动导引运输车接收到单元控制器的调度指令后，将工件送到指定地点，即机床、清洗工位、检测工位上的交换工作台或托盘缓冲站。

进行回转体类工件加工的柔性制造系统，除了工件搬运系统之外，还必须采用机器人才能将工件抓往机床。进行钣金加工的柔性制造系统通常采用带吸盘的输送装置搬运钣材。

作为毛坯和完工工件存放地点的仓库分为平面仓库（单层）及立体仓库两大类。

立体仓库可分为多巷道、单巷道堆垛机控制方式，个别也有采用单侧叉式控制方式的。

立体仓库的巷道数及货架数的设置，应考虑车间面积、车间高度、车间中柔性制造系统的数量、各种加工设备的能力以及车间的管理模式等。

在立体仓库中自动存取物料的堆垛机能把盛放物料的货箱推上滚道式输送装置或从其上取走，有时，还与自动导引运输车配合进行物料的传递。

进行钣金加工的柔性制造系统通常带有存放钣材的立体仓库，不设其他缓冲站。

立体仓库的管理计算机具有对物料进/出货架的管理功能以及对货架中物料的检索查询功能。

2）刀具搬运系统

刀具搬运系统是指使刀具（含刀具柄部）经刀具进出站进入或退出柔性制造系统以及在柔性制造系统内运送的系统。可供选择的刀具运送方式有：盒式刀夹－自动导引运输车方式、直线轨道机器人－中央刀库方式、带中间刀具架及换刀机器人的有轨穿梭车方式、龙门式机器人－中间刀库方式、直接更换机床刀库方式。

刀具进入系统之前，必须在刀具准备间内完成刀具的刃磨、刀具刀套的组装、刀具预调仪的对刀，并将刀具的有关参数信息送到柔性制造系统单元控制器（或刀具工作站控制器）中。

刀具准备间的规模和设备配置由柔性制造系统的目标及生产纲领确定。

刀具进出站是刀具进出柔性制造系统的界面。由人工将相应的刀具置于刀具进出站的刀位上，或从刀位上取走退出系统的刀具。

在刀具进出站处，通常设置一个条码阅读器，以识别置于刀具进出站的成批刀具，避免出现与对刀参数不吻合的错误。

换刀机器人是柔性制造系统内的刀具搬运装置，换刀机器人的手爪既要能抓住刀具柄部，又要便于将刀具置于刀具进出站、中央刀库和机床刀库的刀位上或从其上取走。

换刀机器人的自由度数按动作需要设定，既可采用地面轨道，也可采用架空轨道作为换刀机器人纵向移动之用。对于换刀不太频繁的较大型的机床，可在机床刀库附近设置换刀机器手。进入系统的刀具放在托盘上特制的专门刀盒中，由自动导引运输车经刀具进出站拉入系统，然后，换刀机器手将刀具装到机床刀库的刀位中，或从机床刀库的刀位取下刀具放入刀盒中，由自动导引运输车送到刀具进出站退出系统，这样可省去庞大的换刀机器人等刀具搬运系统。

中央刀库是柔性制造系统内刀具的存放地点，是独立于机床的公共刀库，其刀位数的设定应综合考虑系统中各机床刀库的容量、采用混合工件加工时所需的刀具最大数量、为易损刀具准备的姊妹刀具数量以及工件调度策略等。

中央刀库的安放位置应便于换刀机器人在刀具进出站、机床刀库和中央刀库三者中抓放刀具。

**4. 检测监视系统及其配置**

检测监视系统对于保证柔性制造系统各个环节有条不紊地运行起着重要的作用，其总体功能包括工件流监视、刀具流监视、系统运输过程监视、环境参数及安全监视以及工件加工质量监视。

### 6.3.4 总体平面布局

**1. 总体平面布局的基本原则**

进行总体平面布局时应遵循的基本原则主要有以下几个：

(1) 物料运输路线短；
(2) 保证设备的加工精度；
(3) 确保安全；
(4) 作业方便；
(5) 便于系统扩充；
(6) 便于控制与集成。

**2. 总体平面布局的形式**

1) 基于加工装备之间关系的总体平面布局

按照柔性自动化系统中加工装备之间的关系，总体平面布局可分为随机布局、功能布局、模块布局和单元布局。

2）基于物料输送路径的平面布局

按工件在柔性自动化系统中的流动路径，总体平面布局可分为直线型、环型、网络型等多种形式。

## 6.4 柔性自动化系统的实现技术

### 1. 计算机辅助设计技术

计算机辅助设计技术引入专家系统，实现了智能化，有助于加快开发新产品和研制新结构的速度。

### 2. 模糊控制技术

模糊控制技术的成果是模糊控制器。最近开发出的高性能模糊控制器具有自动功能，可在控制过程中不断获取新的信息并自动调整控制量，使系统性能大为改善，以基于人工神经网络的自学方法引起人们极大的关注。

### 3. 人工智能技术及专家系统

迄今，柔性自动化系统所采用的人工智能大多指基于规则的专家系统。专家系统利用专业知识和推理规则进行推理，求解各类问题（如解释、预测、诊断、查找故障、设计、计划、监视、修复、命令及控制等）。由于专家系统能简便地将各种事实与通过经验获得的知识相结合，因此为柔性制造业诸方面的工作增强了柔性。展望未来，以知识密集为特征，以知识处理为手段的人工智能技术（包括专家系统）必将在柔性制造业（尤其是智能型）中起着日趋重要的关键性作用。智能制造技术旨在将人工智能融入制造过程的各个环节，借助模拟专家的智能活动，取代或延伸制造环境中人的部分脑力劳动。在制造过程中，柔性自动化系统能自动监测其运行状态，当受到外界或内部激励时能自动调节参数，以达到最佳工作状态，且具备自组织能力。

### 4. 人工神经网络技术

人工神经网络是模拟智能生物的神经网络对信息进行并行处理的一种工具，也是一种人工智能工具。在自动控制领域，人工神经网络将与专家系统和模糊控制器并列，成为柔性自动化系统的组成部分。

## 6.5 柔性制造技术的发展趋势

### 1. 发展柔性制造技术的支撑条件

1）技术培训

应用柔性制造技术的用户需要建立一支自己的自动化领域专家和专业技术人员队伍，因此，对有关人员进行技术培训极为重要。

2）自动化技术应用经验

企业应用自动化技术的经验对于成功应用柔性制造技术是极为重要的，这种经验来自积累。

3) 上级主管部门和领导的支持

在国有企业中，成功应用柔性制造技术的一个必要条件是得到上级主管部门和领导的有力支持，上级主管部门和领导支持力度的强弱对于缩短实施周期和回收期有着重大影响。

4) 工程主管者

发展柔性制造技术必须任命一位有权威的工程主管者（工程负责人）。这位工程主管者通常应处于上级主管部门或工厂级主管人员的地位。

5) 供应商

发展柔性制造技术，争取软、硬件供应商的技术支持极为重要，即使是技术水平较高、应用经验较丰富的用户，这种支持也是有必要的。

**2. 柔性制造单元将成为发展和应用的热门**

柔性制造单元的投资比柔性自动化系统少得多但效益接近，更适用于财力有限的中、小型企业。

**3. 发展效率更高的柔性生产线**

进行多品种、大批量生产的企业，如汽车及拖拉机等工厂对柔性自动化系统的需求引起了柔性自动化系统制造厂商的极大关注。采用价格低廉的专用数控机床替代通用的机床将是柔性自动化系统的发展趋势。

**4. 朝多功能方向发展**

由单纯加工型柔性自动化系统进一步开发兼具焊接，装配，检验及钣材加工乃至铸、锻等制造工序的多功能柔性自动化系统。开发柔性自动化系统是实现未来工厂的新颖概念模式和新的发展趋势，是决定制造企业未来发展前途的具有战略意义的举措。目前，反映工厂整体水平的柔性自动化系统是第一代柔性自动化系统。真正完善的第二代柔性自动化系统将使智能化机械与人相互融合，柔性地全面协调从接收订单至生产、销售等企业生产经营的全部活动。

柔性自动化系统是在自动化技术、信息技术及制造技术的基础上，在计算机及其软件的支撑下，将以往企业中相互独立的工程设计、生产制造及经营管理等过程合并所构成的一个覆盖整个企业的完整而有机的，以实现全局动态最优化，总体高效益、高柔性，进而赢得竞争胜利为目标的智能制造系统。

从 20 世纪 60 年代开始至今，柔性制造技术的出现、发展、进步和广泛应用，对机械加工行业及工厂自动化技术的发展产生了重大影响，并开创了工厂自动化技术应用的新领域，大大促进了计算机集成制造技术（Computer Integrated Manufacturing Technology，CIMT）的发展和应用。柔性自动化系统在世界范围内获得了年增长率约为 30% 的快速发展和应用。在柔性自动化系统领域，美国、德国和日本居世界领先地位。20 世纪 90 年代后，工业界更加注重信息集成和人在计算机集成制造系统和柔性自动化系统中的积极作用，认识到对于柔性自动化系统而言，如果系统规模小些，并允许人更多地能动介入，系统运行往往会更有成效。现在，柔性制造技术已朝着更加正确的方向发展，并开发了新的柔性制造设备，使高性能柔性加工中心构成的柔性制造单元得到广泛应用；同时，工业界更加注重柔性制造技术与 CAD/CAPP/CAM、工厂或车间生产控制和管理系统相集成，以达到使企业生产经营能力整体优化的目的，适应动态多变型市场的需求。

当今，"柔性" "敏捷" "智能" 和 "集成" 乃是制造设备和系统的主要发展趋势。柔性自动化系统的构成和应用形式将更加灵活和多样化，小型柔性自动化系统在吸取了大型柔性自动化系统的应用实践经验后获得了迅速发展，其总体结构通常采用模块化、通用化、硬/软件功能兼容和可扩展的设计技术。这些模块具有功能通用化特征，相对独立性好，配有相应的硬/软件接口，易按不同需求进行组合和扩展。与大型柔性自动化系统相比，小型柔性自动化系统投资较少，运行可靠性好，成功率较高。小型柔性自动化系统伴随着分布式数控系统、柔性制造技术发展而附带生产的柔性制造单元将具有更加强大的生命力，并将得到快速发展和广泛应用，还可能形成商品化的柔性制造设备，成为制造业先进设备的主要发展趋势和面向21世纪的先进生产模式。

# 第7章 智能工厂的网络与通信系统

## 7.1 初识网络与通信系统

### 7.1.1 通信系统

通信系统是完成信息传输过程的技术系统的总称。现代通信系统主要借助电磁波在自由空间中的传播或在导引媒体中的传输实现，前者称为无线通信系统，后者称为有线通信系统。

用电信号（或光信号）传输信息的通信系统，也称为电信系统。电信系统通常是由具有特定功能、相互作用和相互依赖的若干单元组成的，完成统一目标的有机整体。最简单的通信系统供两点间的用户彼此发送和接收信息使用。在一般通信系统内，用户可通过交换设备与系统内的其他用户进行通信，如图7.1所示。

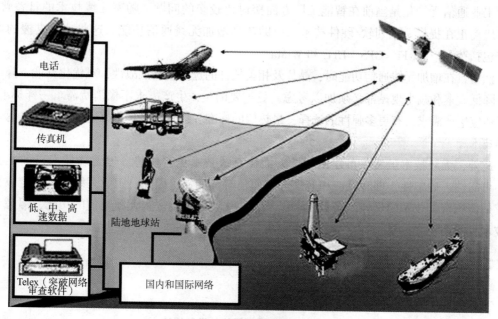

图7.1 通信系统

当电磁波的波长达到光波范围时，这样的电信系统特称为光通信系统，其他电磁波范围的电信系统则称为电磁通信系统。由于光的导引媒体采用特制的玻璃纤维，因此，有线光通信系统又称为光纤通信系统。一般电磁波的导引媒体是导线，按其具体结构通信系统可分为电缆通信系统和明线通信系统。通信系统按电磁波的波长可分为有微波通信系统与短波通信系统。另外，按照通信业务的不同，通信系统又可分为电话通信系统、数据通信系统、传真通信系统和图像通信系统等。由于人们对通信的容量要求越来越高，通信业务越来越多样化，所以通信系统正迅速朝着宽带化方向发展，而光纤通信系统将发挥越来越重要的作用。

通信系统一般由信源（发端设备）、信道（传输媒介）和信宿（收端设备）等组成，它们被称为通信系统的三要素，如图7.2所示。

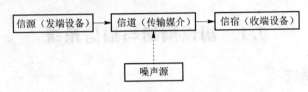

图7.2 通信系统的三要素

来自信源的消息（语言、文字、图像或数据）在发端先由末端设备（如电话、电传打字机、传真机或数据末端设备等）变换成电信号，然后经发端设备编码、调制、放大或发射后，把基带信号变换成适合在传输媒介中传输的形式；经传输媒介传输，在收端经收端设备进行反变换恢复成消息提供给收信者。这种点对点的通信大都为双向传输，因此，在通信对象所在的两端均备有发端设备和收端设备。

工业通信无线化是当前在智能工厂方面探讨比较多的问题。随着无线技术的日益普及，各供应商正在提供一系列软/硬件技术，协助产品增加无线通信功能。这些技术支援的通信标准包括蓝牙、Wi-Fi、GPS、LTE和WiMax。

然而，在增加无线通信功能时，晶片及相关软件的选择极具挑战性，对优化性能、降低功耗、降低成本和减小规模都必须加以考虑。更重要的是，生产需求不像消费需求一样标准化，为了适应生产需求，有更多弹性的选择，最热门的标准和技术未必是最好的通信标准和客户需要的技术。

此外，无线技术虽然在布建便利性方面比有线技术更有优势，但无线技术目前在完善性、可靠性、确定性、即时性、相容性等方面还有待加强，因此，工业无线技术的定位目前仍应是传统有线技术的延伸，多数仪表以及自动化产品虽会嵌入无线通信的功能，但舍弃有线技术目前还言之过早。

### 7.1.2 工业控制网络的发展历程

工业控制网络的发展历程见表7.1。

表7.1 工业控制网络的发展历程

| 年代 | 形式 | 介绍 |
| --- | --- | --- |
| 20世纪30年代 | 机械式/液动式仪表 | 仪表体积较大，只能实现就地检测、记录和简单的控制，适合单机控制 |
| 20世纪30年代末—40年代初 | 气动式仪表 | 使用统一的压力信号，带远程发送器，能在远距离外的二次仪表上重现读数，从而能集中在中心控制室进行检测、记录和控制 |

续表

| 年代 | 形式 | 介绍 |
|---|---|---|
| 20世纪50年代 | 电动仪表 | 线缆较多 |
| 约1962年 | 中央控制计算机系统（Computer Control System, CCS） | 在此基础上产生了数据采集与监视控制系统、直接数字控制（Direct Digital Control, DDC） |
| 约1976年 | 集散控制系统 | 控制集中、危险集中，对中央控制计算机系统要求高，是相对于集中式控制系统而言的一种新型计算机控制系统，它是在集中式控制系统的基础上发展、演变而来的 |
| 约1972年 | 现场总线控制系统（Fieldbus Control System, FCS） | 随着生产力水平的发展（由简到繁，再由繁到简的螺旋式上升发展过程）所产生 |

## 7.2 网络与通信系统的功能划分

### 7.2.1 通信系统的分类和原理

通信系统按所用传输媒介的不同可分为两类：（1）利用金属导体为传输媒介，如常用的通信线缆等，这种通信系统称为有线通信系统；（2）利用无线电波在大气、空间、水或岩、土等传输媒介中传播进行通信，这种通信系统称为无线通信系统。光通信系统也有"有线"和"无线"之分，它们所用的传输媒介分别为光学纤维和大气、空间或水。

按通信业务（即所传输的信息种类）的不同，通信系统可分为电话、电报、传真、数据通信系统等。在时间上是连续变化的信号，称为模拟信号（如电话）；在时间上离散，其幅度取值也离散的信号称为数字信号（如电报）。模拟信号通过模拟-数字变换（包括采样、量化和编码过程）可变成数字信号。通信系统中传输的基带信号为模拟信号时，这种通信系统称为模拟通信系统；传输的基带信号为数字信号的通信系统称为数字通信系统。

通信系统都是在有噪声的环境下工作的。设计模拟通信系统时采用最小均方差准则，即收端输出的信号噪声比最大。设计数字通信系统时，采用最小错误概率准则，即根据所选用的传输媒介和噪声的统计特性，选用最佳调制体制，设计最佳信号和最佳接收机。

**1. 模拟通信系统**

模拟通信是指在信道上把模拟信号从信源传送到信宿的一种通信方式。由于导体中存在电阻，信号直接传输的距离不能太远，解决的方法是通过载波传输模拟信号。载波是指被调制以传输信号的波形，通常为高频振荡的正弦波。把模拟信号调制在载波上传输，则可比直接传输远得多。一般要求载波的频率远远高于调制信号的带宽，否则会发生混叠，使传输信号失真。

模拟通信系统通常由信源、调制器、信道、解调器、信宿及噪声源组成。

模拟通信的优点是直观且容易实现，但其保密性差，抗干扰能力弱。模拟通信系统中在信道上传输的信号频谱比较窄，可通过多路复用提高信道的利用率。

## 2. 数字通信系统

数字通信是指在信道上把数字信号从信源传送到信宿的一种通信方式。与模拟通信相比，其优点是抗干扰能力强，没有噪声积累；可以进行远距离传输并能保证质量；能适应各种通信业务要求，便于实现综合处理；传输的二进制数字信号能直接被计算机接收和处理；便于采用大规模集成电路实现，通信设备易于集成化；容易进行加密处理，安全性更容易得到保证。模拟信号与数字信号如图7.3所示。

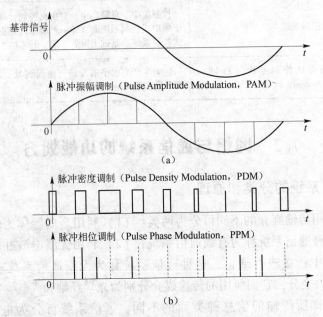

**图7.3 模拟信号与数字信号**
(a) 模拟信息；(b) 数字信号

## 3. 多路通信系统

为了充分利用通信信道、扩大通信容量和降低通信费用，很多通信系统采用多路复用方式，即在同一传输途径上同时传输多个信息。多路复用分为频分多路复用、时分多路复用和码分多路复用。在模拟通信系统中，将划分的可用频段分配给各个信息而共用一个传输媒质，称为频分多路复用。在数字通信系统中，分配给每个信息一个时隙（短暂的时间段），各路信号依次轮流占用时隙，称为时分多路复用。码分多路复用则是在发端使各路输入信号分别与正交码波形发生器产生的某个码列波形相乘，然后相加而得到多路信号。完成多路复用功能的设备称为多路复用终端设备。多路通信系统由末端设备、终端设备、发送设备、接收设备和传输媒介等组成，如图7.4所示。

## 4. 有线通信系统

有线通信系统是用于长距离电话通信的载波通信系统，是频分多路复用通信系统，由载波电话终端设备、增音机、传输线路和附属设备等组成。其中，载波电话终端设备是把音频信号或其他群信号搬移到线路频谱或将对方传输来的线路频谱加以反变换，并能适应线路传输要求的设备；增音机能补偿线路传输衰耗及其变化，沿线路每隔一定距离装设一部。

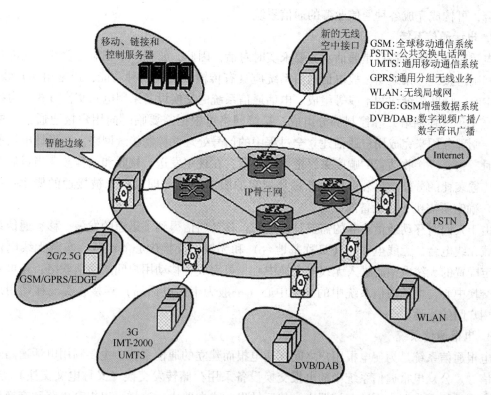

图 7.4 多路通信系统

**5. 微波接力通信系统**

长距离、大容量的无线通信系统，因传输信号占用频带宽，一般工作于微波或超短波波段。在这些波段中，一般仅在视距范围内具有稳定的传输特性，因此，在进行长距离通信时应采用接力（也称中继）通信方式，即在信号由一个终端站传输到另一个终端站所经的路由上，设立若干个邻接的、转送信号的接力站（又称中继站），各站间的空间距离为 20～50 km。接力站又可分为中间站和分转站。微波接力通信系统的终端站所传信号在基带上可与模拟频分多路复用终端设备或数字时分多路复用终端设备相连接。前者称为模拟微波接力通信系统，后者称为数字微波接力通信系统。由于具有便于加密和传输质量好等优点，数字微波接力通信系统日益受到人们的重视。除上述视距微波接力通信系统外，利用对流层散射传播的超视距散射通信系统也可通过接力方式作为长距离中容量的通信系统。

**6. 卫星通信系统**

在微波接力通信系统中，若以位于对地静止轨道上的通信卫星为中继转发器转发各陆地地球站的信号，则构成卫星通信系统。卫星通信系统的特点是覆盖面积很大，在卫星天线波束覆盖的大面积范围内可根据需要灵活地组织通信联络，有的还具有一定的变换功能，故已成为国际通信的主要手段，也是许多国家国内通信的重要手段。卫星通信系统主要由通信卫星、陆地地球站、测控系统和相应的终端设备组成。卫星通信系统既可作为一种独立的通信手段（特别适用于海上、空中的移动通信业务和专用通信网），又可与陆地的通信系统结合，相互补充，构成更完善的通信系统。

用上述有线通信系统、微波接力通信系统和卫星通信系统作传输分系统，与交换分系统相结合，可构成完成各种通信业务的通信系统。

**7. 电话通信系统**

电话通信系统的特点是通话双方要求实时对话，因此，要在一个相对短暂的时间内在双方之间临时接通一条通路，故电话通信系统应具有传输和交换两种功能，通常由用户线路、交换中心、局间中继线和干线等组成。电话通信系统的交换设备采用电路交换方式，由接续网络（又称交换网络）和控制部分组成。接续网络可根据需要临时向用户接通通话用的通路，控制部分用来完成用户通话建立全过程中的信号处理并控制接续网络。在设计电话通信系统时，主要以接收话音的响度来评定通话质量，在规定发送、接收和全程参考当量后即可进行传输衰耗的分配。另外根据话务量和规定的服务等级（即用户未被接通的概率——呼损率）确定所需机、线设备的能力。

由于人们对移动通信业务的需要日益增长，移动通信得到了迅速的发展。移动通信系统由车载无线电台、无线电中心（又称基地台）和无线电交换中心等组成。车载无线电台通过固定配置的无线电中心进入无线电交换中心，可完成各移动用户间的通信联络，还可由无线电交换中心与电话通信系统中的交换中心（一般为市内电话局）连接，实现移动用户与固定用户间的通话。

**8. 电报通信系统**

电报通信系统是为使电报用户之间互通电报而建立的通信系统，主要利用电话通路传输电报信号。公众电报通信系统中的电报交换设备采用存储转发交换（又称电文交换）方式，即将收到的报文先存入缓冲存储器中，然后转发到去向路由，这样可以提高电路和交换设备的利用率。在设计电报通信系统时，服务质量是以通过系统传输一份报文所用的平均时延来衡量的。对于用户电报通信业务则仍采用电路交换方式，即将双方间的电路接通，而后由用户双方直接通信。

**9. 数据通信系统**

数据通信是伴随着信息处理技术的迅速发展而发展起来的。数据通信系统由分布在各点的数据终端和数据传输设备、数据交换设备和通信线路互相连接而成。利用通信线路把分布在不同地点的多个独立的计算机系统连接在一起的网络，称为计算机网络，这样可使广大用户共享资源。在数据通信系统中多采用分组交换（又称包交换）方式，这是一种特殊的电文交换方式，在发端把数据分割成若干长度较短的分组（又称包），然后进行传输，在收端加以合并。它的主要优点是可以减少时延和充分利用传输信道。

## 7.2.2 现场总线的概念、现场总线控制系统的组成与体系结构

**1. 现场总线的概念**

国际电工委员会制定的国际标准 IEC 61158 对现场总线（Fieldbus）的定义是：安装在制造或过程区域的现场装置与控制室内的自动控制装置之间的数字式、串行、多点通信的数据总线。

IEC 61158 - 2 "用于工业控制系统中的现场总线标准——第 2 部分：物理层规范（Physical Layer Specification）与服务定义（Server Definition）" 又进一步指出：现场总线是一种用于底层工业控制和测量设备，如变送器（Transducers）、执行器（Actuators）和本地控制器（Local Controllers）之间的数字式、串行和多点通信的数据总线。

对现场总线概念的理解和解释还存在一些不同的表述：

（1）现场总线一般是指一种用于连接现场设备，如传感器（Sensors），执行器以及 PLC、调节器（Regulators）、驱动控制器等现场控制器的网络。

（2）现场总线是应用在生产现场、在微机化测量控制设备之间实现双向串行多节点数字通信的系统，也被称为开放式、数字化、多点通信的底层控制网络。

（3）现场总线是一种串行的数字数据通信链路，它形成了生产过程领域的基本控制设备（现场设备）之间以及更高层次自动控制领域的自动化控制设备（车间级设备）之间的联系。

（4）现场总线是连接控制系统中现场装置的双向数字通信网络；现场总线是连接控制室和现场设备的双向全数字通信总线。

（5）现场总线是用于过程自动化和制造自动化（最底层）的现场设备或现场仪表互连的现场数字通信网络，是现场通信网络与控制系统的集成。

（6）在自动化领域，"现场总线"一词是指安装在现场的计算机、控制器以及生产设备等连接构成的网络；现场总线是应用在生产现场、在测量控制设备之间实现工业数据通信、形成开放型测控网络的新技术，是自动化领域的计算机局域网，是网络集成的测控系统。

现场总线一般应被看作一个系统、一个网络或一个网络系统，它的目的是现场测量和/或控制，通常被称为现场总线控制系统。

**2. 现场总线控制系统的组成与体系结构**

1）现场总线控制系统的组成

（1）现场总线控制系统的硬件由总线电缆和总线设备组成。

①总线电缆又称为通信线、通信介质（媒体/媒介/介体）。

②连接在总线电缆上的设备称为总线设备，又称为总线装置、节点（主节点、从节点）、站点（主站、从站）。

（2）现场总线控制系统的软件分为系统平台软件和系统应用软件。

①系统平台软件：为系统构建、运行以及应用软件编程提供环境、条件或工具的基础软件，包括组态工具软件、组态通信软件、监控组态软件和设备编程软件。

a. 组态工具软件：为用计算机进行设备配置、网络组态提供平台并按现场总线协议/规范（Protocol/Specification）与组态通信软件交换信息的工具软件，如 RSNetWorx for DeviceNet、ControlNet、EtherNet/IP。

b. 组态通信软件：为计算机与总线设备进行通信，读取总线设备参数或将总线设备配置、网络组态信息传送至总线设备所使用的软件，如 RSLinx。

c. 监控组态软件：运行于监控计算机（通常也称为上位机）上的软件，具有实时显示现场设备运行状态参数、故障报警信息并进行数据记录、趋势图分析及报表打印等功能。监控组态软件可使用户通过简单形象的组态工作实现系统的监控功能。监控组态软件又称上位机监控组态软件，如 RSView32。

d. 设备编程软件：为系统应用软件提供编程环境的平台软件。当总线设备为控制器/PLC 时，设备编程软件即控制器编程软件，如 RSLogix500（用于 SLC500 系列和 ML 系列控制器的 32 位基于 Windows 的梯形图逻辑编程软件）、RSLogix5000（用于 Logix 平台所包括的各种控制器如 Control LogixTM 的编程软件）。

②系统应用软件：为实现系统以及设备的各种功能而编写的软件，包括系统用户程序软件、设备接口通信软件和设备功能软件。

a. 系统用户程序软件：根据系统的工艺流程或功能及其他要求所编写的系统级的用户应用程序。该程序一般运行于作为主站的控制器或计算机中。

b. 设备接口通信软件：根据现场总线协议/规范编写的用于总线设备之间通过总线电缆进行通信的软件。

c. 设备功能软件：使总线设备实现自身功能（不包括现场总线通信部分）的软件。

2）现场总线控制系统的体系结构

在现场总线控制系统中，总线设备主要分为6类：变送器/传感器、执行器、控制器、监控/监视计算机、网桥/网关/中继器/集线器/交换机/路由器、其他现场总线设备。

### 7.2.3 现场总线控制系统的技术特点及优点

**1. 现场总线控制系统的技术特点**

现场总线控制系统是当今3C［通信（Communication）、计算机（Computer）和控制（Control）］技术发展的结合点。

现场总线控制系统是过程控制技术、自动化仪表技术和计算机网络技术三大技术发展的交汇点。

现场总线控制系统是信息技术和网络技术的发展在控制领域的体现。

现场总线控制系统是信息技术和网络技术发展到现场的结果。现场总线是自动化领域技术发展的热点之一，将给传统的工业自动化带来革命，从而开创工业自动化的新纪元。

现场总线控制系统必将逐步取代传统的独立控制系统、集中采集控制系统和集散控制系统，成为21世纪自动控制系统的主流。

与集散控制系统等传统的系统相比，现场总线控制系统有以下几个技术特点。

1）现场通信网络

现场总线控制系统将总线电缆延伸到工业现场（制造或过程区域），或总线电缆就是直接安装在工业现场的。

现场总线控制系统完全适用于工业现场环境，因为它就是为此而设计的。

2）数字通信网络

现场底层的变送器/传感器、执行器和控制器之间的信号均为数字信号。

中/上层的控制器、监控/监视计算机等设备之间的数据传送均用数字信号；各层设备之间的信息交换均用数字信号。

传统集散控制系统的通信网络介于操作站与控制站之间，而现场仪表与控制站中的输入/输出单元之间采用一对一的模拟信号传输方式。

3）开放互连网络

现场总线标准、协议/规范是公开的，所有制造商都必须遵守；现场总线网络是开放的，既可实现同层网络互连，也可实现不同层网络互连，而不管其制造商是哪一家；用户可共享网络资源。

4）现场设备互连网络

现场总线控制系统通过一根总线电缆将所需的各个现场设备（如变送器/传感器、执行器、控制器）互相连接起来，即用一根总线电缆直接互连 $N$ 个现场设备，从而构成现场设备的互连网络。

5）结构与功能高度分散的系统

现场总线控制系统结构具有高度分散性，系统功能实现了高度分散，现场设备由分散的功能模块构成。

现场总线控制系统废弃了集散控制系统的控制站及输入/输出单元，从根本上改变了集中与分散相结合的集散控制系统体系，通过将控制功能高度分散到现场设备实现了彻底分散控制。

6）现场设备的互操作性与互换性

互操作性：不同厂商的现场设备可以互连，可以进行信息交换并可统一组态。

互换性：不同厂商的性能类似的现场设备可以互相替换。

现场总线控制系统中现场设备所具有的互操作性与互换性是集散控制系统所不具备的。

**2. 现场总线控制系统的优点**

现场总线控制系统所具有的数字化、开放性、分散性、互操作性与互换性及对现场环境的适应性等特点决定和派生了其一系列优点。

(1) 电缆和连接附件大量减少。

①一根总线电缆直接互接 $N$ 台现场设备，电缆用量大大减少（集散控制系统几百根甚至几千根信号与控制电缆）。

②端子、槽盒、桥架、配线板等连接附件用量大大减少。

(2) 仪表和输入/输出转换器（卡件）大量减少。

①采用人机界面、本身具有显示功能的现场设备或监视计算机代替显示仪表，使仪表的数量大大减少。

②输入/输出转换器（卡件）的数量大大减少。

在集散控制系统中，4~20 mA 线路只能获得一个测量参数，且与控制站中的输入/输出单元一对一地直接相连，因此，输入/输出单元数量多。

在现场总线控制系统中，一台现场设备可以测量多个参数，并将它们以所需的数字信号通过总线电缆进行传送，因此，对单独的输入/输出转换器（卡件）的需要少。

(3) 设计、安装和调试费用大大降低。

①集散控制系统烦琐的原理图设计在现场总线控制系统中变得简单易行。

②安装和校对的工作量大大减少。

③可根据需要将系统分为几个部分分别调试，使调试工作变得灵活方便。

④强大的故障诊断功能使调试工作变得轻松。

(4) 维护开销大幅度下降。

①系统的高可靠性使系统出现故障的概率大大减小。

②强大的故障诊断功能使故障的早期发现、定位和排除变得快速而有效，系统正常运行时间更长，维护停工时间大大减少。

(5) 系统可靠性提高。

①系统结构与功能的高度分散性决定了系统的高可靠性。

②现场总线协议/规范对通信可靠性方面（通信介质、报文检验、报文纠错、重复地址

检测等）的严格规定保证了通信的高可靠性。

（6）系统测量与控制精度提高。

在现场总线控制系统中，各种开关量、模拟量就近转变为数字信号，所有总线设备间均采用数字信号进行通信，避免了信号的衰减和变形，减少了传送误差。换言之，现场总线控制系统的数字化特点从根本上提高了系统的测量与控制精度。

（7）系统具有优异的远程监控功能。

①可以在控制室远程监视现场设备和系统的各种运行状态。

②可以在控制室对现场设备及系统进行远程控制。

（8）系统具有强大的（远程）故障诊断功能。

①可以诊断和显示各种故障，如总线设备和连接器的断路、短路故障以及通信故障和电源故障等。

②可以将各种状态及故障信息传送到控制室中的监视/监控计算机，大大减少了使用和维护人员不必要的现场巡视。当现场总线控制系统安装在恶劣环境中时，这尤其具有重要意义。

（9）设备配置、网络组态和系统集成方便自由。

①用户可以通过同层网络或上层网络对现场设备进行参数设置，而不必到现场对每一个设备逐个进行配置。

②利用组态工具软件可以迅速而方便地组建现场总线网络，配置网络参数。

③现场总线控制系统中现场设备的开放性、互操作性与互换性使用户可以自由地集成不同厂商、不同品牌的产品和网络，从而构成所需的系统。

（10）现场设备更换和系统扩展更为方便。

①现场设备具有互操作性和互换性，损坏的设备可用功能类似的任何厂家的设备替换，实现"即插即用"。

②当需要增加现场设备时，无须增设新的电缆，可就近连接在原有的电缆上。

③系统扩展所需的组态时间大大减少。

④为企业信息系统的构建创造了重要条件。

⑤企业信息系统由现场控制层、过程监控层和企业经营管理层构成。

⑥现场总线控制系统或者构成了企业信息系统的现场控制层，或者构成了企业信息系统的基本框架。

⑦现场总线控制系统为总线设备及系统的各种运行状态和故障信息、各种控制信息进入（企业）公用数据网络创造了条件，使管理者能得到更多的决策依据，为管理者作出各种正确决策提供了有力的支持，从而可使企业获得较高的整体综合效益。

与传统的集散控制系统方案相比，美国阿拉斯加州的 West SakARCO 油田（自然环境十分恶劣）采用某现场总线控制系统所带来的节省情况如下：

减少接线端子 84%；减少 I/O 卡件数量 93%；减少控制仪表面板空间 70%；减少室内接线数量 98%；由于远程诊断而减少维护工作量 50%～80%；扩展油田所需组态时间减少 90%；节省电缆费用 69%。

## 7.3 网络与通信系统的设计原则

根据目前生产车间计算机网络现状和需求分析及其未来发展趋势，在网络设计时应遵循以下几个原则。

**1. 开放性和标准化原则**

首先采用国家标准和国际标准，其次采用广为流行的、实用的工业标准，只有这样，内部网络系统才能方便地从外部网络快速获取信息；同时，还要求在授权后网络系统的部分信息可以对外开放，保证网络系统适度的开放性。

网络的开放性是非常重要的，但经常被网络工程设计人员忽视的。在进行网络系统设计时，在有标准可执行的情况下，一定要严格按照相应的标准进行设计，特别在网线制作、结构化布线和网络设备协议支持等方面。采用开放的标准可以充分保障网络系统设计的延续性，即使将来当前的设计人员不在企业，后来人员也可以通过标准轻松地了解整个网络系统的设计标准。

**2. 实用性与先进性兼顾原则**

在网络系统设计时首先应该注重实用性，紧密结合具体应用的实际需求。在选择具体的网络技术时一定要同时考虑当前及未来一段时间内的主流应用技术，不要一味地追求新技术和新产品。一方面，新的技术和产品还有一个成熟的过程，立即选用可能会出现各种意想不到的问题；另一方面，最新产品的价格肯定非常高。

如在以太网技术中，目前千兆位以下的以太网技术都已非常成熟，产品价格也已降到了合理的水平，但万兆位以太网技术还没有得到普及应用，相应的产品价格仍相当高，所以如果不是必须，尽量不选择万兆位以太网技术的产品。

另外在选择技术时，一定要选择主流应用技术，如同轴电缆的令牌环以太网和FDDI光纤以太网目前已很少使用。目前的以太网技术基本上都是基于双绞线和光纤的，其传输速率最低都应达到10/100 Mbit/s。

**3. 无"瓶颈"原则**

该原则的目的是实现设备性能和功能的匹配。网络性能与网络安全一样，最终取决于网络通信链路中性能最低的那部分。

如某会聚层交换机连接到核心交换机的1 000 Mbit/s双绞线以太网端口上，而该会聚层交换机却只有100 Mbit/s，甚至10 Mbit/s的端口，很显然这个会聚层交换机上所连接的节点都只能享有10 Mbit/s或者100 Mbit/s的性能。如果上联端口具有1 000 Mbit/s性能，而各节点端口支持100 Mbit/s连接，则性能就完全不一样了。

又如服务器的各项硬件配置都非常高（达到了企业级标准），但所用的网卡却只是普通的PCI 10/100 Mbit/s网卡，显然这将成为服务器性能发挥的"瓶颈"。再好的其他配置最终也无法正常发挥作用。再如，服务器使用了4个至强处理器，而内存容量却只有初始配置的1 GB，或者磁盘采用了读写性能较低的IDE RAID或者SATA RAID，这样配置的结果同样会使服务器的性能大打折扣，浪费了高性能配置资源。

这类情况非常多，在此就不一一列举了。这就要求在进行网络系统设计时一定要全局综合考虑各部分的性能，而不能只注重局部的性能配置，特别在交换机端口、网卡和服务器组件配置等方面。

**4. 可用性原则**

服务器的可用性决定了网络系统能否满足用户应用和稳定运行的需求。可用性表现为网络系统的可靠性和稳定性，要求网络系统能长时间稳定运行，而不能经常出现问题，否则会给用户带来非常巨大的损失，对于大型外贸、电子商务类型的企业更是如此。可用性还表现为所选择产品能真正用得上，如所选择的服务器产品只支持 UNIX 系统，而用户根本不打算用 UNIX 系统，则所选择的服务器就用不上。

网络系统的可用性通常是由网络设备（软件系统其实也有可用性要求）的可用性决定的，主要体现在服务器、交换机、路由器、防火墙等重负荷设备上。这就要求在选购这些设备时一定不要一味贪图廉价，而要选择一些国内外主流品牌，应用主流技术和成熟型号产品。

另外，网络系统的电源供应在可用性保障方面也非常重要，特别对于关键网络设备和关键用户机。需要为这些节点配置足够功率的不间断电源（Uninterruptible Power System，UPS），其在试电出现不稳定，或者停电时可以持续工作一段时间供用户保存数据，退出系统，以免数据丢失。通常像服务器、交换机、路由器、防火墙之类的关键设备要接在可持续工作 1 小时以上（通常为 3 小时）的不间断电源上，而关键用户机则需要接在可持续工作 15 分钟以上的不间断电源上。

**5. 安全第一原则**

网络安全涉及许多方面，最重要的是对外界入侵、攻击的检测与防护。网络系统几乎时刻受到来自外界的安全威胁，稍有不慎就会被病毒、黑客入侵，致使整个网络系统陷入瘫痪。在一个安全措施完善的网络系统中，不仅要部署病毒防护系统、防火墙隔离系统，还要部署入侵检测、木马查杀系统和物理隔离系统等。当然，所选用防护系统的具体等级要根据相应网络系统的规模和安全需求而定，并不要求每个网络系统都全面部署这些防护系统。

除了病毒、黑客入侵外，网络系统的安全性需求还体现在用户对数据的访问权限上，一定要根据对应的工作需求为不同用户、不同数据配置相应的访问权限，对安全级别需求较高的数据则要采取相应的加密措施；同时，用户账户，特别是高权限账户的安全也应受到高度重视，要采取相应的账户防护策略（如密码复杂性策略和账户锁定策略等），保护好用户账户，以防被非法用户盗取。

该原则还有一个重要方面，就是数据备份和容灾。它在一定程度上决定了企业的生存与发展，特别是企业数据主要是电子文档的电子商务类企业。在设计网络系统时，一定要充分考虑数据备份和容灾，部署相应级别的数据备份和容灾方案。中、小型企业通常采用微软公司的 Windows 2000 Server、Windows Server 2003 中的备份工具进行数据备份和恢复，而对于大型的企业，则需要采用第三方专门的数据备份系统，如维他斯公司（Veritas，现已并入赛门铁克公司）的 Backup Exec 系统。

## 7.4 网络与通信系统的实现技术

### 7.4.1 现场总线国际与中国标准

**1. 了解国际标准的必要性**

某种现场总线是否已被列入国际标准或/和其他有关标准，是衡量其是否已成为或将成为国际主流现场总线的重要的,甚至决定性的因素之一。

在当今数字技术时代,标准不仅是产品规范,而且还起着领导其所在领域高新技术发展的特殊作用。

现场总线标准确保了每种总线设备/软件都具有广阔的市场,有助于大批量生产以及采用大规模集成(Large Scale Integration,LSI)或超大规模集成(Very Large Scale Integration,VLSI)技术,从而降低了成本。

现场总线的开放性、互操作性与互换性均是以其标准为前提的。

**2. 制定国际标准的机构**

制定国际标准的有国际标准化组织(International Organization for Standardization,ISO)、国际电工委员会(International Electrotechnical Commission,IEC)、国际电信联盟(International Telecommunication Union,ITU)。

各个国家均有制定国家标准的组织,我国制定国家标准的组织是中国标准化管理委员会(Standardization Administration of China,SAC)。

**3. 现场总线国际标准**

据统计,世界上已有现场总线100多种,其中宣称为开放型的现场总线就有40多种,仅国际标准现场总线就达25种。

IEC 61158:工业控制系统用现场总线(Fieldbus for Use in Industrial Control System)。

IEC 62026:低压开关设备和控制设备(Low-Voltage Switchgear and Controlgear)用现场总线(设备层现场总线)。

ISO 11898:道路交通工具—数字信息交换—用于高速通信的控制器局域网(CAN)。

ISO 11519:道路交通工具—低速串行数据通信。

IEC 61158:制定时间最长、投票次数最多、意见分歧最大的国际标准之一,到目前为止共有4个不同的版本。

**4. 现场总线中国标准**

1)与 IEC 61158 相应的现场总线中国标准

GB/T 20540—2006 "测量和控制数字式数据通信工业控制系统用现场总线类型3:PROFIBUS"。

GB/Z 20541—2006 "测量和控制数字式数据通信工业控制系统用现场总线类型10:PROFINET"。

2)与 IEC 61158 相应的现场总线中国机械行业标准

JB/T 10308.3—2001 "测量和控制数字数据通信工业控制系统用现场总线类型3:PROFIBUS"。

JB/T 10308.2—2006 "测量和控制数字数据通信工业控制系统用现场总线类型2:ControlNet 和 Ethernet/IP"。

3)与 IEC 62026 相应的现场总线中国标准

GB/T 18858.1—2002 "低压开关设备和控制设备控制器–设备接口(CDI)第1部分 总则";

GB/T 18858.2—2002 "低压开关设备和控制设备控制器–设备接口(CDI)第2部分 执行器–传感器接口(AS-i)";

GB/T 18858.3—2002 "低压开关设备和控制设备控制器–设备接口(CDI)第3部分 DeviceNet"。

**5. 其他现场总线中国标准**

GB/Z 20177—2006 "控制网络 LONWORKS 技术规范";

GB/Z 20830—2007 "基于 PROFIBUS DP 和 PROFINET IO 的功能安全通信行——PROFIsafe";

GB/T 19582—2008 "基于 Modbus 协议的工业自动化网络规范"。

### 7.4.2 现场总线地区与国家标准及其他现场总线标准

1996 年欧洲电工标准化委员会（CENELEC）发布了包含 3 种不兼容协议的非单一欧洲标准 EN50170（如上所述，现均已成为国际标准）：卷 1（Volume 1）：P - NET，卷 2：Profibus，卷 3：WorldFIP。

**1. 已成为国际标准的现场总线**

Interbus 为欧洲标准 EN 50254 和德国国家标准 DIN 19258；

AS - i 为欧洲标准 EN 50295；

DeviceNet 为欧洲标准 EN 50325；

FF H1 为美国标准 ISA S50.02；

Profibus 为德国国家标准 DIN 19245；

P - NET 为丹麦国家标准（1996 年）；

WorldFIP 的前身 FIP 为法国国家标准。

**2. 其他现场总线**

（1）Modbus：20 世纪 70 年代由美国的莫狄康（Modicon）公司提出，有 2 种协议，即 Modbus ASCII 和 Modbus RTU。

（2）BACnet：一种广义现场总线，由美国采暖、制冷与空调工程师学会推出，于 1995 年成为美国建筑自动化网络通信标准 ANSI - 135，为建筑自动化领域的主流现场总线之一。

（3）Sensoplex 2：由德国的图尔克（TURCK）公司推出的应用于重工业自动化领域的控制网络。

（4）局域互联网络（Local Interconnect Network，LIN）：一种通用、串行、低成本的车用 A 类网络标准，可作为控制域网（Controller Area Network，CAN）的辅助网络。LIN 协会成立于 1998 年年末。LIN 最初是由五大汽车制造商奥迪（Audi）、宝马（BMW）、戴姆勒（DaimlerChrysler）、沃尔沃（Volvo）、大众（Volkswagen）和开发工具生产商 VCT（Volcano Communications Technologies）及半导体生产商摩托罗拉（Motorola）共同推出的。LIN 协会从成立至今主要推出了 LIN1.0、LIN1.1、LIN1.2、LIN1.3，直到目前最新的 LIN2.0。

（5）BIT Bus：由英特尔（Intel）公司于 1984 年推出，曾在欧洲获得较广泛的应用，我国也有不少系统在运行。

（6）RS - 485：用于平衡数字多点系统的发送器和接收器的电气特性标准，是在 1983 年 12 月由美国电子工业协会在 RS - 232 标准的基础上制定的一个物理接口电气标准，在 1998 年 3 月成为电子工业协会等组织的共同标准 TIA/EIA - 485 - A - 98。RS - 485 是其他一些现场总线的物理层的接口标准（或之一），如 PROFIBUS、Interbus、Modbus、LONWORKS、P - NET、BACnet、BIT Bus。更有许多中小厂商或用户采用 RS - 485 物理接口自定义简单的数据链路层和应用层协议开发分布式测控系统。

（7）Beckhoff：一种出自欧洲的光总线。由 Beckhoff 所设计的光总线大多是封闭的，其收发器和 ASIC 芯片均由 Beckhoff 设计提供。Beckhoff 的性能与 SERCOS 的性能相近。

（8）X-10：一个简单的协议，于 1976—1978 年在美国开发。它以家庭内普遍存在的电力线为通信介质，用于家庭电器控制、安全控制等方面。

（9）消费电子总线（Consumer Electronics Bus，CEBus）：由美国电子工业协会的消费电子小组于 1984 年制定，于 1992 年正式成为 EIA-600 标准。CEBus 物理层定义了电力线、双绞线、红外线等 7 种介质。CEBus 是一种有影响的家庭自动化总线。

X-10 和 CEBus 均为美国的家庭自动化总线/网络标准。

家庭自动化总线/网络标准还有：

①欧洲安装总线（European Installation Bus，EIB）；

②欧洲家庭系统（Europe Home System，EHS）和 BatiBUS；

③日本的 Homebus；

④澳洲奇胜（Clipsal）公司的 C-BUS；

⑤WTB（Wire Train Bus）、MVB（Multifunction Vehicle Bus）、CANopen、IQBUS、EHS-net、excom 等。

## 7.5 网络设计实例

珲春紫金矿业有限公司生产管理信息化系统的网络建设目标是：采用网络集成方法，遵循有关的网络互联标准、规范，选用合适的网络互联技术及产品（包括交换、接入设备等），构筑一个结构合理、性能优良、安全可靠的网络通信平台，在其基础上可以实现高质量的数据、视频等的传输服务并结合高速千兆以太网技术，达到提供高质量通信服务的目标。

### 7.5.1 网络整体架构

**1. 网络整体架构概述**

根据珲春紫金矿业有限公司的生产特点、业务性质、管理要求、机构编制和企业发展的需要，分别建设全厂数据采集网、管理网、控制网，以及视频监控网 4 个局域网络。数据采集网通过网关机采集过程控制系统数据，然后经过光纤收发器连接制造执行系统的数据采集汇聚层交换机并连接历史数据库。管理网是涵盖企业领导、管理部门，实现生产管理、实时监控和办公的网络。控制网采用冗余环网实现集散控制。视频监控网用于生产过程的视频监控。为了确保网络和信息的安全，数据采集网、管理网、控制网以及视频监控网在物理上分别独立建设，经过安全隔离连接通信，其网络拓扑结构如图 7.5 所示。

设计说明如下：

（1）主流程集散控制系统数据采集网络：在侧吹炉、转炉、阳极炉、制酸厂、废水处理厂、铜电解厂、动力厂、制氧站、渣选厂 9 个子站，安装网关机采集数据，通过光纤收发器连接计算机主机房制造执行系统的数据采集汇聚层交换机，将数据存入历史数据库。

（2）其他控制系统数据采集网络：在 66 kV 变电所、厂前区换热站和 LNG 站 3 个子站，安装网关机采集数据，通过光纤收发器连接计算机主机房制造执行系统的数据采集汇聚层交换机，将数据存入历史数据库。

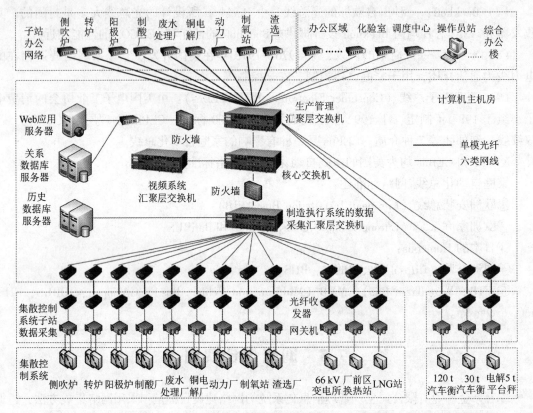

图 7.5 网络拓扑结构

(3) 计量称重系统数据采集网络：在 120 t 汽车衡、30 t 汽车衡、电解 5 t 平台秤 3 个位置安装网关机采集数据，通过光纤收发器连接计算机主机房生产管理汇聚层交换机，将数据存入关系数据库。

(4) 办公业务网络：在侧吹炉、转炉、阳极炉、制酸厂、废水处理厂、铜电解厂、动力厂、制氧站、渣选厂 9 个子站控制室安装接入交换机，通过光纤与生产管理汇聚层交换机连接，综合办公楼的调度中心、化验室等通过网线与生产管理汇聚层交换机连接，实现各子站办公业务和制造执行系统客户端应用。

(5) 网络安全隔离：制造执行系统的数据采集汇聚层交换机通过防火墙与核心交换机连接，实现数据采集网络与办公管理网络的安全隔离。服务器组通过防火墙与核心交换机连接，实现关系数据库服务器、历史数据库服务器、Web 应用服务器与客户端应用的安全隔离。

(6) 服务器连接：历史数据库服务器主要完成过程控制系统实时数据存储，数据采集流量较大，因此，直接与制造执行系统的数据采集汇聚层交换机连接，而不经过核心交换机，以减小核心交换机的流量压力；同时，制造执行系统的数据采集汇聚层交换机通过防火墙与核心交换机连接，保障数据采集网络的安全性；关系数据库服务器通过防火墙隔离，再与生产管理汇聚层交换机连接，既保障了服务器的安全，又使数据不通过核心交换机，减小了核心交换机的流量压力，因此，只有当管理系统应用客户端需要调用生产监控历史数据时，该种服务器的连接结构才需要经过核心交换机交换数据。这大大提升了网络系统数据传输的效率。

**2. 核心层网络**

网络整体采用集中管理模式，为保证用户网络业务的安全可靠运行并考虑信息点数量，选用西门子SCALANCE XR552-12M作为核心交换机，配置24个千兆电口和10个千兆/百兆自适应光口，详细配置见设备选型。核心层网络节点分布见表7.2。

表7.2 核心层网络节点分布

| 序号 | 一级核心节点 | 数量 | 用途 |
|---|---|---|---|
| 1 | 计算机主机房 | 1 | 管控 |

**3. 汇聚层网络**

汇聚层由骨干一级核心节点与其区域内主干二级汇聚节点之间的局域网、各区域内主干汇聚节点的内部局域网组成。汇聚层是整个网络系统的二级主干网络，用于各工序内的各三级接入节点网络的互连，通过各区域内二级汇聚节点的汇聚形成区域的网络整体。考虑汇聚层交换机应当具有良好的扩充性，本系统中计算机主机房设备制造执行系统的数据采集汇聚层交换机和视频系统汇聚层交换机，选用两台西门子SCALANCE XR552-12M，都配置24个千兆电口和10个千兆/百兆自适应光口，详细配置见设备选型。汇聚层网络节点分布见表7.3。

表7.3 汇聚层网络节点分布

| 序号 | 二级汇聚节点 | 数量 | 用途 |
|---|---|---|---|
| 1 | 制造执行系统的数据采集汇聚层交换机 | 1 | 管控 |
| 2 | 生产管理汇聚层交换机 | 1 | 管控 |
| 3 | 视频系统汇聚层交换机 | 1 | 管控 |

**4. 接入层网络**

生产管理接入层网络由区域内主干二级汇聚节点与下属三级接入节点之间的局域网以及三级接入节点组成，通过西门子SCALANCE XR324-12M交换机接入。三级接入节点共计12个，分布情况见表7.4。

表7.4 生产管理接入层网络节点分布

| 序号 | 三级接入节点 | 数量 | 用途 |
|---|---|---|---|
| 1 | 侧吹炉 | 1 | 管控 |
| 2 | 转炉 | 1 | 管控 |
| 3 | 阳极炉 | 1 | 管控 |
| 4 | 制酸厂 | 1 | 管控 |
| 5 | 废水处理厂 | 1 | 管控 |
| 6 | 铜电解厂 | 1 | 管控 |
| 7 | 动力厂 | 1 | 管控 |
| 8 | 制氧站 | 1 | 管控 |
| 9 | 渣选厂 | 1 | 管控 |
| 10 | 调度中心 | 1 | 管控 |
| 11 | 化验室 | 1 | 管控 |
| 12 | 综合办公楼 | 3 | 管控 |

数据采集接入层网络由区域内主干二级汇聚节点与下属三级接入节点之间的局域网以及三级接入节点组成，通过光纤收发器接入。三级接入节点共计15个，分布情况见表7.5。

表 7.5　数据采集接入层网络节点分布

| 序号 | 三级接入节点 | 数量 | 用途 |
| --- | --- | --- | --- |
| 1 | 侧吹炉 | 1 | 数据采集 |
| 2 | 转炉 | 1 | 数据采集 |
| 3 | 阳极炉 | 1 | 数据采集 |
| 4 | 制酸厂 | 1 | 数据采集 |
| 5 | 废水处理厂 | 1 | 数据采集 |
| 6 | 铜电解厂 | 1 | 数据采集 |
| 7 | 动力厂 | 1 | 数据采集 |
| 8 | 制氧站 | 1 | 数据采集 |
| 9 | 渣选厂 | 1 | 数据采集 |
| 10 | 66 kV 变电所 | 1 | 数据采集 |
| 11 | 厂前区换热站 | 1 | 数据采集 |
| 12 | LNG 站 | 1 | 数据采集 |
| 13 | 120 t 汽车衡 | 1 | 数据采集 |
| 14 | 30 t 汽车衡 | 1 | 数据采集 |
| 15 | 电解 5 t 平台秤 | 1 | 数据采集 |

### 7.5.2　网络管理软件

**1. SINEMA Server**

SINEMA Server 是一款网络管理软件。SINEMA Server 用于监视网络设备，接入 LAN 或 WLAN 的可编程控制器和无线设备以及基础设施组件，如工业以太网交换机或工业 WLAN 接入点。凭借 SINEMA Server 的自动检测功能，系统不但可以自动检测可编程控制器和基础设施组件，还可以在它们与网络相连时自动检测其参数，然后根据这一信息计算网络拓扑和统计信息。SINEMA Server 与 Web 访问和受监视的网络管理结构如图 7.6 所示。

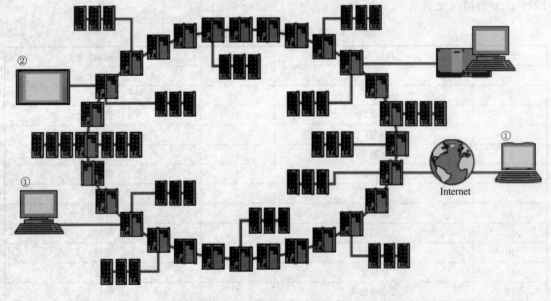

①、②通过Internet进行Web浏览

图 7.6　SINEMA Server 与 Web 访问和受监视的网络管理结构

1) SINEMA Server 管理站——服务器功能

作为服务器使用时，SINEMA Server 包括可组态的网络管理软件功能，此功能用于监视和管理工业以太网/PROFINET 网络中的设备及其状态。

运行 SINEMA Server 的计算机称为管理站。

SINEMA Server 在运行期间定期轮询以太网节点的状态信息并进行网络报警。网络变更、错误和可用性数据都会记录和归档在数据库中。用户可以调用这些信息。

利用可设定特定时间段的报告功能，用户能够记录和分析网络。

2) Web 用户界面——访问服务器功能

可以通过 Web 客户端和管理站的 Web 用户界面访问 SINEMA Server。

可以通过管理功能组态 SINEMA Server 的活动，通过设置用户权限和特定视图可以兼顾用户的不同要求。

在 SINEMA Server 的 Web 界面中显示网络信息。必要时，可以通过附加诊断显示调用更多详细信息。

3) OPC 服务器——应用程序的附加界面

对于 OPC 应用程序，可以使用附加界面访问 SINEMA Server。SIMATICWinCC 等人机界面系统同样使用该选项访问网络数据。

**2. 双机热备软件 ROSEHA**

本系统采用 ROSE HA for Windows 2008 Server。ROSEHA 是一套防止业务主机因不可避免的意外宕机或发生计划性宕机的高可用性软件，其同时安装在两台主机上，用于监视系统的状态，协调两台主机的工作，维护系统的可用性。ROSEHA 能侦测应用级系统软件、硬件发生的故障，及时地进行错误隔绝、恢复，以最低成本为用户提供几乎不停顿的计算机作业环境。ROSEHA 因稳定、可靠，在 Windows NT 服务器的容错软件中占有绝对的优势，同时也成为绝大多数磁盘阵列柜厂家的 OEM 容错软件的首选。

1) 工作模式

主从方式（Active/Standby）：主机工作，从机处于监控准备状态。当主机宕机时，从机接管主机的工作，待主机恢复正常后，按使用者的预设以自动或手动的方式将服务切换到主机上运行。

双工方式（Active/Active）：两台主机同时运行各自的服务工作，且相互监测对方的情况。当一台主机宕机时，另外一台主机立即接管它的工作，以保证工作不间断。

2) 功能特点

（1）当一台活动服务器宕机时，其 IP 地址、服务器名称及运行的作业会自动转移至另一台服务器，客户端软件不需要重新设定，只要重新连接至原来的 IP 地址及服务器名称即可继续作业。

（2）两台服务器的信息交换可通过 RS232、TCP/IP 进行。

（3）ROSEHA 采取高可靠的错误检测和故障恢复机制减少系统宕机、停机时间并防范错误，提供故障警告。

（4）ROSEHA 可设定故障排除后自动或手动回复。

（5）ROSEHA 安装时不需要修改操作系统的核心、更改应用软件，也无须特殊的硬件。

（6）ROSEHA 提供基于图形用户界面（Graphical User Interface，GUI）的监控中心，管理员能查看 ROSEHA 的状态、检查错误信息和警告、修改系统参数及从远程工作站管理 ROSEHA 系统。

(7) 与数据库无关,可以支持各种数据库,包括 Oracle、Sybase 和 Informix 等。

3) 管理工具

(1) 友好、直观、易于操作的图形用户界面。

(2) 有关 ROSEHA 的配置都可以在图形用户界面中完成,支持动态配置和实时同步。

(3) 网卡的状态、磁盘的状态都可在图形用户界面中显示出来。

(4) 用户可通过第三方 Web 浏览器进行远程管理。

### 7.5.3 主要硬件设备

**1. 西门子交换机 SCALANCE XR552 – 12M**

西门子交换机 SCALANCE XR552 – 12M 可将大型自动化网络分成若干小的子网络,每个子网络显著增强了网络的可用性,因为数据可以在冗余结构中通过层路由可靠地传输。西门子交换机 SCALANCE XR552 – 12M 模型如图 7.7 所示。由于骨干传输速率高达 10 Gbit/s,SCALANCE XR500 – 12M 允许建立从现场层到管理层的全集成无缝网络。西门子交换机 SCALANCE XR552 – 12M 参数见表 7.6。

图 7.7 西门子交换机 SCALANCE XR552 – 12M 模型

表 7.6 西门子交换机 SCALANCE XR552 – 12M 参数

| 项目 | | 参数 |
|---|---|---|
| 传输速率/(bit·s$^{-1}$) | | 10/100/1 000M/10G |
| 最多电气/光纤接口数量 | | 52 |
| 最多可连接介质模块数量 | | 12 |
| 供电 | | 24DC(可选 PS598 – 1 电源) |
| 工作环境条件 | | |
| 工作温度/℃ | | 0 ~ 60 |
| 运输温度/℃ | | – 40 ~ 70 |
| 存储温度/℃ | | – 40 ~ 70 |
| 防护等级 | | IP20 |
| 外形尺寸(宽×高×长)/mm | | 449 × 133 × 305 |
| 安装方式 | | 19 英寸[①] 机架 |
| 认证 | 噪声辐射 | EN61000 – 6 – 4(A 级) |
| | 抗干扰性 | EN61000 – 6 – 2 |

---

① 1 英寸 = 0.025 4 米。

## 2. 西门子交换机 SCALANCE XR300

西门子交换机 SCALANCE XR300 是高性能、工业级工业以太网 19 英寸机架交换机,其模型如图 7.8 所示。它为带有多种连接介质和大量端口的大型网络所设计,包括企业网络。它具有广泛的冗余功能(STP/RSP/MRP)与链路聚合功能,可作为冗余管理器使用。SCALANCE XR300 参数见表 7.7。

图 7.8 西门子交换机 SCALANCE XR300 模型

表 7.7 西门子交换机 SCALANCE XR300 参数

| 项目 | 参数 |
| --- | --- |
| 传输速率/(bit·s$^{-1}$) | 10/100/1 000 M |
| 电口 | 24×RJ45 接口(10/100/1 000 Mbit/s;TP) |
| 光口 | 可选,最多 24 个光口(100/1 000 Mbit/s;BFOC/SC/LC) |
| 电源连接 | 1×4 针端子排 |
| 信号触发连接 | 1×2 针端子排 |
| 交换介质插槽 | C – PLUG |
| 电源电压 | 2×24 V DC(24~48 V) |
| 电流消耗 | 5 A |
| 功率 | 50 W |

续表

| 项目 | 参数 |
|---|---|
| 网络范围/<br>双绞线长度 | 使用电气介质模块：<br>（1）0~100 m：带有工业快速连接 RJ45 插头的工业标准电缆<br>（2）用 0~90 m 工业标准电缆连接的 RJ45 接口的插座 + 10 m 双绞线<br>（3）85 m：带有工业快速连接 RJ45 插头的船用/拖缆<br>（4）用 0~75 m 船用/拖缆连接的 RJ45 接口的插座 + 10 m 双绞线<br>（5）55 m：带有工业快速连接 RJ45 插头的扭转双绞线<br>（6）用 0~45 m 扭转双绞线连接的 RJ45 接口的插座 + 10 m 双绞线<br>使用光口：<br>0~120 km：使用不同的光纤介质模块，传输距离不同 |
| 工作环境条件 | （1）工作温度：-40 ℃ ~70 ℃<br>（2）运输/存储温度：-40 ℃ ~80 ℃<br>（3）工作湿度：<95%，无凝结 |
| 防护等级 | IP20 |
| 噪声辐射 | EN 61000 -6 -4（A 级） |
| 抗干扰性 | EN 61000 -6 -2 |
| 认证 | （1）CuL listing：UL 60950，CSA C22.2 Nr. 60950，UL 508，CSA C22.2 Mr. 14 - M91，UL 1604 und 2279（Hazardous Location）<br>（2）FM：FM 3611（Hazardous Location）<br>（3）ATEX Zone 2：EN 50021<br>（4）C - Tick：AS/NZS 2064（A 级）<br>（5）CE：EN 61000 -6 -4，EN 61000 -6 -2 |

### 3. 网康防火墙 NF – 1000 – 60

网康防火墙 NF – 1000 – 60 是一款可以全面应对应用层威胁的高性能防火墙。网康防火墙 NF – 1000 – 60 模型如图 7.9 所示。通过深入洞察网络流量中的用户、应用和内容，并借助全新的高性能单路径异构并行处理引擎，网康防火墙 NF – 1000 – 60 能够为用户提供有效的应用层一体化安全防护，帮助用户安全地开展业务并简化用户的网络安全架构。网康防火墙 NF – 1000 – 60 参数见表 7.8。

图 7.9 网康防火墙 NF – 1000 – 60 模型

表 7.8 网康防火墙 NF – 1000 – 60 参数

| 项目 | 硬件参数 |
|---|---|
| 网络接口 | 板载 10GE（含 1 个 MGT） |
| USB 接口 | 2 |
| RS232 串口 | 1 × RJ 45 |
| 硬盘容量 | 500 G |

续表

| 项目 | 硬件参数 |
|---|---|
| 电源规格 | 交流单电源 110～240 V，250 W |
| 尺寸规格 | 1U，440mm×330mm×44 mm |
| 项目 | 性能参数 |
| 应用吞吐量 | 600 Mbit/s |
| IPS 吞吐量 | 240 Mbit/s |
| 并发连接数 | 100 万 |
| 新建连接速度 | 1.8 万/s |
| 适用用户数 | 2 000 人 |
| IPSec 吞吐量 | 200 Mbit/s |
| IPSec 隧道数 | 5 000 个 |
| 项目 | 功能参数 |
| 网络路由 | 静态 ARP、ARP 代理、PPoE、DHCP、静态路由、RIP、OSPF、策略路由、网口联动、链路负载均衡、链路备份、应用路由 |
| VPN 功能 | 支持 IPsec VPN，支持 L2TP，支持 Windows 客户端登录，支持与其他品牌 VPN 对接 |
| 应用识别与控制 | 支持 2 500 种以上应用、500 种移动应用、300 种高风险应用、自定义应用 |
| 网络攻击防护 | DDoS 攻击防护，端口扫描防护，洪水攻击防护，TearDrop、LAND、WinNuke、Smurf、Fraggle 和 Ping Of Death 等攻击防护 |
| 入侵检测 | 蠕虫、木马、后门、间谍软件、漏洞攻击、缓冲区溢出攻击、协议异常、暴力攻击、SQL 注入等 |
| 病毒、木马检测 | 基于云的病毒查杀，能够有效识别各种病毒、木马和恶意网址 |
| 用户管理 | 支持触发式 Web 认证及 LDAP、Radius、POP3、IP/MAC 绑定认证；支持 AD、CAMS、SAM、PPoE 单点登录，多点登录，用户有效期，页面跳转等 |
| 流量管理 | 支持多级通道、虚拟线路、基于时间段的流量控制和保障 |
| 智能化主动防御 | 基于行为分析技术定位僵尸主机，利用应用威胁可视、安全基线对比和集成关联分析技术找到网络中的潜在风险 |
| 数据防泄露 | 支持阻断通过正则表达式指定的特定内容数据，支持阻断指定文件类型（无视修改扩展名） |
| 统计功能 | 基于应用安全角度全局俯瞰统计排名、应用风险评估、应用安全基线对比分析 |
| 日志中心 | 警告日志、威胁日志、系统日志、URL 过滤日志、流量日志、配置日志、日志关联 |
| 系统监控 | 设备信息、Top 排名、连接监控、通道监控、上线用户、风险系数 |
| 项目 | 管理方式 |
| 操作界面 | Web 界面（支持各种主流浏览器和 HTTPS 加密传输）/ 命令行界面（SSH / Console 口） |
| 项目 | 设备部署 |
| 部署方式 | 网桥模式 / 网关模式 / 旁路镜像 / 混杂模式（网关+网桥） |

## 4. IBM 服务器 X3650 M4

IBM 服务器 X3650 M4 是将最大化无故障运行时间、性能和 I/O 灵活性融为一体，以实现卓越的成本效益和坚如磐石的可靠性的产品。IBM 服务器 X3650 M4 凭借按需购买设计提供经济实惠而又易于使用的节能智能型机架式解决方案，从而帮助用户降低成本和管理风险。凭借更高的计算能力功耗比、最新的英特尔至强 E5－2600 系列处理器、先进的内存支持、针对需要极致存储容量的企业的更高磁盘容量，IBM 服务器 X3650 M4 可以提供均衡的性能与密度。

IBM 服务器 X3650 M4 凭借冗余热插拔组件、磁盘和电源，可以提供非常适合业务关键型应用程序的弹性架构，其模型如图 7.10 所示。由于带有冗余热插拔组件，可以简易地替换故障组件，而无须使系统停机。

图 7.10　IBM 服务器 X3650 M4 模型

第二代集成式管理模块（IMM2）和统一可扩展固件接口（UEFI）为 IBM 服务器 X3650 M4 提供了一致的系统级代码堆栈，可实现卓越的设置、配置和易用性。可选的随需增加功能（FoD）远程在线支持使用户可从任意位置管理、监控和进行故障排除。强大而又易于使用的工具可以帮助用户同时管理物理资源和虚拟资源。IBM 服务器 X3650 M4 参数见表 7.9。

表 7.9　IBM 服务器 X3650 M4 参数

| 项目 | 参数 |
| --- | --- |
| 外形/高度 | 2 U 机架 |
| 处理器（最大） | 多达 2 个 8 核英特尔至强 E5－2600 系列处理器 |
| 缓存（最大） | 每个处理器为 20 MB |
| 内存（最大） | 利用 24 个插槽高达 768 GB（UDIMM/RDIMM/LRDIMM/HCDIMM） |
| 介质托架 | 可选的 DVD 和磁带驱动器托架 |
| 磁盘托架 | 16 个 2.5 英寸、6 个 3.5 英寸硬盘驱动器或 32 个 1.8 英寸固态驱动器 |
| RAID 支持 | 主板上的 IBM ServeRAID M5110e RAID，集成式 6 Gbit/s 硬件 RAID－0、RAID－1、RAID－10 和可选的 RAID－5、RAID－50 或 RAID－6、RAID－60 |
| 电源（标配/最大） | 1/2 冗余 550 W AC、750 W AC、900 W AC 或 750 W DC（因型号而异） |
| 易插拔器件 | 电源、风扇模块和硬盘驱动器 |
| 网络接口 | 4 个 1 GbE（标配）、2 个 10 GbE 嵌入式适配器（无插槽选用） |
| 扩展插槽 | 4～6 个 PCIe 3.0 端口、可选的 4 个 PCI－X 或 2 个双宽 PCIe（用于 GPU） |
| USB 端口 | 前端 2/后端 4/内部 2 |
| VGA 端口 | 前端 1/后端 1 |
| 最高内部存储量 | 多达 16 TB（2.5 英寸型号）或 18 TB（3.5 英寸型号）SAS/SATA |

续表

| 项目 | 参数 |
|---|---|
| 符合能效标准 | AC 和 DC 电源二者均符合 NEBS 1/ETSI 标准，符合 80 PLUS © Platinum 和 ENERGY STAR ©标准（因型号而异） |
| 系统管理 | 带可选随需增加功能远程在线支持的 IBM IMM2、预测性故障分析、诊断 LED、光通路诊断面板、服务器自动重启、IBM Systems Director 和 Active Energy Manager™ |
| 支持的操作系统 | Microsoft Windows Server、Red Hat Enterprise Linux、SUSE Linux Enterprise Server、VMware vSphere |
| 有限保修 | 3 年有限保修，服务可升级 |

### 5. 研祥网关机 IPC-820/ECO-1816

研祥网关机 IPC-820/ECO-1816 是一款 4U 上架机箱，其模型如图 7.11 所示，可以兼容 FSC、EPI、EPE、EC9、EC0 等各类全系列全长卡和工业母板，内置高速进风风扇；具有良好的散热、抗振、电磁兼容性能。它结构合理，设计先进，前面板采用钣金造型，主机体为优质钢板成型，采用双压条结构，可有效固定主板重心位置；具有机箱、门板一体化带锁保护系统，可避免非授权人员入侵。

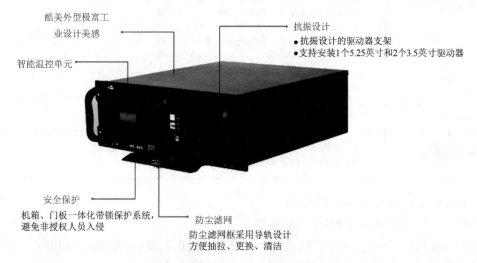

图 7.11 研祥网关机 IPC-820/ECO-1816 模型

研祥网关机 IPC-820/ECO-1816 可广泛应用于通信、网络、金融、电力、交通、工业自动化等各领域，其参数见表 7.10。

表 7.10 研祥网关机 IPC-820/ECO-1816 参数

| 项目 | | 参数 |
|---|---|---|
| 主要性能指标 | 扩展性能 | （1）可安装主板：PICMG 1.0 标准全长卡、PICMG 1.3 标准全长卡、EPI 2.0 标准全长卡、EPE 标准全长卡、EC9 标准单板、EC0 标准单板；<br>（2）可安装底板：10 槽标准 PICMG 1.0 底板、14 槽标准 PICMG 1.0 底板、10 槽标准 PICMG 1.3 底板、13 槽标准 EPI 2.0 底板、10 槽标准 EPE 底板；<br>（3）可安装电源：标准 PS2 ATX 电源、标准 PS2 AT 电源 |

续表

| 项目 | 参数 |
|---|---|
| 存储扩展 | (1) 1个5.25英寸CD-ROM空间<br>(2) 2个3.5英寸HDD空间（作减振）<br>(3) 1个3.5英寸HDD空间（不作减振） |
| 机箱自带接口及按键 | (1) 前置2个USB 2.0接口<br>(2) ATX开关，复位开关，电源、硬盘指示灯，带锁安全门 |
| 外形尺寸 | 482 mm（宽）×177 mm（高）×470.4 mm（深） |
| 净重 | 15.3 kg |
| 温度 | (1) 工作温度：0~50 ℃<br>(2) 存储温度：-20 ℃~60 ℃ |
| 湿度 | 5%~90%（非凝结状态） |
| 电磁兼容性 | (1) GB 9254—2008，辐射骚扰（A）级，传导骚扰（A）级<br>(2) GB/T 17626.2—2006 静电接触放电（2）级<br>(3) GB/T 17626.4—2008 脉冲群抗扰度（2）级<br>(4) GB/T 17626.6—2008 传导抗扰度（2）级<br>(5) GB/T 17626.5—2008 浪涌（冲击）抗扰度（2）级<br>(6) GB/T 17626.6—2008 传导抗扰度（2）级 |
| 可靠性 | (1) 平均无故障工作时间：≥50 000 h<br>(2) 平均维修时间：≤0.5 h |
| 安全性 | 满足 GB 4943 的基本要求 |
| 机械环境适应性 | (1) 抗振：5~17 Hz/1.0 mm 振幅；17~200 Hz/1.0 $g$ 加速度<br>(2) 抗冲击：10 $g$ 加速度，11 ms 周期 |

**6. DELL 操作站 OptiPlex 3020MT**

DELL 操作站 OptiPlex 3020MT 的配置如下：

CPU：Intel I5-4590；内存：8G DDR3；硬盘：1TB 7 200r；光驱：DVDRW；显示器：24 英寸 16:9 液晶显示器；网卡：千兆以太网；USB 键盘/鼠标。

DELL 操作站 OptiPlex 3020MT 模型如图 7.12 所示。

**7. 巡点检仪"小神探" MS401**

1）巡点检仪嵌入式软件功能

(1) 巡点检功能；

(2) 通信功能；

(3) 信息查询功能；

(4) 统计功能；

(5) 测量功能；

(6) 系统功能。

2）巡点检仪外形

巡点检仪"小神探" MS401 模型如图 7.13 所示。

第7章 智能工厂的网络与通信系统

图 7.12　DELL 操作站 OptiPlex 3020MT 模型

图 7.13　巡点检仪"小神探"MS401 模型

3）巡点检仪"小神探"MS401 参数（表 7.11）

表 7.11　巡点检仪"小神探"MS401 参数

| 项目 | 参数 |
| --- | --- |
| 尺寸/重量 | 198mm×65mm×35mm/490 g（含电池） |
| 液晶显示 | 3.5 英寸 TFT，320 像素×240 像素，带触摸屏，背光可调 |
| 工作时间 | 3 600 mAh 电池，连续工作时间大于 8 小时，待机时间大于 100 小时 |

续表

| 项目 | 参数 |
|---|---|
| CPU | Marvell PXA310，主频 624 MHz |
| 操作系统 | Windows CE6.0，支持二次开发 |
| 数据库 | SQL Server CE 3.0 |
| 键盘 | 支持中/英文、数字输入，正常使用寿命可达 100 万次 |
| 触摸屏 | 触摸导航，配合手写识别软件，实现中/英文、数字输入 |
| 设备识别 | 射频识别 |
| 通信方式 | Wi-Fi、蓝牙、USB 电缆 |
| 应用软件 | 移动点检管理软件 |
| 在线升级 | 自动判断版本，自动升级 |
| 节电功能 | 一段时间无操作，自动进入节电模式 |
| 实时时钟 | 内置时钟芯片，支持闹钟功能 |
| 报警功能 | 可设置声、光报警 |
| 测量功能 | 内置测温、测振单元 |
| 手电筒功能 | 内置手电筒，用于照明 |
| 腕带功能 | 便于手持 |
| 数据存储 | 内置 1 GB 存储卡，掉电后可保存 10 年以上 |
| 项目 | 工业设计指标 |
| 电磁兼容 | GB 9254—2008、GB/T 17626.2—2006<br>抗静电放电干扰：4 级<br>抗射频电磁场辐射干扰：2 级<br>抗工频磁场干扰：3 级<br>抗电磁辐射干扰：B 级 |
| 环境条件 | (1) 工作：<br>工作温度：-10 ℃ ~ 55 ℃<br>相对湿度：5% ~ 95%（无结露）<br>大气压力：(86 ~ 106) kPa；<br>(2) 贮运：<br>贮运温度：-20 ℃ ~ 75 ℃<br>振动条件：20 m/s<br>冲击条件：300 m/s$^2$、脉冲持续时间 18 ms |
| 防爆 | 厂用本质安全型 Ex ib Ⅱ CT6 |
| 认证 | CMC 制造计量器具许可证，认证编号：沪制 01040077 号 |
| 防护等级 | 防水防尘：IP65，GB 4208 |
| 自由跌落 | 1.2 m 硬地面 |
| 项目 | 振动测量指标 |
| 加速度 | 10 Hz ~ 1 kHz, 0.1 ~ 200.00 m/s$^2$（峰值） |
| 速度 | 10 Hz ~ 1 kHz, 0.1 ~ 200.00 mm/s（有效值） |
| 位移 | 10 Hz ~ 1 kHz, 0.001 ~ 2.00 mm（峰-峰值） |
| 测量精度 | ±5% 或 ±2 个字，取大值 |

续表

| 项目 | 振动测量指标 |
| --- | --- |
| 指标计算 | 峰值、真峰值、真有效值、峰–峰值、平均值、平均幅值、均方根值、方根幅值、最大值、脉冲指标、裕度指标、峭度指标、歪度指标 |
| 图谱分析 | 时域波形、FFT 频谱 |
| 振动传感器 | 吸盘式，IEPE 加速度传感器，5 Hz ~ 8 kHz，3% 灵敏度误差 |
| 项目 | 温度测量指标 |
| 温度范围 | −32 ~ 420 ℃ |
| 精度 | ±1 ℃ 或 1%，取大值 |
| 距离系数 | 25:1 |
| 响应时间 | 300 ms |
| 发射率 | 0.1 ~ 1.0 可调 |
| 激光瞄准 | 有，功率 <1 mW，符合 2 级激光产品标准 |
| 项目 | 通信参数 |
| USB | USB2.0，最高传输速率为 480 Mbit/s |
| BT | 工作频率：2.4 GHz ISM 频段<br>最大速率：926 kbit/s<br>传输距离：5 m |
| Wi-Fi | 协议：IEEE 802.11 b/g<br>工作频率：2.4 GHz ISM 频段<br>工作温度：0 ℃ ~ +80 ℃<br>最大速率：11/54 Mbit/s |
| 项目 | 其他参数 |
| 3G（WCDMA） | 工作频段：GSM/GPRS/EDGE 850/900/1800/1900（MHz）<br>HSPA+/HSUPA/HSDPA/WCDMA 2100/1900/900/850（MHz）<br>业务功能：短信、数据服务<br>数据服务：GSM CS：9.6/14.4 kbit/s<br>　　　　　GPRS /EDGE：Multi-slot Class 12，Class B<br>　　　　　WCDMA CS：UL 64 kbit/s/DL 64 kbit/s<br>　　　　　WCDMA/HSDPA PS：UL384kbit/s/DL3.6Mbit/s，HSDPA Category 6，8，9，10，12，14<br>　　　　　HSPA+ Rel7 |
| GPS 定位 | 编码格式：GPS L1 C/A-code，SPS<br>通道：66（Acquisition），22（Tracking）<br>跟踪速率：1Hz<br>信号灵敏度：—148 dBm（冷启动）<br>　　　　　　—158 dBm（热启动）<br>　　　　　　—165 dBm（导航中） |
| 拍照 | 传感器类型：CMOS<br>像素：500 万<br>闪光灯：有<br>固定焦距，支持数码变焦<br>数据编码格式：JPAG<br>支持 preview 模式，速率为 15 帧/s |

续表

| 项目 | 其他参数 |
|---|---|
| 录音 | 全向拾音器<br>拾音空间：30 m²<br>频响：150 Hz~15 kHz<br>信噪比：≥50 dB |

**8. 工业级无线短信调制解调器 GSM Modem**

崇瀚科技开发有限公司的 GSM Modem 是一款基于 GSM 无线网络的工业级无线短信调制解调器，其模型如图 7.14 所示。GSM Modem 提供标准工业串口（RS232／RS485／TTL）并支持中/英文短信收发、电路交换数据业务；同时，适用于工业控制行业，无须实时在线，数据量小，可进行串口设备无线数据传输。GSM Modem 广泛应用于电力、环保监测、车载、水利、金融、路灯监控、热力管网、煤矿、油田等行业。

图 7.14 工业级无线短信调制解调器 GSM Modem 模型

# 第 8 章 智能工厂实施

## 8.1 初识智能工厂实施

### 8.1.1 智能制造的时代背景

当前,全球制造业正在发生新的革命。随着德国"工业 4.0"概念的提出,物联网、工业互联网、大数据、云计算等技术不断创新发展,信息技术、通信技术与制造业领域的技术不断融合,新一轮技术革命正在以前所未有的广度和深度,推动着制造业生产方式和发展模式的变革。

制造业是国民经济的基础工业,是影响国家发展水平的决定因素之一。自瓦特发明蒸汽机以来,制造业经历了机械化、自动化、电气化 3 次技术革命。

随着计算机的问世,制造业大体沿着两条路线发展,一是传统制造技术的发展,二是借助计算机和数字控制科学的智能制造技术与系统的发展。20 世纪以来,自动化制造的发展大体上每 10 年上一个台阶:20 世纪 50—60 年代的"明星"是硬件数控(Hard NC),20 世纪 70 年代以后,计算机数控装置蓬勃发展,但由于技术局限,并没有大规模地应用于当时的实际工业生产。

如今,人类社会的制造业已从机械化全面迈向智能化,个性化、定制化的工业生产将成为第四次工业革命的主要标志。

### 8.1.2 智能制造的产生、对制造业的影响及其功能

**1. 智能制造的产生**

20 世纪 80 年代以来,传统制造技术得到了不同程度的发展,传统的设计和管理方法已无法有效解决现代制造系统中存在的很多问题。这促使研究人员、设计人员和管理人员不断学习、掌握并研究新的工艺方法和系统,利用各最新学科研究成果,借助现代的工具和方法,在传统的制造技术、计算机技术、人工智能技术等进一步融合的基础上,开发出一种新型的制造技术与系统,即智能制造技术与智能制造系统。

**2. 智能制造对制造业的影响**

智能制造对制造业的影响主要表现在 3 个方面,即智能制造系统、智能制造装备和智能制造服务,其涵盖产品从生产加工到操作控制再到客户服务的整个过程。

智能制造的本质是实现贯穿三个维度的全方位集成,包括设备层、控制层、管理层等不同层面的纵向集成,跨企业价值网络的横向集成以及产品全生命周期的端到端集成。标准化是确保实现全方位集成的关键。

**3. 智能制造的主要功能**

智能制造的主要功能包括整合资源要素、进行系统集成、实现互联互通、促进信息融合和催生新兴业态等。

（1）资源要素包括设计施工图纸、产品工艺文件、原材料、制造设备、生产车间和工厂等物理实体，也包括电力、燃气等能源，人员也可以视为资源的一部分。

（2）系统集成是指通过二维码、射频识别、软件等信息技术集成原材料，零、部件，能源，设备等各种制造资源，由小到大实现从智能装备到智能生产单元、智能生产线、数字化车间、智能工厂乃至智能制造系统的集成。

（3）互联互通是指通过有线、无线等技术，实现机器之间、机器与控制系统之间、企业之间的互联互通。

（4）信息融合是指在系统集成和通信的基础上，利用云计算和大数据等新一代信息技术，在保障信息安全的前提下实现信息协同共享。

（5）新兴业态包括个性定制、远程运维和工业云等服务型制造模式。

## 8.1.3　智能制造的实现——智能工厂

**1. 智能工厂的优势分析**

（1）智能工厂高度智能化，产品和零、部件等都将具有智能。智能生产线将会根据事先输入的产品和零、部件的需求信息，自动调节生产系统的配置，指挥各个机器设备，把个性化的定制产品生产出来。

（2）在智能工厂的生产过程中，传统上"先设计后制造"的生产模式将被完全改变。产品的设计研发，零、部件制造，生产组装等全过程都是在一个数据平台上完成的。在制造信息系统或制造平台的管理下，这些过程几乎同步进行，而其需要的所有数据和信息都来源于大数据平台。

（3）集成数字化的智能生产模式极大地压缩了产品的研发周期，将上市时间提前，也为之后的产品生产提供了模板和数据；另外，工人的工作方式也发生了改变，由传统的人工装配转变成由工业机器人配合智能生产线来完成。

（4）智能工厂的模式极大地节省了人力成本并有效地保证了产品的一致性。在传统的生产流程中，完成系列生产任务需要几十甚至上百名工人，而采用智能工厂的模式后，生产线上的工人不需要亲自完成具体工序，他们的工作是监督生产线的运行状况，一名工人就能完成过去上百名工人的工作，并且可以保持更好的产品质量，将操作失误概率降至最低，这便是智能工厂的魅力。

**2. 智能工厂模式倒逼企业实现三大目标**

从根本上说，智能制造之所以将智能生产与智能工厂视为核心发展内容，是为了在生产者与最终用户之间建立直接联系。若要实现这个目标，制造业则必须努力实现如下三大目标。

1）建立灵活的生产网络

灵活的生产网络指的是与先进互联网技术融合的个性化生产体系。美国的工业互联网就以此为重点研究对象，传统的C2B（客户到企业）商业模式是先接到订单再生产，而当物联网发展成熟后，消费者则可以通过一个数据平台与工厂的智能生产线直接对接。

2) 实现工业大数据的价值

工业大数据的运用将会为制造业带来巨大的商机。工业大数据的价值主要体现在以下3个方面：

(1) 工业大数据能提高工厂的能源利用率；

(2) 工业大数据让工业设备的维护效率实现了质的突破；

(3) 工业大数据可以优化生产流程并简化运营管理方式。

3) 广泛应用智能机器人与智能生产线

智能机器人不仅有精准快捷的装配技艺，还可以实现M2M模式的"机器对话"。智能生产线将人、机器、信息融为一体，其中最主要的是让机器与机器之间能够"沟通"。假如前一台智能机器人加快速度，后一台智能机器人就会自动收到前者发过来的信息。如此一来，两台智能机器人就可以灵活而又默契地改变工作节奏。这种立足于"机器对话"的智能生产，是对自动化生产的一次跨越式升级。

由此可见，智能制造时代下的智能生产模式将为人类的生产与生活带来前所未有的巨大变化。生产线上的工人越来越少，可以"沟通"的智能机器人越来越多。机器人不再是完全被按钮操控的自动化设备，而是能与工人进行人机合作，并且具备对环境与任务的灵巧感知的智能设备。

## 8.1.4 智能工厂实施的含义

智能工厂实施，就是将移动通信、数据传感监测、信息交互集成、高级人工智能等智能制造相关技术、产品或系统在工厂里面加以应用，从而实现生产系统的智能化、网络化、柔性化、绿色化的过程。

(1) 传统制造业由自动化到智能化的升级，包含了四大因素：能实现智能生产的智能机器人、高度智能化的智能生产线、融合虚拟生产与现实生产的物联网系统和贯穿产品全生命周期的制造信息系统平台。通过技术创新，推动制造业建立全新的生产模式，实现高度灵活的个性化、数字化产品和服务，是智能制造的核心目标。

在智能制造时代，制造业的产业模式将发生两个根本性的变化：

①以标准化为基础的大规模流水线生产模式，将转变为以个性化为宗旨的定制化生产模式。

②制造业的产业形态将从"生产型制造"升级为"生产服务型制造"，进一步强化对消费者服务的职能，增强用户体验。

(2) 中国制造业凭借"中国制造2025"华丽地转型升级，打造自己的智能制造产业体系。为了实现产业升级的战略目标，制造业需要从以下5个方面推行智能化：

①产品的智能化。

智能制造技术的关键就是让产品被自动生产线有效地识别、定位、追溯，使生产线上的智能设备可以根据不同的定制要求，对个性化的产品进行加工。这要求产品本身应具备自动存储数据的能力、感知指令的能力以及与控制中心通信的能力。

②制造装备的智能化。

智能制造的主体是智能化的制造装备。从单个智能机械手、智能传感器、智能机床到智能生产线、智能工厂,智能制造的工业生产设备将具备高水平的人工智能。制造装备的智能化可以说是狭义的"智能制造",其他领域的智能化都离不开制造装备的智能化。只有这样,制造业才能完成智能工厂的建设,实现工业价值链的重组。

③生产方式的智能化。

生产方式的智能化是指个性化生产与服务型制造。在智能制造时代,智能工厂完全按照消费者的个性化需求进行自动生产,企业内部组织、产品最终用户、业务合作伙伴三者将形成一个新的价值链,信息流、产品流、资金流在生产制造流程中的运行方式也将有所改变。

④管理方式的智能化。

企业借助工业大数据,得以实现纵向、横向和端对端的集成,可以及时、完整和精确地获得海量的用户数据,基于此,企业将与产业链上的所有利益方共同打造产业物联网,从而更加科学、高效、灵活、便捷地管理企业。

⑤服务的智能化。

智能制造模式可以让消费者全程参与整个产品的全生命周期,与智能工厂携手完成研发设计、制造加工、组装包装、物流配送等环节。由于实现了与消费者的全程无障碍沟通,智能工厂可以在整个产品生命周期中为消费者提供更加人性化的服务。

由此可见,智能制造背景下的产业升级,不单是工业设备的升级,也不局限于局部的智能机器人研究,而是在信息技术与物联网和服务网的基础上,对整个制造行业进行深度的融合与彻底的智能化改造。

## 8.2 智能工厂实施的现状、政策与方法

### 8.2.1 与智能工厂实施相关的国家政策及七大方向

对于广大流程制造业企业来说,智能工厂实施的切入角度应着眼于3个国家政策文件:《智能制造发展规划(2016—2020年)》《智能制造工程实施指南(2016—2020年)》和《2017智能制造试点示范项目要素条件》。

根据这3个国家政策文件的要求,围绕智能制造模式,应用新技术创新,开展智能制造工作,主要分为以下7个方面:

(1)工厂总体设计、工艺流程及布局均建立数字化模型并进行模拟仿真,实现生产流程数据可视化和生产工艺优化。

(2)实现对物流、能源、资产的全流程监控,建立数据采集与监视控制系统,生产工艺数据自动采集率达90%以上。

(3)采用先进控制系统,工厂自控投用率达90%以上,关键生产环节实现基于模型的先进控制和在线优化。

(4)建立制造执行系统,生产计划、调度均建立模型,实现生产模型化分析决策、过程量化管理、成本和质量动态跟踪以及从原材料到产成品的一体化协同优化。建立企业资源

规划系统，实现企业经营、管理和决策的智能优化。

（5）对于存在较高安全与环境风险的项目，实现有毒有害物质排放和危险源的自动检测与监控、安全生产的全方位监控，建立在线应急指挥联动系统。

（6）建立工厂通信网络架构，实现工艺、生产、检验、物流等制造过程各环节之间，以及制造过程同数据采集与监视控制系统、制造执行系统、企业资源规划系统之间信息的互联互通。

（7）建设工业信息安全管理制度和技术防护体系，具备网络防护、应急响应等信息安全保障能力。建设功能安全保护系统，采用全生命周期方法有效避免系统失效。

只有在流程中持续改进技术并实现生产过程动态优化、制造和管理信息的全程可视化，企业在资源配置、工艺优化、过程控制、产业链管理、节能减排及安全生产等方面的智能化水平才能逐步提高。

### 8.2.2 智能工厂实施的方法

随着新一代信息技术向制造领域的加速渗透，现代制造业发展已迈入智能历史新阶段。参考发达国家的发展经验，通过建立智能制造思维体系、探索智能制造创新技术并构建智能制造合作机制和打造智能制造示范工程，可以让更多的制造型企业了解、学习、掌握、运用智能制造技术，进而推动制造业转型升级，加快我国从制造大国向制造强国的转变。

**1. 建立智能制造思维体系**

中国制造业尚处于"工业2.0"和"工业3.0"并行发展的阶段，在这种情况下，制造业要实现由大到强的历史跨越，经济要迈向中高端水平，必须有新的适合中国国情的思维体系。这种思维体系既包括政府管理的新思想（如加深对新一轮经济技术革命和生产力发展的宏观思考），也包括企业技术管理等多方面的新理念。

在这方面，发达国家有许多值得借鉴的地方。

首先是德国。德国有99.7%的企业是中小企业，其中不乏相当数量的"隐形冠军"。这些"隐形冠军"高度专注于某一领域。它们专注于专业化，将企业定位于某一特定的产品领域，通过大批量、大规模和高质量的生产，在这一产品领域形成强大的竞争力，逐渐取得行业霸主地位。"隐形冠军"很少搞多元化，在德国企业眼里，做大市场的唯一途径是全球化，专注于做好一个产品，然后将其推向全球市场，德国人的工匠精神在这一点上得以充分体现。

其次是日本。日本国土狭小，资源匮乏，对于产品功能与质量有着较高的要求，所以，能制作出质量优良的零、部件的工匠受到社会的尊重，技艺超群的工匠的社会地位甚至高于学者。工匠精神遍布各行各业，成为日本民族性格的一部分。丰田公司根据第二次世界大战之后日本国情进行了一系列生产方式的探索与实践，最终经过30多年的努力，形成了一套完整的丰田精益生产管理模式。精益生产管理是一种以客户需求为动力，以消灭浪费和不断改善为核心的生产管理模式，其目标是让企业以最少的投入获得最显著的运营效率的提升。精益生产管理改变了质量管控方式，减少了生产过程中的缓冲环节，实现了相关环节的自动化控制，具有组织结构精益化的重大优势，是智能制造的基石。

德国的"隐形冠军"专注模式和日本丰田公司的精益生产管理模式，是经过充分实践找到的适应本国制造业发展需要的思维体系。针对中国制造业的现状及企业转型升级的需要，寻找适合中国企业发展的思维体系是迈向智能制造的必要前提。

**2. 探索智能制造创新技术**

创新是制造业发展的重要引擎，技术的不断创新发展，不仅会带动传统制造领域生产效率的提高和产品品质的提升，还会带来战略性新兴产业数量众多的新材料、新能源、新生物产品、新设备的出现，推进制造业的转型升级。制造企业应把增强创新能力摆在更加突出的位置，加强关键核心技术攻关，加速科技成果产业化，提高关键环节和重点领域的创新能力，走驱动创新的发展道路（尤其要结合国家的发展规划与战略），以适应未来的发展需要。

**3. 构建智能制造合作机制**

在新形势下，制造企业以互联网技术开展跨界合作，聚合互联网新理念、新技术、新产品、新服务、新应用、新模式将会提升制造业供给质量与效率，促进制造业提质增效。

制造业各产业间的合作呈现出更为密切的趋势，智能制造应用企业在信息化、智能化改造过程中总结经验，逐步形成适用于同行业及相近行业的智能制造改造解决方案，工业自动化企业、半导体厂商、软件开发商、互联网公司等各自发挥优势资源，以工业网络系统、智能硬件终端、工业安全软件、网络数据中心和云端安全服务等重点领域为着力点，开展资本并购与跨界合作，将推动行业的优化整合。

随着跨界合作的广泛开展，"产、学、研、用"及跨国合作的不断增多，有效的智能制造合作机制的建立显得特别重要。发达国家在建立合作机制上有着非常成功的经验。如德国"工业4.0"平台是德国推动工业数字化转型的核心网络，负责在政治界、经济界、科技界、协会和工会之间，发展并协调信息和合作对接服务，向企业推介"工业4.0"的解决方案，促进企业，尤其是中、小企业落实"工业4.0"。德国"工业4.0"平台目前由德国经济与能源部、德国教育科研部主导，已成为拥有100多家机构、250多名人员的德国最大、最多样的工业网络。美国的工业互联网联盟也是非常成功的合作机制，工业互联网联盟由AT&T、思科、通用、IBM和英特尔发起并成立，致力于打破技术孤立壁垒，通过促进物理世界和数字世界的融合，更好地支持对大数据的访问与应用。

**4. 打造智能制造示范工程**

"工业4.0"模式对全球产生颠覆性影响的同时，也对我国制造业提出了巨大挑战。这一挑战最初体现在对新模式和新技术的认知上。

2015年，我国共推荐了46个智能制造试点示范项目，覆盖了38个行业，分布在21个省（自治区、直辖市），涉及流程制造、离散制造、智能装备和产品、智能制造新业态新模式、智能化管理、智能服务6个类别。

2016年，我国公布了63个智能制造试点示范项目，覆盖了45个行业，分布在25个省（自治区、直辖市），涉及离散型智能制造、流程型智能制造、网络协同制造、大规模个性化定制、远程运维服务5个类别。

## 8.3 智能工厂实施的具体步骤

### 8.3.1 推进智能制造的"三要""三不要"原则

**1. "三要"原则**

在推进和实施智能制造的过程中应遵循"三要"原则。

1) 智能制造标准规范要先行

先进标准是指导智能制造顶层设计,引领智能制造发展方向的重要工具,必须前瞻部署,着力先行。国内有关研究所和标准委员会提出了智能制造标准化参考模型和标准体系框架,在服务型制造和行业应用方面,则规划了智能制造技术标准布局和工作。智能制造标准规范将以先进标准为引领,倒逼中国制造业向智能化转型和向中高端升级。

2) 智能制造支撑基础要强化

智能制造涉及一系列基础性支撑技术,可以概括为智能制造关键技术装备(硬件技术基础)和智能制造支撑软件(软件技术基础)两大类,其具体内容包括以下几个方面:

(1) 智能制造关键技术装备。
①高档数控机床;
②工业机器人;
③增材制造设备;
④智能传感器;
⑤智能控制装备;
⑥智能检测仪器仪表;
⑦智能装配装备;
⑧智能物流与仓储装备。

(2) 智能制造支撑软件。
①数字化核心支撑软件;
②工业互联网;
③物联网;
④工业云计算;
⑤大数据平台;
⑥人工智能;
⑦信息安全保障系统;
⑧面向工业的整体解决方案。

3) 对信息物理系统的理解要全面

信息物理系统应用于智能制造,以一种新的信息物理融合生产系统(Cyber-Physical Production Systems,CPPS)形式,将智能机器、存储系统和生产设施相融合,使人、机、物等能够相互独立地自动交换信息、触发动作和自主控制,实现一种智能的、高效的、个性化的、自组织的生产方式,构建智能工厂,实现智能生产。

### 2. "三不要"原则

（1）不要在落后的工艺技术上搞自动化——对应于在"工业2.0"阶段必须先解决在优化工艺的基础上实现自动化的问题。

（2）不要在落后的管理基础上搞信息化——对应于在"工业3.0"阶段必须先解决在现代管理理念的基础上实现信息化的问题。

（3）不要在不具备数字化、网络化基础时搞智能化——若要实现"工业4.0"，则必须先解决制造技术和制造过程的数字化、网络化问题并进行补充、普及、充实和提高。

## 8.3.2 智能工厂实施的具体步骤

### 1. 建立企业智能制造系统架构

（1）梳理企业生产过程中的痛点，确定发展目标。

首先，明确企业的类型属于离散型制造、流水线型制造还是项目型制造。

其次，调研、分析和梳理在制造过程中出现的痛点，这项工作需要由各方面专家（工艺、技术）、最终客户、方案解决商进行会诊，梳理生产计划，对设备管理、信息传递、报表管理、生产跟踪、过程控制、质量管理、能源管理等进行全面系统的调研。

再次，围绕企业发展的不同阶段、不同的目标，以及现阶段的制造水平，设定各阶段应该实现的发展目标以及实现过程、实现方法，使其可以有序进行。

最后，建立完善的智能制造推进机制，建立信息系统内部控制体系，加强IT管控，提高信息化执行力，加强智能制造绩效考核。

（2）基于工业互联网理念进行智能制造系统架构设计。

虽然智能制造非常好，智能工厂给企业带来的经济效益也非常可观，但是，目前我国绝大多数企业还处在部分使用应用软件的阶段，少数企业也只是实现了信息集成，也就是可以达到数字化工厂的水平，极少数企业能够实现人机的有效交互，拥有智能化特征和功能，即达到智能工厂的初级水平，所以，智能工厂不是一蹴而就的，三个维度不是一朝一夕能够实现的。抓住企业的核心痛点，从架构中的某一点出发，做好对企业提质增效有帮助的业务才是正道，高效、绿色、智能始终是企业的最终追求。

### 2. 基于智能制造系统架构的虚拟工厂

正如产品设计需要参数化一样，工厂布局设计也需要一种可视化、参数化的手段，可以配置生产线三维模型、工装夹具三维模型、生产线人因模型以及整个工厂模型，使用虚拟工厂可以快速实现生产线布局设计，并能快速直接基于二维图形进行三维模型设计。虚拟工厂系统内置大量的智能工厂模块对象，包括工厂中所用的各种资源：从地面和高架输送线、通道和起重机，到物料集装箱、机器人、设备、器件等。借助这些对象，可以"拼装"出工厂布局模型，而不用再花大量的时间绘制生产设施，能够极大降低虚拟工厂设计的时间。使用智能对象技术，模型存储量比较小，比二维文件还要小，能够避免大数据量所造成的运行性能差的问题，适用于整个工程的三维布局设计。虚拟工厂模型可以直接提供给物流分析、离散事件仿真等软件使用，开展工厂整体仿真分析。虚拟工厂如图8.1所示。

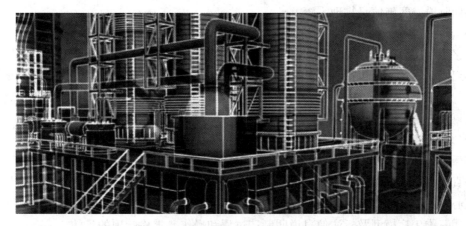

图 8.1 虚拟工厂

**3. 基于智能制造系统架构的企业数字化过程**

1) 智能制造的企业数字化平台软件体系架构

智能制造系统架构涵盖软件体系架构和硬件体系架构。本书主要介绍企业数字化平台软件体系架构。

2) 智能制造的数字化技术路线与实现路径

(1) 技术路线。

在数字化世界中进行产品的虚拟设计与制造,在物理世界中进行虚拟与现实的融合,企业数字化平台的作用就是通过将虚拟与现实融合,实现智能制造。在数字化世界中,通过虚拟产品的设计和制造,进行产品分析,尽最大可能发现产品设计与制造缺陷,从而降低产品的研发成本,缩短产品的上市周期,提高产品的制造质量。

(2) 实现路径。

实现智能制造是一个长期的过程,不同企业的不同基础条件决定了过程的长期性和建设的复杂性。总体来说,必须坚持按两个步骤和四个阶段进行推进。

①两个步骤:

第一步,向"工业3.x"迈进。

a. 开展生产过程自动化,进行柔性生产线横向网络集成、纵向网络集成。

b. 改善质量,推行六西格玛管理,控制成本、安全和环境,建设透明化工厂,发展精益数字化。

第二步,向"工业4.0"迈进。

a. 基于信息物理系统,个性化大规模生产。

b. 推行自组织和自优化的动态生产模式,基于大数据的智能决策实施生产过程的优化。

c. 应用云计算服务管理复杂生产,应用智能辅助系统。

②四个阶段:

第一阶段:开展三维产品设计,推进数字化产品协同设计。

第二阶段:实施数字化产品设计与工艺一体化系统,推进数字化制造工艺管理。

第三阶段:实施数字化设计到制造的一体化系统,使横向网络和纵向网络高度集成。

第四阶段：实施信息物理系统。

3) 数字化制造系统总体架构

数字化制造由工艺与设计协同、零件制造工艺、装配工艺、仿真、车间作业指导、系统集成等组成，具体业务包括基于 PR 模型的工艺数据与过程的管理，零件制造工艺规划，装配工艺规划，工艺仿真，人因工程仿真，工装设计，电子作业指导，工厂与物流仿真，机器人仿真以及与企业资源规划系统、制造执行系统的集成等。

4) 零件制造工艺规划与设计

基于 PR 模型的零件制造工艺解决方案包括产品设计数据获取，工艺设计，工装设计，工艺仿真，工艺卡片以及统一报表，制造执行系统、企业资源规划系统集成，知识与资源管理等核心功能，可以实现从产品设计到工艺、制造的业务集成。零件制造工艺的主要特点是可以利用三维工序模型及标注信息说明制造过程和操作要求检验项的目的。

5) 数控编程管理与分布式数控

数控加工及其编程是制造工程信息化的核心元素，是零件制造工艺规划的工作内容之一，根据零件在工序中确定的加工内容来创建数控加工所需的数控程序，基于数控机床建立数控机床虚拟模型。在此基础上，进行数控程序发出之前的刀路轨迹和 G 代码全过程仿真，并通过分布式数控系统组网，在研制系统中对数控程序进行点对点的发放；同时，管理和控制数控程序的版本和变更，通过在企业数字化平台中建立的数控机床点对点的管理形式，实现数控机床编程精益管理。

6) 数字化装配工艺验证

装配过程仿真提供了一个三维虚拟装配制造环境来验证和评价制造过程和制造方法，包括装配仿真、人机工程仿真、检验拆装过程仿真等。装配过程仿真评价工装、设备、人员等影响下的装备工艺和装配方法，检验装备过程是否存在错误及零件装配时是否存在干涉碰撞，如有问题可直接在装配过程仿真环境中进行调整，结果会反馈到工艺设计环境中更新原工艺数据。装备过程仿真把产品资源和工艺操作结合起来分析产品装配的顺序和工艺顺序，并在装备制造模型下进行装配工装、夹具动作、产品装配流程、产品装配工艺性的验证，以尽早发现问题，解决问题。

7) 基于模型的人因工程仿真

人因工程仿真能详细评估人体在产品制造过程中的一些行为表现，如动作时间、工作姿态和疲劳强度等，可快速分析人体可触及范围和人体视野，从而分析装配时人体的可操作性和装配操作的可达性，以降低劳动强度，保护工人的人身安全和健康。人因工程仿真如图 8.2 所示。

**4. 基于智能制造系统架构的数字化车间**

1) 数字化车间是智能工厂的具体表现形式

数字化车间是以产品生命周期的相关数据为基础，根据虚拟制造原理对整个生产过程进行仿真、评估和优化，并进一步扩展到整个产品生命周期的新型生产组织方式。

数字化车间是数字化制造技术在生产制造领域的重要应用，已成为先进制造技术在实际制造过程中的实现基础，其优越性主要体现在以下几个方面：

(1) 时间：减少工艺规划时间和试生产时间，缩短生产准备周期。

(2) 质量：提高规划质量，优化生产线的配置。

(3) 成本：减少物理原型的使用，减少工程更改量，降低设备人员的投入。

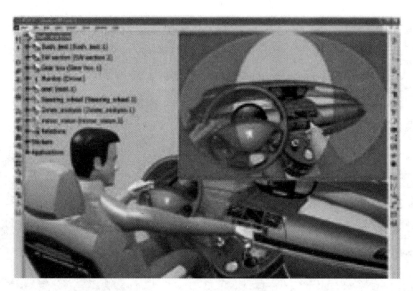

图 8.2 人因工程仿真

2) 数字化车间的建设目标

建设数字化车间时,应当充分发挥信息技术、工业控制技术的优势,以建设高度自动化和高度智能化,尽可能减少人工参与的自动运转的制造车间为目标。通过智能设备、数控机床、自动化技术、自动识别技术等的应用,实现实体设备的自动控制和运转;通过信息技术在数据采集、智能分析、信息传递、指令下达、监控和广播等方面的应用,实现对实体设备的控制及各个业务环节的联动,进而将整个车间建设成结构合理、动力充沛的自动运转的数字化车间。

## 8.4 智能工厂应用举例

### 8.4.1 机床行业智能工厂应用实例

**1. 沈阳机床集团 i5 智能数控系统介绍**

沈阳机床集团的"i5"是指工业化(Industry)、信息化(Information)、网络化(Internet)、智能化(Intelligent)、集成化(Integrate)。首先,"i5"战略代表数控机床的核心技术——数控系统,其次,"i5"战略代表具有智能诊断、特征编程、实时监控的智能机床终端产品,同时,"i5"战略还代表基于互联网的网络数字化管理平台,由此平台延伸,可实现金融、租赁、再制造、系统解决方案等服务,从而实现对现有工业产品商业模式的创新。沈阳机床集团厂区如图 8.3 所示。

**2. 智能工厂典型示范基地——i5 智能制造基地**

为适应"中国制造 2025"新形势下对人才培养的要求,沈阳工学院投资 3 000 万元与沈阳机床集团进行深度战略合作,共同建设数字化工厂,将现代化的工厂搬进校园,与企业的先进技术和现场应用无缝连接并共同建设 i5 智能制造基地,以培养具有国际视野并能适应智能制造领域国际化竞争的优秀现场工程师。

智能工厂技术基础

图 8.3　沈阳机床集团厂区

其采用的数控系统主要有 i5 智能数控系统，FANUC、西门子的数控系统，共配有压盖、叶轮、轮毂 3 条柔性制造线及一个智能仓储车间；同时，依托 i5 智能数控系统的车间管理系统（Workshop Information System，WIS）；组建智能工厂。其详细内容从以下 5 个方面进行介绍。

1) 车间管理系统

车间管理系统是面向制造企业车间执行层的生产信息化管理系统，提供面向车间生产执行过程的信息化管理解决方案与服务。车间管理系统以 i5 智能数控系统为核心并深入车间管理，通过强调制造过程的整体优化来帮助企业实施完整的闭环生产，同时，为企业发展智能制造提供了良好的实施基础。车间管理系统的框架如图 8.4 所示。

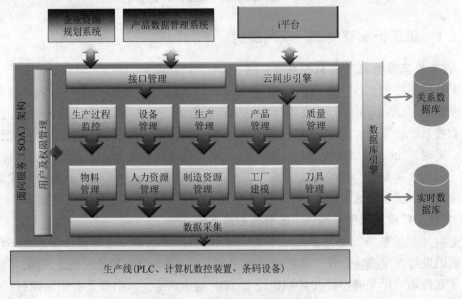

图 8.4　车间管理系统的框架

（1）车间管理系统的主要功能模块见表8.1。其看板如图8.5所示。

表 8.1 车间管理系统的主要功能模块

| | | | |
|---|---|---|---|
| 制造执行系统Web端 | 基础信息管理 | 工厂布局管理 | 在工厂布局管理模块中，用户可以为工厂建立组织机构，并利用编辑器建立工厂布局图 |
| | | 员工管理 | 用户可以利用员工管理模块维护工厂内的员工基本信息 |
| | | 设备管理 | 在设备管理模块中，用户可以定义设备的类别和类型信息，并维护设备的台账信息 |
| | | 能力管理 | 定义生产某一类产品时所需要的生产能力信息，并将生产能力信息与设备和人关联起来，从而合理安排生产 |
| | | 生产单元管理 | 定义生产过程中参与生产的生产单元信息，包括生产线、工位及班组信息。这些生产单元会参与排产过程 |
| | | 班制班次管理 | 管理工厂内工人的班制和班次信息 |
| | 产品信息管理 | 物料管理 | 定义生产过程中的所有物料信息，包括物料类别、物料类型以及物料品种 |
| | | 产品管理 | 管理工厂生产的产品信息，包括产品制造工艺信息以及产品工艺路线信息 |
| | | 刀具管理 | 管理生产过程中的刀具基本信息，包括刀具类别、刀具类型以及刀具定义信息 |
| | | 程序管理 | 管理加工过程中用到的数控程序信息，包括数控程序的类别、数控程序的类型以及数控程序与设备和工序的关联关系 |
| | 供应商管理 | 供应商管理 | 管理供应商基本信息，可对供应商基本信息进行新增、修改、删除和查询操作 |
| | 订单管理 | 客户管理 | 管理客户基本信息，可对客户基本信息进行新增、修改、删除和查询操作 |
| | | 订单管理 | 用户可以使用订单管理模块管理所有订单信息 |
| | 生产计划管理 | 产品批次管理 | 用户可以利用产品批次管理模块定义产品生产过程中的批次信息 |
| | | 生产任务管理 | 用户可以创建生产任务，并对生产任务进行计划排程，还可以查看生产任务所需的材料和工装信息，对生产任务生成生产工单 |
| | | 生产工单管理 | 在生产工单管理模块中，用户可以对生产工单进行进度跟踪、工单任务查看、工单下发和打印操作 |
| | 生产管理 | 手动报工管理 | 在生产过程中，工人可以利用该模块完成对工单的报工操作 |
| | | 报工确认管理 | 可以由车间相关负责人对报工信息的正确性进行确认，如报工信息有误，可以在报工确认管理模块中进行改正 |
| | | 报工信息管理 | 该模块主要是向用户展示所有报工信息，并提供按照条件查询的服务 |
| | 看板管理 | 生产驾驶舱看板 | 该模块是系统中的看板展示模块，展示整个工厂的生产概况信息 |
| | 系统管理 | 账号管理 | 该模块管理登录系统的账号信息，可进行账号的新建、修改、删除和查询操作 |
| | | 权限管理 | 该模块管理系统内账号的权限信息，可以对系统账号设置可访问模块 |

续表

| | | | |
|---|---|---|---|
| 手机 APP | 工厂概况 | 设备利用率 | 显示工厂当前设备状态（运行、空闲、停机、故障、急停）及所占百分比 |
| | | 订单数量同期比 | 显示今年订单数量和去年订单数量的比较折线图 |
| | | 订单合同额同期比 | 显示今年订单合同额和去年订单合同额的比较折线图 |
| | | 设备综合效率 | 显示工厂设备综合效率 |
| | 订单管理 | 订单列表 | 显示订单状态（待加工、加工中、已完成、已取消） |
| | | 订单明细 | 显示订单下的产品编号、订单数量、取消数量、发货数量、单价、税额、合计金额 |
| | 设备监控 | 设备列表 | 显示设备状态（运行、空闲、停机、故障、急停） |
| | | 实时状态 | 显示设备的 $X$ 轴坐标、$Y$ 轴坐标、$Z$ 轴坐标、主轴转速、主轴倍率，可以实时刷新状态 |
| | 个人中心 | 个人中心 | 显示 APP 的版本信息和版权信息，以及 APP 的登录和注销功能 |

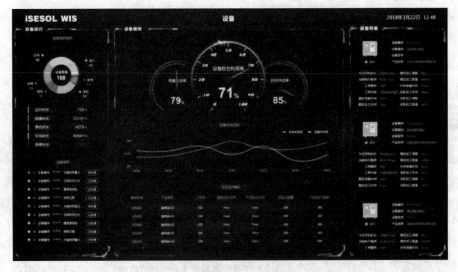

图 8.5 车间管理系统的看板

（2）车间管理系统的优势如下：
①现场设备信息可视化；
②信息统计数据化；
③生产排产准时化；
④质量问题可溯化；
⑤工艺管理无纸化；
⑥数据传输网络化；
⑦线上沟通实时化；
⑧现场管理智能化。

2) 智能仓储物流单元

智能仓储物流单元主要分为以下3个区域：

(1) 巷道式立体库区域：属于物料储备区域，包含轴承压盖、叶轮、轮毂的毛坯和成品。堆垛机在巷道中穿行，通过3个电机分别控制水平、垂直和托盘伸缩3种运动，除去上、下料口，共130个货位，通过安装在防护网上的无线接入点（Access Point，AP）通信装置，实现与自动导引运输车及车间管理系统和总控服务器的数据通信。

巷道式立体库中货物通过条形码进行标定和识别，上、下料口处有两个扫码枪，托盘出入时，扫码枪读取信息并将其传输到数据库中进行数据记录。

(2) 垂直升降立体库区域：属于加工单元所用刀具的管理区域，故又称为刀具库。垂直升降立体库中的每个托盘代表一个存储单元，操作口处设有自动测高装置，存储货物时，根据所检测物体的高度，合理安排放置位置，空间利用率较高；垂直升降立体库可以利用最小的地面面积获得最大的存储容量，不会造成空间浪费，而且存储平稳、快捷。刀具实行一物一条形码原则，出入库时通过扫码枪进行数据读取，垂直升降立体库数据库及动作控制是在与其相连的计算机上操作完成的。

(3) 自动导引运输车车库：属于自动导引运输车的停放地点，自动导引运输车以事先铺设好的磁条带为行进路线，在整个行进路线上放有许多个射频片，用来指引自动导引运输车停靠及转弯。自动导引运输车在工厂中移动时通过车载无线接入点通信模块实时与总控服务器进行数据交互，一旦总控下达加工任务，自动导引运输车就会按照要求完成加工过程中的运输任务。

3) 轴承压盖柔性自动化加工单元

轴承压盖柔性自动化加工单元由1个工件搬运机器人MH24配合料库、三坐标、打标机、中转料库及1台工件上、下料MH50机器人配合3台机床，1套翻转站，工件检测设备，立式加工中心夹具共同组成。

轴承压盖柔性自动化加工单元采用沈阳机床集团自主研发的i5智能数控系统，主要由工件搬运检测区、中转料库及U形加工区3部分组成。

根据加工生产的要求，轴承压盖分为类型1——用于T3.3机床的$X$轴、类型2——用于M4机床的$Y$轴，同时根据教学演示需求，提供一种与类型1相似的类型3。类型3的毛坯因为OP 20立车序的装卡需要将类型1的毛坯右侧止口缺口去掉，它以虚拟演示为目的。

4) 叶轮柔性自动化加工单元

叶轮柔性自动化单元由2台T2C-500卧式数控机床、1台VMC0656e立式五轴加工中心、1套中转料库、1套上料库、1套下料库、抓手机构、翻转台及1套桁架机械手、1套ABB机器人等组成，其实物如图8.6所示。

叶轮柔性自动化加工单元的机床全部采用西门子数控系统，由毛坯处理区和五轴加工区两部分组成，主要用于加工涡轮增压器用的叶轮。在毛坯处理区，负责搬运的是沈阳机床集团开发的桁架机器人，毛坯料由自动导引运输车搬运到直线料道后，由桁架机器人进行抓取，在第一台T2C-500卧式数控机床进行第一道工序外圆加工，完成后，由桁架机器人取出，经由翻转台翻转，放入第二台T2C-500卧式数控机床进行第二道工序曲面外圆加工，毛坯件将被加工出适于叶轮加工的梯形台形状半成品。岛二与岛一一样，也有检测装置，在第二道工序中，数控机床会在加工结束后自动调用程序进行抽检，每加工10个零件，抽检1次，桁架机器人

图 8.6 叶轮柔性自动化加工单元实物

将工件运送到抽检台,由人工进行抽检。第二道工序结束后,桁架机器人会将工件运送至中转料道,由瑞士 ABB 工业机器人搬运给 VMC0656e 立式五轴加工中心进行最后的叶片铣削加工。根据下达工单的不同,叶轮有 8 和 16 叶片两种模式。对应的加工时间也从 4 小时到 8 小时不等。加工完成后,由 ABB 工业机器人进行抓取,将搬运至 U 形料道的成品料盘中,每个成品料盘能放入 8 个叶轮。当叶轮放满料盘后,下料口 U 形料道会告知总控,总控发送信号给自动导引运输车,自动导引运输车就会将成品料盘运回立体库成品库工位。

5) 轮毂柔性自动化加工单元

轮毂柔性自动化单元由 2 台 T4C 数控机床、1 台 VMC850B 立式加工中心(配四轴)、1 套可移动式 ABB 工业机器人、1 套翻转台、1 套清洗台、1 套工业视觉检测机、1 套上料库、1 套下料库等功能部件组成,其三维模型如图 8.7 所示。

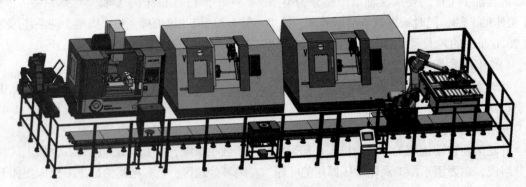

图 8.7 轮毂柔性自动化加工单元的三维模型

(1) 轮毂柔性自动化加工单元介绍。

轮毂柔性自动化加工单元采用 FANUC 数控系统,全岛沿 FANUC 数控系统轨道两侧分布,当自动导引运输车运送毛坯料至 U 形料道上料口后,检测装置会自动检测所来托盘是否为有料托盘,检测到有料信息后,ABB 工业机器人会将其抓取至第一台 T4C 数控机床进行一端面的外圆加工,然后经过翻转台翻面,运送至第二台 T4C 数控机床,进行另一端面的外圆加工,然后再送至翻转台翻面,之后送至清洗台,其目的是将加工后残留下来的铁屑以及表面附着的切削液吹洗干净。半成品工件被放到清洗台上后,托盘会缩回清洗台内部进行旋转,在两侧风口下还有废料回收盒,保证清洗后废料容易回收。清洗结束后,半成品工件将被放到工业视觉检测机上进行位置定位,当工业视觉检测机检测到轮毂的气门孔位置时结束转动,然后 ABB 工业机器人将半成品工件运送到 VMC850B 立式加工中心,进行最后的气门孔和螺栓孔的钻孔作业,钻孔作业结束后,成品工件由 ABB 工业机器人放回至 U 形料道的空托盘处,检测装置检测到有两个成品工件时,呼叫自动导引运输车将装满的托盘放回至立体库中。

(2) 轮毂的加工工装。

所需加工轮毂的最大加工外圆直径为 $\phi 280$,最小加工孔径为 $\phi 20$,所需加工部位为轮缘、槽底、中心孔、气门孔、螺栓孔等。根据外形结构和加工部位,可以大致确定用数控机床车削内、外轮廓和端面等,用 VMC850B 加工中心加工气门孔和螺栓孔。轮毂加工夹具如图 8.8 所示。

图 8.8 轮毂加工夹具

**3. 沈阳机床集团与战略合作伙伴共建的智能工厂的先进性**

1) 车间管理系统助力智能制造产业升级

依靠 i5 智能数控系统独一无二的车间管理系统,车间里的操作系统与办公室里的办公计算机联网,可实现智能工厂的信息互传。如果车间的一名计划员要让工人在机床 A 上加工零件

B,他(她)只需在车间办公室里的计算机上使用车间管理系统软件,建立这样的计划(称为"工单")。操作工人在机床上岗后,在操作系统上看到任务后,选定自己的工单,操作系统帮他(她)把该用的程序切换过来,操作工人就可以运行程序,同时加工过程被系统记录下来。

2)"i平台"助力企业腾飞

沈阳机床集团以 i5 智能数控系统为基础打造"i平台",将设计、制造、服务、供应链、用户集成到云端,让智能制造从单机个体扩展到无限群体。"i平台"为客户在网络端实时展现其加工能力,拥有了所展示的能力后,机加工厂就可以跳过中间环节,与上游企业直接交易,上游企业也可以随时将增加的订单在平台上分发出去,使双方利润最大化。"i平台"将成为一个 B2B 平台,为中、小型企业解决销售订单问题,帮助中、小型企业提升技术,为大型企业提供采购需求信息和个性化定制服务,还可以满足专业人士对三维打印产品的需求。

### 8.4.2 汽车行业智能工厂应用实例

**1. 沈阳某汽车有限公司介绍**

沈阳某汽车有限公司成立于 2003 年 5 月,是某汽车集团和华晨汽车集团控股有限公司共同设立的合资企业,包括铁西工厂和大东工厂。该公司目前有超过 500 名研发工程师在铁西工厂的研发中心,主要负责新能源汽车的研发。该公司的年最大产能为 30 万~40 万台,主要生产宝马 1 系、创新宝马 2 系旅行车及宝马 3 系。未来,该品牌汽车工厂中,4 家只生产前驱车,5 家只生产后驱车,只有铁西工厂能够同时生产两种平台的车型。

沈阳某汽车有限公司目前拥有铁西和大东两座整车厂,这两座整车厂也是生产效率、生产质量、生产灵活性和可持续发展的标杆。随着新大东工厂投入使用,其总产能将逐渐提升至每年 45 万辆,而在过去的 7 年中,该公司在沈阳生产基地的投资已超过 360 亿元。

**2. 沈阳某汽车有限公司铁西工厂**

沈阳某汽车有限公司铁西工厂是根据世界级的工厂规划建成的,拥有冲压、车身、涂装和总装等完整的生产工艺和配套设施,车身车间是铁西工厂自动化率最高的车间,拥有 642 台机器人,可完成 5 297 次精准的动作。另外,工厂配有大型的物流中心和动态测试场等附属场所,以及一些重要项目的检测实验室。

1)冲压车间——钢板的精美塑形

冲压车间是铁西工厂生产过程的起点,工厂里需要的车身部件基本都产自这里。冲压车间装备了世界领先的万吨级 6 序伺服驱动高速冲压机,冲压速度最高可达 17 次/min,是传统液压机的 3 倍,生产效率提升超过 70%,节能 50%。6 序伺服驱动高速冲压机的控制电脑多达 22 台,可对冲压的力度和精度进行非常精准的控制,使冲压机精度达到 0.1 mm,这也是车身完美弧线的有力保证。

铁西工厂的冲压线采用全封闭模式,噪声小、灰尘少,相比传统液压机噪声级别降低 12 dB,在人耳可以接受的范围内,车间中的工人使用正常音量即可进行交流。冲压线严格的质量控制体系,每个冲压件都随流水线接受计算机扫描以检查平整度,然后由质检人员检查孔数、变形和毛刺等,再经专门的质检员作检验,以确保精益求精,而且每 50 个冲压件中要抽取 1 个进行更细致的全面检测。

2）车身车间——高精度车身的诞生地

车身车间是铁西工厂自动化率最高的车间，拥有多达 642 台机器人，自动化率达到 95%，可完成多达 5 000 个焊点的焊接，可实现多个车型并线生产，对工业计算机编程和机器人的要求非常高，同时可以提高生产效率，节省设备占用空间。

为了确保生产的每一辆汽车的质量，车身车间采用了全球领先的在线和离线质量检测设备。在线检测主要采用数码摄像的方式进行，如图 8.9 所示；离线检测包括超声波检测、三坐标检测、防渗透检测、破坏性检测。

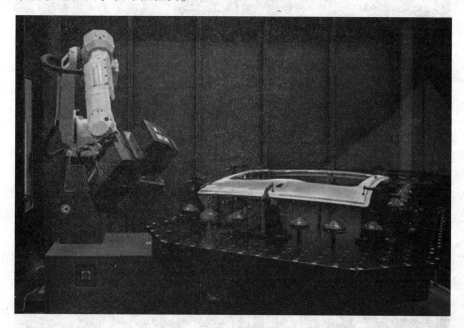

图 8.9　数码摄像在线检测

最精密的测量来自三坐标测量室，在这里需要对白车身上的千余个坐标点逐一扫描。三坐标测量室采用导向性更佳的红宝石检测探头，结合顶尖的蔡司光学仪器，并保持恒温、恒湿来最大限度地避免热胀冷缩造成的测量误差。

3）涂装车间

涂装车间同样是被机器人占领的一个空间。涂装车间采用德国 DURR 公司最新一代机器人，整体工作模式采用机器人连续喷涂模式，即除了车身外表，在进行"4门2盖"的内腔喷涂时则采用 7 轴机器人。7 轴机器人相对于 6 轴机器人，在下端多增加了一个移动轴，因此 7 轴机器人是可以"行走"的，它能同步跟随车身运动。所有机器人可以自动获取信息，按照车型、颜色进行喷涂，从而提高生产柔性，将交付时间提前。

涂装车间拥有铁西工厂最好的生产设施和工作环境，具有高度的灵活性、高效率、环保和人性化设计。涂装车间采用全自动处理工位，实现了 100% 工位自动化，工作全部由机器人自动完成，如图 8.10 所示。

进入宝马办公大楼，首先映入眼帘的即一条传送带，传送带将刚喷好漆的白车身从涂装车间运送到总装车间，如果不留意其行进过程，甚至不会发现传送带的存在，每辆车用 2 min 即可完成单次移动。宝马办公大楼的内部展示如图 8.11 所示。

图 8.10 机器人自动工作

图 8.11 宝马办公大楼的内部展示

4) 总装车间

总装车间的操作工位大多采用高度符合人体工程学的先进设备,工人能够以舒适的姿势进行装配工作,从而实现更高的生产效率和产品质量。总装车间占地面积大约为 6 万 $m^2$,总装线长度超过 3.5 km。

总装线采用全自动设计,工人可以专注于安装工作,而不用随着车辆一起移动。错综复杂的布线、转向盘、油门和刹车踏板、中控台、空调和座椅等诸多装备都在这里完成安装,因此,总装车间里的工人数量是整个工厂里最多的。

(1) 物流订单管理系统拉动总装车间的车辆生产序列。

该系统由生产计划部门按照订单排产，然后物流及相关供应商按照订单序列，将相应的配件输送到生产线进行安装。超宽带实时定位识别系统每一台进入总装车间的车身的运行位置，并且通过读取车辆电子标签携带的信息，触发相关设备，按照车型参数进行装配和安装。

(2) 电子标签保证宝马汽车的唯一性。

从铁西工厂下线的每一辆宝马汽车都是唯一的，每辆车上都有一个电子标签，内含所有的定制信息。当车身穿过办公楼到达总装车间后，借助大量传感器和软件体系的控制，错综复杂的布线、转向盘、油门和刹车踏板、中控台、空调和座椅等在一个智能化和高度灵活的物流流程中，在准确的时间被传送到准确的工位，然后被有选择性地准确安装。

### 8.4.3 医疗行业智能工厂应用实例

**1. 沈阳某医疗系统有限公司介绍**

沈阳某医疗系统有限公司以中国领先的沈阳某集团为技术和资源依托，以研制生产大型医疗设备为主，同时为医院数字化提供全面解决方案。该公司全面提升自身的整体竞争能力，加速其国际化进程，进而为中国和世界医疗产业的发展做出贡献。

沈阳某医疗系统有限公司作为一家以生产数字医疗设备为核心业务的产品供应商，其核心业务主要表现在以下3个方面：

(1) 研制生产数字医疗产品；
(2) 提供数字化医院解决方案；
(3) 建设远程医疗及健康服务网络。

**2. 沈阳某医疗系统有限公司用智能制造深耕大医疗**

2015年5月8日，该公司的子公司在沈阳发布首台国产128层螺旋电子计算机断层扫描（CT）设备，该电子计算机断层扫描设备结合时下最流行的云计算技术，打破了国外厂商长期以来对这一产品的垄断。

1) 站在未来的起点上

沈阳某医疗系统有限公司于1998年实现了电子计算机断层扫描设备产业化，使中国成为全球少数几个能够生产电子计算机断层扫描设备的国家，发展到目前拥有磁共振成像（MRI）设备、X射线机、超声波检测（US）设备、常规检测（RT）设备、正电子发射计算机断层显像（PET）设备、电子计算机断层扫描设备、自动生化分析仪等多种医疗设备，是中国第一家能全线生产四大医学影像产品的公司。2015年，中国第一台拥有自主知识产权的128层螺旋电子计算机断层扫描设备——NeuViz128精睿CT研发成功并出口到欧洲、南亚、北非等国际市场，标志着中国电子计算机断层扫描设备正式进入国际主流高端电子计算机断层扫描设备竞争行列。NeuViz128精睿CT如图8.12所示。

2) 沈阳某医疗系统有限公司的健康关怀解决方案

该公司的健康关怀解决方案涵盖医学影像设备、数字化医院解决方案、区域医疗、个人健康服务等多个领域，从硬件到软件，从技术到服务，从医院到个人，从中心城市到偏远地区，该公司旨在不断地创新与发展技术，关注人们的健康，用科技创造健康生活。

图 8.12 NeuViz128 精睿 CT

相关数据显示,全球医药支出总额预计从 2014 年的 1.23 万亿美元,以每年 6.9% 的速度增长至 2018 年的 1.61 万亿美元;同时,医疗设备行业具有很强的渠道共用性和排他性,先入者形成渠道壁垒,挤压后来者的渠道空间,因此,企业只有不断提升产品质量并快速扩充产品线,才能尽快占领市场渠道资源。

**3. 沈阳某医疗系统有限公司智能工厂的实施**

1)以信息化和智能化助力企业发展

建立物理集中的数据中心并对所有应用系统进行周期性在线备份,对于核心系统建立同城和异地容灾机制具有重要作用。沈阳某医疗系统有限公司建立了完整的三层网络架构及一系列信息系统服务平台(图 8.13),信息系统服务平台以企业资源规划系统为核心,建立了综合集成的运营管理系统平台,各系统之间实现了业务的高效集成和数据的充分共享,保障了公司业务与运营管理各业务板块的高效协同以及业务流和数据流的高度统一。

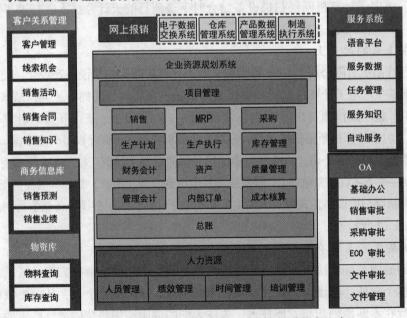

图 8.13 沈阳某医疗系统有限公司的信息系统服务平台

2) 以应用软件的开发助力整机的数字化和智能化

沈阳某医疗系统有限公司已经开发完成一系列应用于 X 射线机等数字设备的软件，极大地提高了整机及核心部件的数字化、智能化水平。例如 TPS 软件，其主要应用于直线加速器设备中，可实现在放疗过程中对肿瘤区域的精准定位，增强设备在放疗过程中的靶向性能，避免对正常组织的不当损害，临床效果明显，应用价值巨大。此外，该公司还有医疗设备智能化自诊断系统，通过网络向产品和服务部门传输报修信息，保证专业维修人员能够在第一时间赶到现场排除故障，如图 8.14 所示。

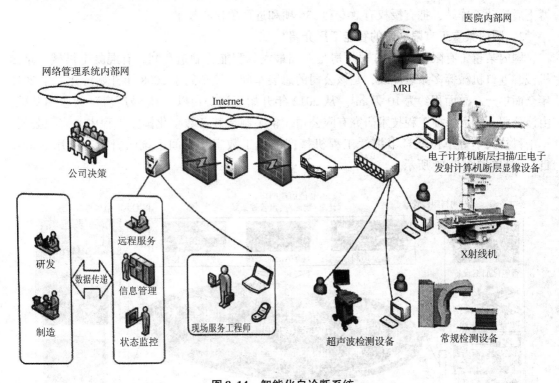

图 8.14 智能化自诊断系统

### 4. 沈阳某医疗系统有限公司智能工厂的先进性

（1）以技术创新为主线，实现公司的价值主张。

该公司在组织流程方面，提高公司的信息化管理效率；在信息管理方面，持续完善公司信息标准化规范、管理制度和流程，运用信息流及时、准确、完整地反映公司的资金流、物流与人员流，满足决策、管理和运营的需要。

（2）运用智能医疗研究云平台 CareVault，以云模式提供智能服务。

该公司专注于人工智能平台，大健康数据平台以及支付、医疗服务、医院、科研、健康管理等大健康全产业链的结合与应用，运用智能医疗研究云平台 CareVault，以云模式提供人工智能工具和数据集，不断构建、优化和积累高质量的样本数据和认知模型，为医生提供辅助医疗与科研的服务平台，为医院机构、科研院所提供基于人工智能与大数据方法论和工具的科研平台，为医疗机构、科研院所提供科研成果产业化的孵化平台。

（3）构建可持续的大健康产业新生态，资源整合，造福人类。

秉承开放、融合、公益、共享、发展的原则，该公司面向大健康产业，汇集并吸纳技术、产业、医疗等各方面成员。

### 8.4.4 重工行业智能工厂应用实例

**1. 国内某重工有限公司介绍**

国内某重工有限公司始创于 1989 年，该公司主要从事工程机械的研发、制造、销售，产品包括建筑机械、筑路机械、起重机械等 25 大类 120 多个品种，该公司秉承"品质改变世界"的经营理念，将销售收入的 5%~7% 用于研发。该公司拥有国家级技术开发中心和博士后流动工作站，拥有授权有效专利 536 项和近百项核心技术。

**2. 国内某重工有限公司的智能工厂介绍**

国内某重工有限公司的 18 号厂房是亚洲最大的智能化制造车间，有混凝土机械、路面机械、港口机械等多条装配线，是该公司的总装车间。该车间于 2008 年开始筹建，于 2012 年全面投产，总面积约为 10 万 $m^2$。从 2012 年开始，该公司以"18 号厂房"为应用基础，由该公司、湖大海捷工程技术研究有限公司、华工制造装备数字化国家工程中心有限公司、华中科技大学等单位联合申报"工程机械产品加工数字化车间系统的研制与应用示范项目"，具体如图 8.15 所示。

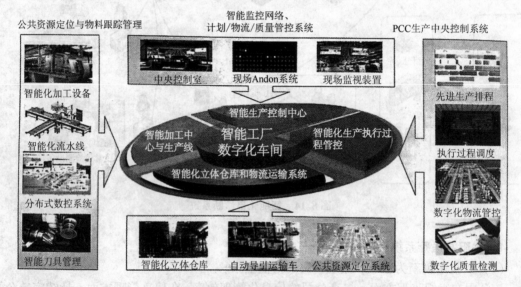

图 8.15 国内某重工有限公司的智能工厂

同时，该公司还与其他单位共同研发了智能上、下料机械手，基于分布式数控系统的车间设备智能监控网络，智能化立体仓库与自动导引运输车软/硬件系统，基于射频识别设备及无线传感网络的物料跟踪和资源定位系统，先进生产排程系统，制造执行系统，物流执行系统（Logistics Execution System，LES），在线质量检测系统，生产控制中心管理决策系统等关键核心智能装置，实现了制造资源跟踪，生产过程监控，计划、物流、质量集成化管控下的均衡化混流生产，智能功能和系统性能指标均达到国家要求。

**3. 国内某重工有限公司智能工厂的实施**

智能化是制造自动化的发展方向，但这里讲的自动化并不是简单的机器人或机器手臂的代工，而是实现前端信息化和后端工厂的整体改造，真正实现智能制造。在装备制造深度调整的时期，国内某重工有限公司挖掘新的增长点，让智能工厂、大数据在企业发展中发挥越来越大的作用。

1) 智能加工中心与生产线

(1) 智能化加工设备。

早在2007年，有"智能化机械手"之称的焊接机器人现身该公司挖掘机生产线，并在2008年后得到进一步推广。2012年，该公司在上海临港产业园建成全球最大、最先进的挖掘机生产基地，焊接机器人大规模投入使用，大幅提升了产品的稳定性，使该公司挖掘机的使用寿命大约翻了两番，售后问题下降了3/4。由于规范了管理，该公司又进一步提升了整个生产体系的效率，不但如此，焊接机器人的使用还减少了工人数量，该公司的管理模式的重心从原来的管理人转移到了管理设备，相对而言，管理设备要容易很多。

(2) 智能刀具管理。

(3) 分布式数控系统。

分布式数控系统是计算机与具有数控装置的机床使用计算机网络技术组成的分布在车间中的数控系统。该系统对用户来说就像一个统一的整体，对多种通用的物理和逻辑资源进行整合，可以动态地分配数控加工任务给任一加工设备，同时提高设备利用率，并且可以降低生产成本。

2) 智能化立体仓库和物流运输系统

(1) 智能化立体仓库。

智能化立体仓库后台运作的自动化配送系统由华中科技大学与该公司联合研制，通过这套系统，该公司打造了批量下架、批次分拣、单台单工位配送模式，实现了从顶层计划至底层配送执行的全业务贯通，大大提高了配送效率及准确率，准时配送率超过95%。

该公司对智能化立体仓库的总投资为6 000多万元，分为南、北两个仓库，由地下自动输送设备连成一个整体，总占地面积为9 000 $m^2$，仓库容量大概是16 000个货位。从南边仓库的数据可以看出，库区有几千种物料，主要是泵车、拖泵、车载泵物料，能支持每月数千台产品的生产量。

(2) 自动导引运输车。

智能化立体仓库的核心是自动导引运输车。当有班组需要物料时，装配线上的物料员就会报单给智能化立体仓库，配送系统会根据班组提供的信息，迅速找到放置该物料的容器，然后开启堆高机，将容器自动输送到智能化立体库出库端液压台上。

(3) 公共资源定位系统。

公共资源定位系统是该公司智能工厂的一个重要支撑。公共资源定位系统能实现设备定位和状态检测、人员定位以及故障实时处理与报警等功能。通过公共资源定位监控中心，该公司的生产管理人员能及时地了解生产车间的人员位置、设备位置和状态、加工生产情况并及时地指导生产和进行故障处理等操作。

3) 智能化生产执行过程管控

(1) 先进生产排程。

考虑企业资源所提供的可行物料需求规划与生产排程计划，让规划者快速结合生产限制条件与相关信息（如订单、途程、存货、BOM与产能限制等），作出平衡企业利益与客户权益的最佳规划与决策，满足客户需求并面对竞争激烈的市场。

（2）执行过程调度。

通过制造执行系统终端机，生产线上的工人可以及时报完工、方便快捷地查询物料设计图纸和库存情况。制造执行系统终端机可以正确地指导工人如何安装工位及安装工位时需要哪些零、部件，同时给予安全提示。有了制造执行系统后，工人再也不用去借图纸，直接在制造执行系统终端机就能查到最新的图纸信息，而且通过查看标准作业指导可以规范工人的操作，避免了纸质作业指导书的损坏和更新不及时造成的附加作业，极大提高了工作效率和作业质量。

（3）数字化物流管控。

该公司自动化立体仓储配送系统实现了该公司泵车、拖泵、车载泵装配线及部装线所需物料的暂存、拣选、配盘，并与自动导引运输车配合将物料自动配送至各个工位。

根据泵车、拖泵、车载泵装配线及部装线在车间中的位置，北京自动化研究所设计了两个库区，1#库区负责泵车物料的储存、拣配，2#库区负责拖泵、车载泵物料的储存、拣配，两个库区共用1#库区的入库组盘区域，从2#库区入库的物料在入库组盘区域完成组盘后通过地下输送通道自动输送进入2#库区存储。

（4）数字化质量检测。

传统质量检测是采用纸质记录本记录检验结果和质量问题，现在则利用制造执行系统，每一个检验项目都标准化、电子化，以前纸质记录本上的内容都作为数据录入PDA和平板电脑等终端。一旦发现质量异常，系统就会第一时间自动启动不合格处理程序，将情况发送给相关责任人。

4）智能化生产控制中心
（1）中央控制室。
①生产计划及执行情况、设备状态、生产统计图。
②智能计划系统操作界面。
③生产现场监控、看板展示及异常报警。
④各区域监控信息。
⑤设计部日常操作（支持10路信号同时切入）。
⑥物流部日常操作（支持10路信号同时切入）。
⑦质量部日常操作（支持10路信号同时切入）。
（2）现场监视装置。

全方位的现场监视装置能实现对生产过程的全面监控和记录，保证生产现场的安全以及现场事故的追溯和回放。

（3）现场Andon系统。

现场Andon系统能够为操作员停止生产线提供一套新的、更加有效的途径。在传统的汽车生产线上，如果发生故障，整条生产线立即停止运转。采用现场Andon系统后，一旦发生故障，操作员可以在工作站拉下绳索或者按下按钮，触发相应的声音和点亮相应的指示灯，提示监督人员立即找出发生故障的部位以及故障原因。一般来说，不用停止整条生产线就可以解决问题，因此，可以减少停工时间并提高生产效率。

**4. 国内某重工有限公司智能工厂的先进性**

（1）现代化的工厂，以人为本。

走入该公司 18 号厂房正门，首先看到的就是景观区，正面是一条水域，两侧整齐地排放着高大的绿植，而往里走依次是展示厅、装配区、结构件区、立体仓库区、高精机加区。

这个厂房被誉为中国智能制造示范性厂房。在这个厂房内，不仅实现了柔性生产，而且实现了信息化和自动化。

（2）数字化仿真技术的应用，节省大量的成本。

工厂建设是一个系统工程，不仅需要搭建实体厂房，而且需要规划产品工艺流程以及进行生产布局，更需要对各工序的人、机、料、法进行整合及匹配等。传统工厂则是先修建实体厂房，再进行工艺流程规划以及生产布局，而且在设计过程中，更多的依赖设计者的经验。因此，18 号厂房在建造之前，首先利用数字化仿真技术，设计出工厂模型，然后再对模型的生产过程进行推理并进行完整的预测，包括制造设备的能力以及厂内物流的仿真，在此基础之上来规划整个厂房，从而确定设计方案，最后再建造厂房。提前规划不仅可以防止后续的调整，而且可以节省厂房的建造成本。

（3）制造执行系统承上启下，作用重大。

"工业 4.0"的三大支柱是制造执行系统、虚拟和现实的结合、信息物理系统。三大支柱中，制造执行系统的作用最大。

制造执行系统起着承上启下的作用。制造执行系统衔接该公司的企业资源规划系统以及产品数据管理系统，将研发数据以及企业资源规划系统的核心数据根据现场需要进行整合，而在现场生产过程中，再向这些系统反馈生产进展。

（4）分布式数控系统的应用，实时监控设备状态。

通过物联网技术以及分布式数控系统将现场所有设备与信息化平台连接，可以实时监测设备的运转情况以及利用率。

### 8.4.5 家电行业智能工厂应用实例

**1. 青岛某公司的互联工厂**

1）青岛某公司的互联工厂实施的背景

移动互联网技术使互联网从消费互联变为产业互联，用户的消费习惯由"去购物"转变为"在购物"，为传统制造业带来了冲击。互联网思维正逐渐深入影响传统制造业，互联网消除了距离，并使企业网络化，传统制造业由生产商决定生产何种产品，在互联网时代由用户来决定企业制造何种产品；同时，人工成本的上升、招工的困难及行业内部的低成本价格战等也给家电行业带来了挑战，进一步地削弱了传统家电行业的竞争力和创新能力，因此，家电行业的企业必须转型。

在此背景下，青岛某公司提出了互联工厂的概念。互联工厂不是一个工厂，而是一个生态系统，是对整个企业全流程的变革。互联工厂模式集中体现了"中国制造 2025"中商业模式和制造模式的变革与实践。

2）青岛某公司互联工厂的基础建设

（1）互联工厂样板工厂的建设。

早在 2005 年，青岛某公司就提出了要把传统制造变成大规模定制，并开始了从"黑灯"工厂模式逐步向互联工厂模式探索的历程，目前已经初步打造了7个互联工厂的样板工厂——5个整机工厂：沈阳冰箱工厂、郑州空调工厂、佛山洗衣机工厂、青岛热水器工厂、胶州空调工厂；2个模块化工厂：青岛模具工厂、FPA电机工厂。

在互联工厂的探索方面，青岛某公司推出了行业首个透明工厂，向全世界开放互联工厂。现在，互联工厂可让全球用户实时查看到该公司制造的实时场景，让全世界用户都能够全流程参与到其产品的设计、生产环节中。青岛某公司的互联工厂使用户的订单可直达工厂，线上生产的每一个产品都有用户参与，产品下线后直发用户，满足了用户全流程无缝化、可视化和透明化的最佳体验。青岛某公司的互联工厂与用户互联的智能自动化如图8.16所示。

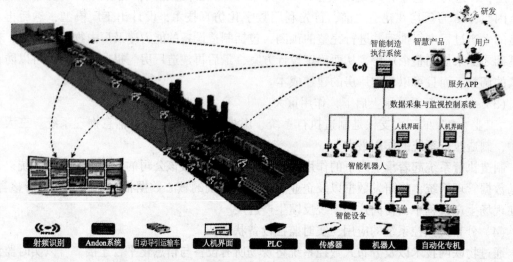

图8.16 青岛某公司的互联工厂与用户互联的智能自动化

(2) 青岛某公司中国版工业互联网平台COSMO的建设。

互联工厂的布局让该公司在智能制造转型领域具备了核心竞争力，但该公司的探索却远不止于此。在成功探索互联工厂之后，该公司又将互联工厂简化、软化、云化，推出中国版工业互联网平台COSMO，通过这个平台企业可以直接复制该公司互联工厂的成果，减少试错成本，实现快速转型。同时，在该平台上，不同类型的企业可以快速匹配智能制造解决方案，实现企业全流程互联互通，更好地把握终端用户的需求，实现无缝化、透明化、可视化的最佳体验。

(3) 青岛某公司智研院的建设。

互联工厂凭借个性化定制让用户全流程参与到设计、研发等生产过程中，是该公司以用户最佳体验为中心理念的反映，也是提高产品附加值，实现软性制造的重要实践，而智研院的成立将实现该公司从生产型制造向服务型制造的转型，并以COSMO为核心对外输出服务以及硬件、软件一体化的集成解决方案。互联工厂和COSMO提供的是创新的模式，而智研院旨在提供一种思路和方法。精益的工具可以创造，先进的设备技术可以学习研发，唯有思维的引领作用不可取代。智研院恰恰把脉于思维这个维度，让互联工厂的生产更具方向性。

3) 智能制造模式：互联互通，天下互联

面对互联网时代新的产业发展背景，青岛某公司积极探索和实践以互联工厂为代表的智能制造模式。目前，该公司率先建成全球首个家电行业智能互联工厂——沈阳冰箱工厂，通过打造自动化、智能化生产线，搭建信息化、数字化系统，率先形成企业与用户需求数据无缝对接的智能化制造体系，实现内外互联、信息互联、虚实互联三大互联，满足用户的个性化和碎片化需求。

（1）内外互联——用户成为生产产品的"指挥官"。

互联工厂的商业模式变革，使企业的经营理念发生了以企业为中心向以用户为中心的转变。用户全流程参与，形成用户圈，在为用户提供更智能的产品解决方案的同时，还可以形成其生态圈平台。

经过多年的推广，"U+智慧生活"平台融合软件资源、硬件资源、内部服务资源和第三方资源，形成智慧空气、智慧美食、智慧健康、智慧娱乐、智慧用水、智慧洗护、智慧安全七大生态圈，通过场景商务模式为用户提供全套智慧生活场景解决方案。

（2）信息互联——为工厂植入自主思考的"大脑"。

在智能时代，工厂的运行规则发生了结构性变化。传统工厂只是在人的操作下进行来料加工，一旦离开人的操作与管理，工厂就失去了创造价值的能力，但在该公司的互联工厂内，随着机器设备的高度自动化及无线网络的全面覆盖，工厂具备了自主思考能力，工厂可以根据用户的需求自生产、自驱动和自运行。

最典型的案例就是U壳智能配送线。该配送线颠覆传统的工装车运输方式，在行业内首次实现无人情况下的点对点精准匹配生产和全自动即时配送。在这里，传统100多米长的生产线被4条12 m长的智能化生产线所替代，几百个零、部件被优化成十几个主要模块，这些模块可根据用户的不同需求进行快速任意组装，生产个性化产品的速度可以秒来记。

（3）虚实互联——虚拟世界与现实世界无障碍"对话"。

虚实互联，主要是指应用虚拟仿真系统及信息技术实现虚拟世界与现实世界的互通互联，具体是指通过虚拟仿真系统获取三维模型并自动检测生产全流程。该项技术不仅可以应用于生产环节的虚拟仿真，也可以应用于物流仿真，有利于提前判断并检测出生产环节的纰漏、降低出错率、规避生产风险等。目前，该公司的沈阳冰箱工厂通过生产模块化布局，单线产能、单位面积的产出翻番，物流配送距离也比原来缩短43%左右。

**2. 青岛某公司互联工厂实施**

从2005年开始，青岛某公司就提出要把传统制造变成大规模定制；2008年，该公司对整个企业的产品和制造体系进行了模块化改造，同时，在虚拟设计和实体制造方面进行了系统的建设。

青岛某公司从纵、横两个维度实施互联工厂，具体介绍如下。

1）纵轴

纵轴即互联工厂的用户价值创新：以用户为中心，通过互联网将业务规模由传统制造变革为大规模定制，以使用户拥有最佳体验。对外从提供产品硬件向提供智慧生活场景解决方案转型，构建"U+智慧生活"平台；对内整合用户的碎片化需求，构建全流程七大并联平台，实现大规模定制，建立"1+7"共创共赢全新的生态系统。"U+智慧生活"平台如图8.17所示。

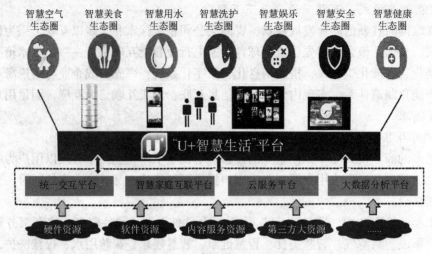

图 8.17 "U+智慧生活"平台

（1）"1"是指"U+智慧生活"平台：构建多样场景商务模式，提供智慧生活一站式服务，实现生态圈利益方共创共赢。从单一产品引领到整体解决方案引领，冰箱不再是冰箱，而是一个食品解决方案；洗衣机不再是一台硬件设备，而是一个健康洗涤解决方案。通过统一交互平台、智慧家庭互联平台、云服务平台和大数据分析平台，与用户零距离交互，为用户提供整体解决服务方案。

（2）"7"是指七大并联平台：从市场、研发、采购、制造、物流和服务等方面全方位提供有自身特色的服务体验，主要包括交互定制、虚实营销、开放创新、模块化采购、智能工厂、智慧物流、智联服务等。

2）横轴

横轴即互联工厂的企业价值创新：建立持续引领行业发展的智能制造技术出行体系，支持互联工厂共创共赢生态圈平台搭建，具体可分为4个层次。

（1）模块化：模块化是个性化定制的基础，产品通过模块化设计，将零件变为模块，通过模块化的自由配置组合，满足用户个性化的需求。例如，一台冰箱原来有300多个零件，现在则在统一的模块化平台上整合为23个模块，通过通用化和配置化来满足用户个性化的需求。

（2）自动化：自动化是指互联自动化，通过用户的个性化订单来驱动自动化和柔性化生产，互联自动化不是简单的机器换人，而是相关方事先并联交互，实现用户驱动下的设备联动和柔性定制体验。例如，该公司通过互联自动化实现了按定制需求快速柔性无人配送，建成全球首创的门体智能配送线，通过400多个射频识别设备和1000多个传感器，将门体线与总装线和用户的个性化订单互联，实现按用户的个性化需求配送门体。

（3）数字化：该公司数字化系统架构的核心是智能制造执行系统，业务上通过数字化互联，实现制造、研发、物流等全流程紧密的互联互通。该公司通过智能制造执行系统和现场智能化硬件的连接，构建了一个高度灵活的个性化和数字化制造模式，实现了管理、研发、生产、物流的数字化管理，提升了企业的智能化水平（图8.18）。例如，胶州空调工厂使用五大系统集成互联的方式，支持用户订单直达工厂，并通过用户对体验的评价实现信息全流程闭环。

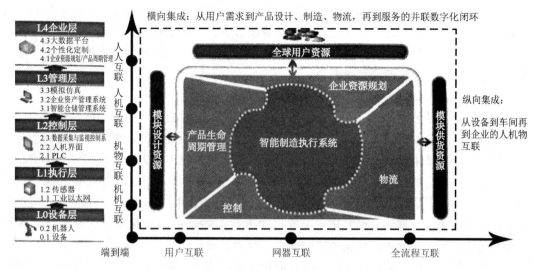

图 8.18 青岛某公司互联工厂数字化系统架构

（4）智能化：产品越来越智能，可以自动感知需求、用户习惯等，实现自动控制、自学习、自动优化；工厂也越来越智能，通过三类互联、大数据分析等，可满足不同的订单类型和数量，生产方式可以自动优化调整。例如，该公司的天樽空调通过内置的智能 Wi-Fi 模块实现产品运行数据的实时在线采集。通过对大数据分析，出现问题时空调会自动预警，内置的智能 Wi-Fi 模块通过用户家中的 Wi-Fi 网络，将预警信息传送至云平台。

**3. 青岛某公司互联工厂的先进性**

（1）"U+智慧生活"平台：全球第一个整套智慧生活解决方案，消除了家电无法相互连接进行互动和交流、产品信息过于碎片化和不同家电无法根据人们的需求自动联合工作等弊端，帮助用户通过智能场景客户端随心所欲地设置家电的智能场景服务。

（2）智慧工厂：满足用户的个性化需求并提供用户全程可视的体验，企业内部实现全流程制造，实现个性化定制，柔性生产，高效生产、全流程可视化、自动化、低碳化、最优化和大数据运营决策等目标。

（3）定制平台：让用户主动参与到产品的设计、生产中，将全球资源吸入生态圈，使用户与资源零距离接触。

（4）协同研发：让产品进度实时显示，进行虚拟装配验证、变更过程追溯和数据传递安全保障等。

（5）电子商务：该公司除了与国内一线第三方平台合作外，也积极创新自建平台——青岛某商城，同时，"日日顺"平台也丰富了该公司的线上服务，为用户提供线上下单 O2O 融合模块和专卖店、社区店的线下体验。

（6）智慧物流：与物流业联动发展，推行全流程物流信息可视化追踪和物流信息交互。通过移动互联网技术，从用户的需求出发，提供使用户满意的全过程的完美服务。

### 8.4.6 石化行业智能工厂应用实例

**1. 中国石油某公司的智能工厂**

1）中国石油某公司的智能工厂实施背景

随着中国经济的迅速发展，面对经济全球化和社会信息化的挑战，能源企业不得不把信息化作为技术创新、管理创新和体制创新的重要手段,以信息化手段改造传统经营模式,提高企业的综合竞争能力。石化行业是高科技密集型行业,与其他传统行业相比,信息化在石化行业的生产运行和管理当中起着非常重要的作用,信息化实施的程度和实施的成效在很大程度上影响着石化行业企业的竞争能力。

2) 中国石油某公司智能工厂的顶层设计与建设目标

按照中国石油某公司智能工厂的顶层设计,智能工厂是对数字工厂的多方面延伸——首先,它要构建一套全面感知的系统;其次,要实现各层面的业务协同;再次,要提高企业的预测预警能力,保证生产安全;最后,通过云计算和大数据技术,为企业提供科学决策。

该公司智能工厂的建设目标是"提高发展质量、提升经济效益、支撑安全环保、固化卓越基因",在计划调度、安全环保、能源管理、装置操作控制、IT管控5个领域,实现具有自动化、数字化、可视化、模型化、集成化"五化"特征的智能化应用,让企业具有更加优异的感知、预测、分析、优化和协同能力,努力打造石化界的"工业4.0"。

中国石油某公司眼中的智能工厂是在智能化发展趋势下,面向产品全产业链环节,综合应用现代传感技术、网络技术、自动化技术、智能化技术和管理技术等先进技术,与现有生产过程的工艺和设备运行技术高度集成的新型工厂,以实现复杂环境下生产运营的高效、节能和可持续为目标。

该公司积极采用移动通信、云计算、物联网、流程模拟与优化、知识管理等先进信息化技术推动智能工厂的建设。其中,物联网将应用于油气井生产远程监控系统,该系统通过传感器、摄像头等设备对油气井生产数据进行采集,传输终端把信息发送至生产管理部门,对信息进行分析管理,掌握油气井生产状况,进行必要的远程控制,并由此实现提高开发效率、降低消耗、保障安全生产、降低员工劳动强度、提高工作效率和管理水平等目标。

**2. 中国石油某公司智能工厂的实施**

中国石油某公司,中国石油化工集团有限公司嫡系企业,是江西唯一大型石化企业,也是国内第一个智能工厂建设的样板企业。为了实现智能工厂的建设目标,该公司制定了明确的规划,即按照智能工厂理念,体现"自动化、数字化、可视化、模型化、集成化"特征,建设3个平台,实现计划调度、安全环保、能源管理、装置操作控制、IT管控5个方面的智能化,覆盖生产经营、发展建设、企业管理和文化建设四大板块业务,全面支撑该公司的特色管理模式。

1) 信息化应用的建设

中国石油某公司信息化应用的建设近年来快速发展,许多系统在生产和经营管理中发挥着重要作用,但信息化应用水平与行业内先进企业相比,与"打造一流信息化能力"的要求和智能工厂建设目标仍存在差距,主要表现在:总体应用水平不高;生产数据自动采集、实时监控覆盖范围不足;信息基础设施相对落后;信息安全体系不完善;云计算等新技术的应用不全面。这些都是信息化应用建设的重点工作。相信只要脚踏实地、夯实基础、练好"内功",全力以赴突破各种瓶颈,该公司就能实现跨越发展。

2) 智能工厂神经中枢——生产管控中心的建设

生产管控中心具有经营优化、生产指挥、工艺操作、运行管理、专业支持、应急保障"六位一体"功能,生产运行实现了由单装置操作向系统化操作、管控分离向管控一体的转变;构建了矩阵式集中管控新模式;建立了生产经营优化、三维建模等一系列专业团队;充实了信息化管理、开发和运维的力量,建立了关键用户激励机制。

3) 企业级中央数据库的建设

企业级中央数据库突破了此前业内普遍采用的"插管式"集成方式的限制;集成了13个业务系统的标准数据,为9个业务系统提供有效数据;在经营管理层面数据仓库、生产运营层面数据仓库以及生产实时数据库系统,开展了各重要系统数据架构设计和各层面数据集成工作,使各平台实现了数据共享,确保了数据源的唯一性、稳定性。

4) 三维数字化平台的建设

基于工程设计的三维数字化平台现已集成以企业级中央数据库为基础,实现了工艺管理、设备管理、操作培训、三维漫游、视频监控五大类深化应用。

5) 管理系统的建设

管理系统实现了全员全过程管理。其中,施工备案系统对当天的每项作业实行"五位一体"有效监管;各类报警仪、视频监控设备实现集中管理、实时联动;环保地图系统实时在线监测各类环境信息,在出现异常情况时可进行及时处置和闭环管理,并可实现实时化和可视化。

6) 自动控制系统建设

中国石油某公司现有自动控制系统包括分布式控制系统、紧急停车系统、安全仪表系统、压缩机控制系统等共计40套。2014年,该公司将控制系统按职能归类,分别迁移至生产管理中心、动力分中心、油品分中心和水务分中心,形成"1+3"管控模式。

7) 制造执行系统及企业资源规划系统的建设

中国石油某公司的制造执行系统于2008年上线运行,已升级为SMES 3.0版,为中国石油化工集团有限公司的自主知识产权产品。该系统覆盖生产装置管理、罐区管理、仓库管理、进/出厂管理、生产平衡、统计平衡、计量等生产管理业务,实现了生产日平衡、旬确认、月结算以及生产信息可视化,提高了企业生产管理的精细化水平。制造执行系统的架构如图8.19所示。

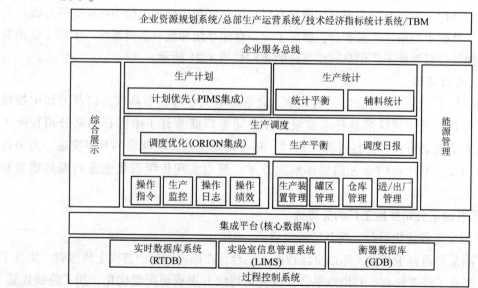

图8.19 中国石油某公司制造执行系统的架构

中国石油某公司的企业资源规划系统于2005年9月正式上线,经过多次功能完善及应用深化,建立了以财务为核心的一体化、规范化的业务操作平台,在业务流程重组的基础之上,实现了物流、资金流、信息流三流合一。企业资源规划系统包括财务会计、管理会计、生产计划和控制、项目管理、物料管理、工厂维护、销售和分销、审计管理、人力资源管理等模块。企业资源规划系统的架构与集成关系如图8.20所示。

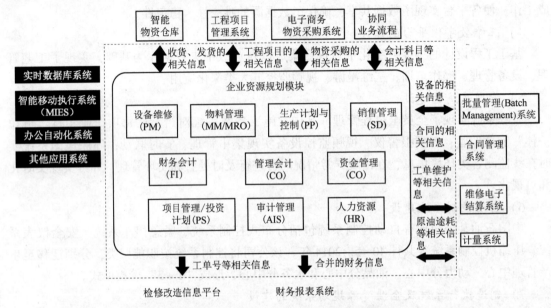

图8.20 中国石油某公司企业资源规划系统的架构与集成关系

8) 信息网络系统的建设

中国石油某公司网络分为核心层、汇聚层和接入层3个层次。网络设备采用华为系列的交换机,在功能上划分为办公网、视频网、生产网,通过中国电信34 m专线和中国网通4 m专线与中国石油化工集团有限公司总部网络互联。该公司租用中国电信100 m光纤专线作为互联网出口。数据中心搭建了云平台,部署了统一存储系统和统一备份系统,实现了资源共享。中国石油某公司智能工厂信息网络系统的架构如图8.21所示。

9) 校企合作建设

2015年11月,该公司与上海交通大学、北京邮电大学等5所高校,以及浙江中控技术股份有限公司、石化盈科信息技术有限责任公司等厂商签订了中国石油某公司智能工厂产业联盟4个框架协议,并经过深入研讨,初步确定上述4项课题的有序实施,力争通过相关项目研发,推出业内领先的整体解决方案,努力实现传统石化企业的提质增效和转型升级。

### 3. 中国石油某公司智能工厂的先进性

(1) 运用全流程优化平台,提升经济效益。

中国石油某公司自主开发了炼油全流程优化平台,在国内同行中首次上线运营,实现了敏捷生产,提升了经济效益。利用该平台,该公司持续开展资源配置优化、加工路线比选、单装置优化等工作,助推该公司在沿江五家石化企业中的排名逐年提升。

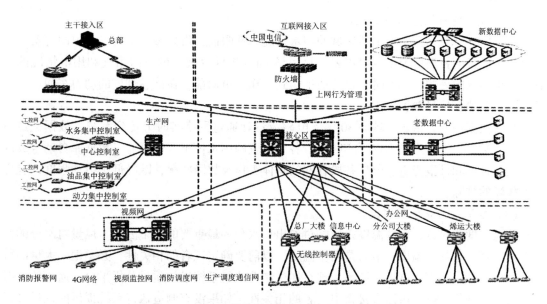

图 8.21 中国石油某公司智能工厂信息网络系统的架构

(2) 全流程建设,提升智能化管理水平。

中国石油某公司建立了一体化能源管理中心,实现了能源计划、能源生产、能源优化、能源评价的闭环管控,使能源整体在线优化,节能效益最大化,能耗降低 4%。全程管理建立观察卡 5.84 万个,备案系统长期有效运行,使用达 43 万次,35 处废水、15 处废气、16 处噪声、3 处环境空气等实时在线监测点在环保地图上实时显示。在智能装备方面,该公司全面推广了拥有自主知识产权的软、硬件装备,并大力推进 IT 设施集成应用、智能应用,开展基于 4G 无线网络的工厂复杂环境深化应用,实现了智能巡检。

### 8.4.7 卷烟行业智能工厂应用实例

**1. 云南某卷烟厂智能工厂——一核双线,从制造到"智"造**

1) 云南某卷烟厂智能工厂实施的背景

创新是永恒的主题,企业在不同的发展阶段,必然会存在各种各样的问题,它们影响着企业的快速发展。随着第四次工业革命的到来,"互联网+"深入生产生活中,必然会带动企业的相关环节发生变革,变革的最大好处就是使信息流与实物流更快、更准。

"以信息化带动工业化,以工业化促进信息化"是对"两化"融合字面上的解释。这也从侧面说明了"两化"融合是一个动态的、不断追求改进的过程。

2) 云南某卷烟厂智能工厂基础建设

(1) 信息系统的深度集成应用。

通过对企业资源规划系统、制造执行系统等信息系统的深度集成应用,云南某卷烟厂构建了生产制造、运营管控等核心业务的信息化支撑平台,形成了数据流、业务流、资金流"三流合一"和信息共享、业务集成、并行协同的局面,有力地促进了该卷烟厂从制造到"智"造的转型。

(2) 能源管理信息系统的软件。

轻点鼠标，数千亩生产生活区域的用水情况尽现眼前；设好参数，足不出户即可实现对所有用水设备的自动调节；轻触屏幕，11个车间、数百台机器设备的用气和用电情况的所有数据都会以图表的形式实时、自动地推送到工作人员面前。在该卷烟厂的动力车间，一切都真实地反映在信息数据里。

这些数据由遍布供水区域的80多支电磁流量计通过网络实时上传到系统，数据经过系统建模分析后，工作人员不仅可实时查看各个位置的用水情况，还可通过数据库自动生成的小时报、日报和月报查看、分析各段管网的具体工作及故障状况，既降低了劳动强度，也方便了故障的排除。

(3) 制造执行系统的建设。

热风温度、风量、筒壁温度是影响烘丝出口水分的最重要的3个因素。风量对水分的影响最大，其次是热风温度，最后是筒壁温度。以前要确定三者的相关性，必须记录大量的数据，再进行分析运算、试验验证等。现在通过制造执行系统里的质量分析平台，通过软件对记录的数据进行分析，可以直接得出三者的相关性，如果没有制造执行系统提供的质量分析平台，根本不能如此快速高效。

(4) 生产调度指挥中心的建设。

生产调度指挥中心以企业资源规划系统为核心，与制造执行系统、视频系统、中控系统等连接，将经营决策、计划下达、生产制造以及数据采集等环节紧密结合起来，最大限度地促进企业资源的合理配置和有效利用，以协同创新为主要目标。云南某卷烟厂的工作现场展示如图8.22所示。

图8.22 云南某卷烟厂的工作现场展示

**2. 云南某卷烟厂智能工厂的实施**

(1) 成立跨职能联合攻关团队，协同各部门相向而行。

在推进"两化"融合的过程中，该卷烟厂成立了跨职能联合攻关团队。跨职能联合攻关团队的成员来自该卷烟厂各科室，全程脱产参加管理需求调研、可行性分析论证以及入网后的运维服务，助力可视化管理的实现。

(2) 信息共享，互联互通，物流从"信息孤岛"到"科技高地"。

作为与卷烟生产紧密相连的环节，该卷烟厂物流中心的信息化建设也在"两化"融合的浪潮中"提档升级"。物流中心通过对信息化技术的"消化吸收",不断进行集成创新,突破"信息孤岛",让物流仓储环节成为"科技高地"。

(3) 引入制造执行系统,融合企业资源规划系统,搭建生产调度指挥中心,实现协同创新。

2001年,该卷烟厂的企业资源规划系统成功上线,自此之后,有了一条主线,把所有的业务及流程串联起来。现在的企业资源规划系统又集成了财务、设备(PM模块)、物资(MM模块)等十几个模块,将企业所有业务和流程融合在一起。

(4) 构建以精益管理为主线的内部管理体系。

随着"两化"融合的逐步深入,该卷烟厂开始关注内部管理体系的建立,并且已经付诸行动。因为只有找到与工厂实际匹配的内部管理体系,才能重塑企业竞争力,真正实现该卷烟厂成为"行业典范工厂"的战略目标。实践出真知,一个名为"一核双线"的"两化"融合精益管理模型开始构建成型。

**3. 云南某卷烟厂智能工厂的先进性**

(1) 生产调度指挥中心功能强大,实现了精益"智"造。

信息系统的开发拓展了企业业务的广度和深度,而以企业资源规划系统上线为标志,该卷烟厂打破各个"信息孤岛"的制约,逐步实现业务之间的系统集成,企业信息化之路进入系统集成的新阶段。原有的"信息孤岛"被打破,冗余的流程被精简,生产调度指挥中心为实现精益"智"造提供了广阔的平台。

(2) 跨职能联合攻关团队的建立加快了智能工厂的建设进程。

跨职能联合攻关团队覆盖了企业所有部门,采用课题攻关、QC小组、合理化建议等方式开展工作。正是这种高效的协同机制,将企业的各种决策、精神快速地传递下去并得以实施,在"两化"融合的过程中起到了至关重要的作用,是建设智能工厂的重要保障环节之一。

(3) 企业的高度信息化,助力智能工厂的成长。

智能工厂的数据流、业务流、资金流"三流合一"和信息共享、业务集成、并行协同的局面,有力地促进了该卷烟厂从制造到"智"造的转型。另外,物流仓储管理领域的信息化,实现了存、收、发全部自动化和信息的共享共通,从而使企业适应新常态下行业发展的需要。

# 参 考 文 献

[1] 蒋明炜. 机械制造业智能工厂规划设计 [M]. 北京：机械工业出版社，2017.

[2] 陈明，梁乃明. 智能制造之路数字化工厂 [M]. 北京：机械工业出版社，2016.

[3] 陈卫新. 面向中国制造 2025 的智能工厂 [M]. 北京：中国电力出版社，2017.

[4] 何霆，刘文煌，梁力. MES 的计划、调度集成问题研究 [J]. 制造业自动化，2003.

[5] 刘亮，齐二石. 基于 APS 与 MES 集成的车间生产计划和调度方法研究 [J]. 制造技术与机床，2006.

[6] 陶松桥，杨明忠. 基于 ERP 与 MES 集成的车间生产计划和调度方法 [J]. 机电工程技术，2005.

[7] 严隽薇. 现代集成制造系统概论 [M]. 北京：清华大学出版社，2004.

[8] 严隽琪. 制造系统信息集成技术 [M]. 上海：上海交通大学出版社，2001.

[9] 刘飞. CIMS 制造自动化 [M]. 北京：机械工业出版社，1997.

[10] 吴季良. 柔性制造系统实例 [M]. 北京：机械工业出版社，1989.

[11] 曹阳，李小宁. FMS 控制系统升级关键技术的研究及实现 [J]. 组合机床与自动化加工技术，2002（2）：10-15.

[12] 张晓川. 现代仓储物流技术与装备 [M]. 北京：化学工业出版社，2013.

[13] 翟学智，等. 现代物流管理概论 [M]. 北京：中国水利水电出版社，2005.

[14] 王立，许国根，黄颖. 现代物流管理 [M]. 北京：机械工业出版社，2007.

[15] 燕鹏飞. 智能物流：链接"互联网+"时代亿万商业梦想 [M]. 北京：人民邮电出版社，2017.

[16] 刘昌祺，董良. 自动化立体仓库设计 [M]. 北京：机械工业出版社，2004.

[17] 杜品圣，顾建党. 面向中国制造 2025 的制造观 [M]. 北京：机械工业出版社，2017.

[18] 辛国斌，田世宏. 智能制造标准案例集 [M]. 北京：电子工业出版社，2016.

[19] 刘强，丁德宇. 智能制造之路：专家智慧实践路线 [M]. 北京：机械工业出版社，2017.

[20] 辛国斌. 智能制造探索与实践：46 项试点示范项目汇编 [M]. 北京：电子工业出版社，2016.